L'ENSEIGNE DE VAISSEAU

PAUL HENRY

———

2ᵉ SÉRIE IN-4°

(Nᵒ 1215)

DU MÊME AUTEUR

MAISON ALFRED MAME ET FILS, ÉDITEURS A TOURS

Stéphanette, un vol. in-4° ill.

Contes de bonne Perrette, un vol. in-4° ill.

Une Tache d'encre (ouvrage couronné par l'Académie française), un vol. in-4° ill.

Le Guide de L'Empereur, un vol. in-4° ill.

L'Enseigne de vaisseau Paul Henry, un vol. in-4° illustré.

La Terre qui meurt, un vol. petit in-folio ill.

Madame Corentine, un vol. petit in-folio ill.

Les Noellet, un vol. petit in-folio ill.

La Sarcelle bleue, un vol. petit in-folio ill.

Ma Tante Giron, un vol. petit in-folio ill.

Un Homme d'œuvres, un vol. in-4° ill.

Le Duc de Nemours, un vol. in-4° ill.

Nord-Sud, un vol in-4° ill.

Récits de la plaine et de la montagne, un vol. in-4° ill.

Contes et Paysages (En province), un vol. in-4° ill.

Notes d'un Amateur de couleurs, un vol. in-4° ill.

Pages religieuses, un vol. in-12.

CHEZ CALMANN-LÉVY, ÉDITEURS A PARIS

Une Tache d'encre (ouvrage couronné par l'Académie française), un vol. in-12.

Les Noellet, un vol. in-12.

A l'Aventure, un vol. in-12.

Ma Tante Giron, un vol. in-12.

La Sarcelle bleue, un vol. in-12.

Sicile (ouvrage couronné par l'Académie française), un vol. in-12.

Madame Corentine, un vol. in-12.

Les Italiens d'aujourd'hui, un vol. in-12.

Terre d'Espagne, un vol. in-12.

En Province, un vol. in-12.

De toute son Ame, un vol. in-12.

La Terre qui meurt, un vol. in-12.

Croquis de France et d'Orient, un vol. in-12.

Les Oberlé, un vol. in-12.

Donatienne, un vol. in-12.

Pages choisies, un vol. in-12.

Récits de la plaine et de la montagne, un vol. in-12.

Le Guide de l'Empereur, un vol. in-12.

Contes de bonne Perrette, un vol. in-12.

L'Isolée, un vol. in-12.

Questions Littéraires et Sociales, un vol. in-12.

Le Blé qui lève, un vol. in-12.

Mémoires d'une vieille fille, un vol. in-12.

Le Mariage de Mademoiselle Gimel, Dactilographe, un vol. in-12.

La Barrière, un vol. in-12.

Davidée Birot, un vol. in-12.

Nord-Sud, un vol. in-12.

Gingolph l'Abandonné, un vol. in-12.

Récits du temps de la Guerre, un vol. in-12.

Aujourd'hui et Demain, un vol. in-12.

La Closerie de Champdolent, un vol. in-12.

Les Nouveaux Oberlé, un vol. in-12.

Notes d'un Amateur de Couleurs, un vol. in-12.

Il était quatre petits enfants, un vol. in-12.

ÉDITION ILLUSTRÉE

Les Oberlé, un vol. in-8° jésus, aquarelles et dessins de Charles Spindler.

LIBRAIRIE ÉMILE-PAUL

Le Duc de Nemours, un vol. in-12.

LIBRAIRIE J. DE GIGORD

La Douce France, un vol. in-12.

PAUL HENRY.

(D'après le portrait de Guill. Alaux.)

Photo : Henri Garnier.

RENÉ BAZIN
DE L'ACADÉMIE FRANÇAISE

L'ENSEIGNE DE VAISSEAU

PAUL HENRY

DÉFENSEUR DE LA MISSION DE PÉKIN

TOURS

MAISON ALFRED MAME ET FILS

PRÉFACE

Désormais le nom de Paul Henry est acquis à l'histoire militaire de notre pays. L'enseigne de vaisseau qui a commandé, au nom de la France, un détachement de marins français, défendu un poste où flottait le drapeau français, soutenu un siège de deux mois, sauvé trois mille personnes, et qui est mort au moment où les alliés allaient entrer dans Pékin, aura sa page glorieuse dans les annales de notre marine. Il aura aussi le souvenir attendri des âmes qui sauront ou qui devineront à quelles sources cet enfant avait puisé la force calme, le mépris du danger et, mieux que cela, la joie devant le danger. On revendiquera l'honneur de l'avoir connu, d'avoir été son ami, son maître, son camarade. On dira quelle enfance et quelle jeunesse avaient préparé cette fin de vie héroïque, et la pensée de la perfection de la vie, non moins que celle du martyre final, haussera dans les esprits cette jeune gloire jusqu'à la vénération. J'ose dire qu'il en est ainsi déjà. De toutes

parts l'hommage est venu à la mémoire de Paul Henry;
d'innombrables lettres ont été adressées à sa famille, par
des officiers généraux de la marine, des camarades d'école,
des compagnons de la campagne de Chine, de simples
matelots qui aimaient leur chef, des prêtres qui l'ont
connu, des religieuses qu'il a défendues et sauvées; son
nom a été cité, avec de rares éloges, dans les rapports
officiels de notre ministre de Chine et du commandant
Darcy; on l'a donné à un bateau employé au service du
corps expéditionnaire entre Takou et le Peï-Ho; la promotion du *Borda* dont faisait partie le jeune officier, les chefs
et les camarades qu'il eut à bord du *D'Entrecasteaux*, ont
fait élever par souscription, sur la terre de Bretagne, un
monument à l'enseigne Henry; un évêque missionnaire,
à peine sorti d'une ville où il a failli périr, pressé d'y
retourner par l'appel de tous les malheureux laissés derrière lui, est venu apporter son témoignage aux parents
de son défenseur et leur remettre le drapeau de la cathédrale assiégée. C'est de toutes façons et de tous côtés que
la louange s'est élevée, pour affirmer que les âmes ont été
émues, en face de tant de jeunesse, de bravoure, de
malheur et d'honneur.

Pour moi, j'ai tout de suite pensé, dès que j'ai connu
la mort de Paul Henry, qu'il fallait qu'un jour le récit fût
publié de cette trop courte vie. J'ai senti que, si peu que
mon effort dût ajouter à une gloire déjà acquise, il y avait,
à le tenter, une sorte de devoir.

Il importait, en effet, que ces exemples et ces hommages ne fussent pas perdus. Et ce fut la première raison qui me détermina, non pas à écrire la vie de l'enseigne Henry, — mon rôle a été beaucoup plus simple, — mais à mettre en ordre le plus souvent et à résumer quelquefois les documents qui la racontent.

J'étais heureux, également, de rendre cette justice et ce dernier devoir à quelqu'un que j'ai connu et aimé, qui appartenait à une famille depuis longtemps liée avec la mienne, qui fut mon compatriote, l'ami de mon fils et le fils de mes amis.

S'il m'avait fallu, enfin, une dernière raison pour m'engager à entreprendre ce travail, je l'aurais trouvée dans l'opportunité de la leçon qui s'en dégage. Il est bon et réconfortant, à une époque où les sujets de tristesse ne manquent pas sans doute, mais où ils sont trop souvent exploités comme une excuse à ne rien faire, de regarder l'exemple de ce jeune homme, qui n'a douté ni de Dieu, ni de la France, ni de ses chefs, ni de ses soldats, ni des moyens, bien faibles humainement, qu'il avait de triompher, et qui est mort sans doute, mais qui est mort victorieux, en suivant la mission confiée à sa garde.

R. B.

PAUL HENRY

I

L'ENFANCE. — L'EXTERNAT SAINT-MAURILLE. —
L'ÉCOLE PRÉPARATOIRE DE JERSEY

Paul Henry était le second d'une famille de neuf enfants.
Les autres s'appelaient : Jeanne, Joseph, Yves, Marie-
Thérèse, Marguerite, Michel, Louis, Marie-Louise. Il
naquit à Angers, le 11 novembre 1876. Et, de ce fait, il
appartient assurément à l'Anjou; mais la Bretagne possé-
derait bien quelque droit également de le compter parmi
ses fils, et de revendiquer pour elle un peu de l'honneur
qu'il a si hâtivement conquis.

Elle pourrait dire d'abord que la race des Henry était
bretonne. Le père de Paul Henry, professeur à la Faculté
libre de droit d'Angers, né à Paimpol; le grand-père,

conservateur des hypothèques à Mortagne-sur-Huisme, né à Saint-Renan, dans le Finistère; la grand'mère, née à Pontrieux[1]; l'arrière-grand-père, conservateur des hypothèques à Rennes; le trisaïeul, qui habitait Dinard; tous les ancêtres sans doute étaient des Bretons authentiques. Du côté maternel, l'origine était différente, et la famille de Puniet de Parry, à laquelle appartient Mme Paul Henry, est originaire du Quercy.

Mais ce n'est pas tout. La Bretagne n'a pas agi seulement sur l'âme de l'enfant et du jeune homme par les influences plus ou moins lointaines et toujours combattues de l'hérédité; elle a été pour lui l'inspiratrice immédiate, la confidente, le pays de prédilection, de vacances et de loisirs, celui qui a sur chacun de nous un pouvoir de formation d'une énergie plus ou moins forte, variable avec la beauté des lieux et l'aptitude des âmes pour le rêve.

Dans les Côtes-du-Nord et dans la paroisse de Plougrescant, qui est riveraine de la mer, il y a un domaine dont le nom frappe comme un refrain lorsqu'on parcourt le journal de Paul Henry. La maison, un long corps de logis avec une tour carrée à droite, a été bâtie par le grand-père. Les champs qui sont autour viennent aussi d'héritage. C'est le cher Kergresq, où la famille se réunissait tous les étés; « le paradis Kergresq, » comme dira plus tard le jeune marin, le lieu qui fut pour lui, jusqu'au premier grand voyage, le plus beau lieu du monde, et

---

[1] L'oncle de Paul, M. Léon Henry, docteur en droit et juge au tribunal de Niort, a écrit une touchante notice sur sa mère. Ces pages servent de préface à un petit recueil de poésies : *Notre-Dame de Kergonet.*

qui en resta le plus doux jusqu'à la fin. La terre, en effet, est, tout autour, verte et féconde. De l'église du village, bâtie au sommet d'une colline, un chemin creux mène au bord de la mer. On le suivait tous les jours, au temps des vacances. Et la mer surtout est superbe à l'extrémité de ce renflement que dessine la côte de France, au nord de

Kergresq, maison de la famille Henry à Plougrescant (Côtes-du-Nord).

Tréguier : on y rencontre peu de falaises élevées, mais de belles roches sombres, isolées dans la mer ou sur la plage, comme le Karrek-Dû (la Roche-Noire), Castel-Meur, l'îlot de Notre-Dame de Kergonet, des caps de pierres dentelés, des criques pleines de galets à mer basse, pleines, à mer haute, de lames qui n'ont pas remué de vase ni de sable, et qui sont d'une transparence admirable. C'est une terre de marins : les hommes qu'elle a bercés à la chanson de son vent rude deviennent presque tous marins de l'État, pêcheurs d'Islande et de Terre-Neuve, matelots des caboteurs ou des longs-courriers. C'est aussi une terre de foi. Saint Gonéri, vieil anachorète venu d'Angleterre au vıᵉ siècle, fonda la paroisse et y mourut, et, depuis lors, l'a si bien protégée, qu'il y a peu, dans la fidèle Bretagne, de paroisses aussi fidèles que celle-là. On fait en son honneur deux pardons annuels, dont l'un s'appelle le « pardon des Cerises ». Les mendiants, qui sont nombreux en pays de Bretagne, tiennent de leurs ancêtres et répètent cette belle formule de remerciement : « Que Dieu fasse miséricorde à vos défunts! » Et quand une misère plus rude frappe quelque famille de la paroisse, un notable se lève, pendant l'office du dimanche qui suit, et, tendant son chapeau, quête pour la maison où le malheur s'est abattu.

Le caractère de cette nature et de ce pays avait profondément frappé l'enfant, qui se sentait d'ailleurs en harmonie avec eux. Plus tard, dans ses lettres écrites de tous les points du monde, il n'y a point d'endroit qui sera plus souvent nommé que Kergresq. Il n'y a pas de souvenirs que l'aspirant de marine, que l'enseigne de vaisseau évoquera avec une plus vive émotion. Dans sa dernière campagne, au moment où il allait partir de Saïgon pour la Chine, il raconte qu'il a fait une promenade à bicyclette aux environ de la ville. Vers le soir, il revient avec un de ses camarades; la nuit tombe, ils traversent sans bruit et sans secousse une grande plaine herbeuse, et la mélancolie de l'heure, et le tintement d'une cloche, et peut-être simplement cette tristesse qui nous prend à certains moments de l'absence, évoquent dans l'esprit du jeune homme la pensée de Plougrescant. Il écrit sur son journal de bord :

Déjà le soleil avait disparu ; la douce mélancolie du crépuscule nous avait envahis, et nous roulions silencieusement, rêvant d'un autre pays, bien loin au delà des mers ; moi je revoyais nos promenades du soir à Plougrescant, lorsque nous revenions de Karreck-Dû à la nuit tombante, Souvent, lorsque nous arrivions à Kergresq, nous entendions le mélancolique tintement du Glasnoz, et cela jetait un peu de tristesse sur la bande joyeuse. Cette tristesse, je la sentis quand l'Angélus sonna à la cathédrale de Saïgon ; le son des cloches nous arrivait très doux, voilé par l'éloignement. Hélas ! je n'eus pas, pour me réconforter, le joyeux dîner de Kergresq ; mais, quand j'arrivai à bord, je me renfermai dans ma chambre, et, après avoir regardé vos chères photographies pendant quelques instants, je fis une petite prière pour supplier le bon Dieu de vous bénir tous, et aussi de nous garder toujours notre paradis de Kergresq.

Ne sent-on pas dans ces lignes la tendresse, la joie, l'intime confiance, l'intime union, le bonheur enfin dont fut enveloppée l'enfance de Paul Henry ?

L'impression n'est que juste, et ce qu'on devine était vrai.

Il eut une enfance heureuse, parce que la maison était pleine ; une enfance gaie, vivante, parmi des sœurs et frères nombreux, dans un de ces nids dont le souvenir protège et sauvegarde, même après qu'on les a quittés.

Il eut une enfance chrétienne, non pas superficiellement, mais profondément et complètement.

De quelque côté que l'enfant regardât, il avait l'exemple.

Il eut aussi une enfance laborieuse. Frère aîné de neuf enfants, il sut très vite qu'il faudrait lutter, conquérir une place dans le monde et s'y maintenir. Et cela est un honneur déjà et la plus grande chance qu'on ait de devenir un homme.

Paul Henry avait commencé à suivre de bonne heure les cours de l'externat Saint-Maurille, fondé à Angers par Mgr Freppel et confié par lui à des prêtres du diocèse. Je le revois à cette époque lointaine, avec son visage rose et plein, où luisaient des yeux qui étaient grands et très noirs sous d'épais sourcils. Ces yeux-là disaient la droiture et la volonté; quelquefois ils rêvaient déjà; ils étaient gais et brillants quand ils regardaient les camarades; ils étaient sérieux, avec une pointe de sauvagerie, quand ils nous regardaient, nous qui n'étions ni de son âge ni de l'étroite famille. Et tout cela révélait le Breton de race pure.

Déjà aussi la vocation de marin s'annonçait. L'horizon de Plougrescant, la ligne par où l'on s'en va, l'inconnu des voyages tentaient l'esprit de l'enfant. A dix ans, à douze ans, il lisait avidement les récits des voyageurs, particulièrement ceux des marins. La vie de l'amiral Courbet était son livre de prédilection. Et quand Paul Henry dessinait, sur de belles pages blanches les jours de congé, ou sur les marges de ses livres d'écolier, c'était presque toujours des bateaux qu'il essayait de représenter.

Au fond de son cœur il avait son projet bien arrêté. Il ne l'avouait pas encore, de peur d'effrayer ses parents; il se sentait si aimé qu'il craignait de dire : « Je vivrai loin de vous. » Quand on l'interrogeait, il parlait vaguement et naïvement du commissariat de la marine, ayant appris qu'il y a un âge où les commissaires de la marine cessent à peu près de naviguer et dirigent dans nos ports le service de l'inscription maritime. Les parents s'y laissaient-ils tromper? Je l'ignore. En tout cas, il fallut leur dire assez rapidement : « C'est l'officier de marine que je veux être, vous comprenez bien, l'officier qui passe par le *Borda,* et qui commande la manœuvre et le combat. » Les parents ajoutèrent, en pensée : « L'officier qui navigue toute sa vie, qu'il faut donner pour toujours à la France. » Et ils dirent : « Oui, » étant de ceux qui ne se recherchent pas dans leurs enfants.

La séparation était donc prochaine, car aucune carrière n'en demande de plus longue que la marine ni de plus hâtive. Paul acheva sa troisième à l'externat Saint-Maurille, et, à la rentrée suivante, en octobre 1890, partit pour Jersey, où les Jésuites avaient établi une école préparatoire. Il avait quatorze ans. Dans la première lettre qu'il écrit à ses parents, en date du 7 octobre 1890, il annonce fièrement qu'il n'a pas eu le mal de mer, bien que la traversée ait été rude.

Aussitôt débarqués, ajoute-t-il, nous nous sommes rendus à Waverley-Terrace. Cette maison, ou plutôt ce palais, est situé assez loin du quai. Nous sommes allés à l'étude, où l'on nous a donné nos places. Je suis à côté de deux gentils camarades, de Martignac et de Metz. Après cela, nous sommes passés au réfectoire, où nous attendait un excellent goûter : hure, gâteaux, beurre, thé, etc. Comme boisson nous avons de la bière. Je ne l'aime pas beaucoup, mais je tâcherai de m'y habituer... Nous ne sommes que cinq ou six dans la même chambre, et je me trouve

très bien. Mon frère Joseph s'y trouverait moins bien que moi,
probablement, car je crois qu'il y a des souris.

Cette première lettre est le début d'une correspondance
qui prend de plus en plus la forme d'un journal intime,
et qui ne sera interrompue par aucune maladie, aucune
fatigue, aucun péril même, et dont les derniers feuillets
ont été écrits au crayon, entre deux alertes, pendant le
siège de l'évêché de Pékin. Grâce à ces documents, dont
aucun n'a été perdu, il est facile de suivre les moindres
incidents de cette carrière de marin, et de connaître l'histoire, qui n'a point été écrite pour devenir des mémoires,
l'histoire toute vraie, par conséquent, d'un esprit et d'un
cœur de jeune homme.

En ce moment, Paul est encore un enfant. Ses lettres
racontent la vie à la fois variée et monotone d'un collé-
gien; elles disent les notes et les places, les espérances,
les craintes, les déceptions ou les joies de ce petit, qui
comprenait le double sacrifice fait par ses parents, et qui
voulait, de ferme volonté, les en récompenser; elles disent
les promenades à pied ou en voiture, à travers l'île jolie,
à Montorgueil, à Portelet-bay, à la grève du Lecq, à
Sainte-Brelade; les journées de grand congé, où les
élèves bâtissent des fours dans les rochers, et font cuire
eux-mêmes leur déjeuner; les excursions en baleinières; les
bains de mer, que les élèves de Wawerley-Terrace prennent
deux fois par semaine en été; puis les nouvelles des
camarades qui abandonnent la préparation, qui réussissent,
qui échouent, qui sont malades; puis, et toujours avec

détails, les cérémonies religieuses, les retraites, les réunions des congrégations du collège. Il est évident qu'un homme de foi et de piété solide est en formation. Il rapporte toute chose humaine au divin. Il demande fréquemment à ses parents, dont il a reçu le premier exemple, des prières et des actions de grâces. Avant l'épreuve, il dit : « Priez! » Après l'épreuve, il dit d'ordinaire : « Remerciez! » Le 31 décembre 1891, un an après son entrée à Wawerley-Terrace, il peut écrire :

Mes chers parents, je suis bien heureux de vous apporter, avec mes souhaits de bonne année, une place de major (c'est-à-dire de premier). J'ai... la meilleure moyenne de l'école. Remerciez donc le bon Dieu et tous les saints du ciel et du purgatoire avec ferveur, en famille.

Trois jours plus tôt il avait annoncé :

Ne vous attendez pas à ce que je sois dans les cinq premiers.

Et cela révèle un trait de caractère : Paul n'est pas un présomptueux. Il est extrêmement sensible aux échecs, mais il ne se décourage pas. Une des lettres de la première année, avouant une mauvaise place, est signée :

Votre pauvre petit enfant, qui doit vous faire bien du chagrin.

Mais elle promet de réparer l'insuccès, et la promesse est tenue. Il fait souvent précéder la signature d'une ligne de tendresse ou d'avenir : « Votre amiral en herbe, » « Votre petit marin chéri. » Jamais il n'oublie la recommandation : « Embrassez toute la bande. » La maison paternelle est devenue le refuge dont on rêve, le juge clément et sûr dont on cherche à mériter l'approbation. Les grandes joies sont celles qui lui viennent ou lui reviennent de là. Autour de lui il a cependant de nombreuses sympathies nouvelles et quelques amitiés. Il est de ceux qui savent tout de suite se faire respecter et aimer. Au *Borda*, plus tard, ou à l'école des fusiliers de la marine, ou dans les carrés d'officiers, partout il se montrera bon camarade, comme il l'est à Jersey. On le trouve loyal, franc, de belle humeur, entreprenant, et nullement jaloux du mérite des autres. Quelques-uns s'attachent à lui plus particulièrement. Ce sont les meilleurs peut-être. Ce sont trois jeunes hommes qui lui ressemblent par la hauteur de l'âme et qui, chose étrange, vont être emportés comme lui prématurément : Armand de Montrichard, nature attachante et souriante dont les lettres de Jersey font souvent mention, et qui meurt le premier d'une maladie de poitrine, à Arcachon, le 15 janvier 1894 ; Alfred Forié, qui devait abandonner la préparation de la marine et mourir au grand séminaire de Quimper ; Maurice de Courcelles, entré au noviciat de la Compagnie de Jésus et mort pendant son année de service militaire. Paul formait avec eux un groupe qu'on appelait le groupe des inséparables. Le mot s'est trouvé cruellement juste. Mais alors, au temps de Wawerley-Terrace, tout parlait de vivre, au contraire, et de vivre heureusement et fièrement. Je serais incomplet si je ne disais pas que ces collégiens avaient déjà l'esprit très militaire. J'avoue même que Paul Henry poussait alors le sentiment patriotique jusqu'à l'évidente partialité ; il s'en corrigea d'ailleurs assez promptement. S'il aperçoit, par exemple, un stationnaire anglais dans la baie de Montorgueil, il juge et il mande à ses parents que cet aviso « est d'une laideur repoussante, surtout quand on le compare à nos jolis petits avisos de France, comme l'*Élan*, la *Lance*, etc. ».

Le R. P. du Reau, qui dirigeait alors l'école préparatoire de Wawerley-Terrace, interrogé au sujet de son ancien élève, a fait cette réponse :

« Il a passé trois années à Jersey, où il a laissé les meilleurs souvenirs. C'était sous tous les rapports un excellent élève, droit en toutes choses, consciencieux et travailleur. Doué d'une bonne intelligence, sans rien d'exceptionnel pour les mathématiques, il parvenait par sa docilité et son travail à occuper dans sa classe un rang honorable. Il était courageux dans les petites difficultés quotidiennes de la vie de collège, et ne se rebutait pas des obstacles, ayant toujours bon espoir. Au point de vue de la foi et de la piété, un seul mot résume tout : il était le digne fils de son père et de sa mère, et rien n'altérait en lui la fermeté et la foi appuyée sur une piété solide et pratique.

« Dieu lui fit grâce de rencontrer près de lui, parmi ses camarades, trois enfants d'une intelligence et d'une piété extraordinaires. Tous trois sont morts avant lui de la mort des saints ; deux avaient déjà consacré leur vie à Dieu, l'un dans la Compagnie de Jésus, l'autre dans le clergé de son diocèse ; ils avaient été précédés de leur plus jeune camarade, parti pour le ciel après une longue maladie, et qui, lui aussi, avait au cœur la vocation religieuse.

« Souvent je m'étais demandé pourquoi Paul, entouré de pareils amis, bon comme eux, studieux et dévot à la sainte Vierge, n'avait pas, lui aussi, entendu l'appel d'en haut auquel son âme généreuse n'aurait pas résisté. Dieu, ce semble, a répondu du haut du ciel. Paul avait une autre mission : il était destiné à sauver les religieux et les religieuses de Pékin, et à mourir martyr de sa foi en défendant les missionnaires catholiques.

« Je ne puis penser à cet héroïque enfant sans une profonde émotion... »

La fin de la lettre rappelle que dans la dernière année qu'il passa à Jersey, et à la veille du concours, Paul fut atteint d'une maladie grave, — une pneumonie, — qu'il faillit en mourir et fut sauvé d'une manière inattendue.

Il n'était pas complètement remis de cette crise lorsqu'il dut subir, à Paris, les épreuves pour l'admissibilité à l'École navale. Dans une lettre du 2 juin 1893, écrite au milieu d'une composition d'épure, il dit à ses parents :

Je n'y comprends plus rien, et comme j'ai très mal à la tête, j'aime mieux réserver mes forces pour la composition de trigonométrie qui va avoir lieu dans trois quarts d'heure. Jusqu'ici, à part le thème anglais, cela ne va pas trop mal. Si cela peut continuer, j'espère avoir une meilleure place que l'année dernière à l'admissibilité[1]. Priez toujours beaucoup, c'est l'important... Ces jours-ci, et à l'heure qu'il est, je me sens trois ou quatre kilos sur les yeux et autant sur chaque tempe.

---

[1] Paul avait été admissible en 1892.

Revenu à Jersey, il donne son appréciation personnelle sur la valeur des compositions qu'il a faites. Il le fait sans exagération, avec cet esprit pondéré, véridique et précis, qui fut le sien :

L'algèbre, dit-il, est, je le crois, passable. Le thème anglais est la chose que j'ai le plus ratée. La narration est ordinaire. Nous avions, comme sujet, à réfuter ou développer, au choix, les vers suivants de Corneille dans *Horace :*

> Contre qui que ce soit que mon pays m'emploie,
> J'accepte aveuglément cette gloire avec joie.

L'épure,... j'ai au moins fait quelque chose. Le calcul trigonométrique est passable.

La composition de géométrie est dans le genre de celle de l'année dernière, où j'ai eu 11. Enfin le dessin n'est pas trop mal. Somme toute, j'espère être un peu mieux classé que l'année dernière.

Mais, nouveau contretemps, ses compositions écrites étaient à peine achevées, que Paul fut pris d'une fièvre scarlatine et obligé de garder la chambre pendant quarante jours. La préparation prochaine de l'oral se trouva donc forcément négligée. L'épreuve elle-même dut être retardée, et le jeune homme contraint de passer avec l'un des derniers groupes de concurrents, à Rochefort, et à la fin du mois d'août. Ces circonstances expliquent le rang médiocre dans lequel Paul Henry fut reçu à l'École navale, soixante-neuvième sur soixante-quinze. Mais, contrairement à son jugement, la composition française n'avait pas été ordinaire. Il faut croire que le futur combattant du Pé-T'ang avait bien développé le thème sur les gloires du soldat, car le jury lui avait accordé le premier rang sur tous les concurrents de France, et donné la note 19 sur un maximum de 20 points.

Une vie nouvelle allait commencer. Paul n'avait pas dix-sept ans. La carrière qu'il avait tant souhaitée, tant cherchée, et qu'il devait honorer, s'ouvrait devant lui. Et, sans doute, les rares qualités qui ont fait de lui un si bon serviteur du pays vont s'affirmer de jour en jour; mais elles sont toutes nées. Il les doit à l'éducation de la famille, à celle de l'externat de Saint-Maurille, mais surtout à l'éducation qu'il a reçue pendant ces années décisives où l'adolescent se transforme et devient un jeune homme, à la direction si paternelle, si ferme et si haute, des jésuites de Jersey. Il est leur élève; il est l'exemplaire de leur enseignement et de leurs leçons. C'est un honneur qu'il ne faut enlever ni à eux ni à lui.

Les vacances de 1893 se passèrent comme de coutume à Plougrescant, et, le dernier jour de septembre, le nouveau « bordache » partait pour Brest.

II

L'ÉCOLE NAVALE

Quelques extraits du journal de Paul feront connaître, avec plus de vie et de vérité que toute analyse, les premières journées de la vie de marin et le régime du *Borda*.

1ᵉʳ *octobre* 1893. — Dès le matin nous commençons les cours. Je 'suis, en ce moment, dans la batterie qui nous sert d'étude. C'est une salle longue et large, mais très basse, éclairée à la lumière électrique. Au milieu se trouve le grand panneau de la machine, et, sur les côtés, sont les bureaux où nous travaillons. Ce sont des tables divisées en deux parties par des étagères. Nous sommes, d'après les numéros matricules, classés en bureaux et en escouade. Pour moi, je suis du 6ᵉ bureau bâbord, et de la 4ᵉ escouade. Au-dessus de nos bureaux sont les crochets qui servent à accrocher nos hamacs, car notre salle d'études est, en même temps, dortoir.

Mardi, 3 octobre. — Ma seconde nuit de hamac est sensiblement meilleure que la première. A 5 heures et demie, la diane! On se précipite hors de son hamac. J'enfile au galop *mes* pantalons et *mes* vareuses, et je grimpe sur le pont, avec un énorme sac qui traîne lamentablement derrière moi : c'est mon hamac.

Arrivé sur le pont, je jette mon hamac à un matelot, et je pénètre dans la batterie de « fristi », autrement dit dans le réfectoire. C'est là que se dit la prière. Aussitôt que les élèves arrivent, ils se rangent sur deux lignes, les anciens à bâbord, les fistots à tribord. L'officier de service commande alors branle-bas, puis, après un roulement de tambour : « La prière. » L'aumônier dit alors *Notre Père* et *Je vous salue, Marie*, et, après la sonnerie « la breloque », nous allons rapidement au vestiaire, pour prendre nos objets de toilette. Puis nous nous lavons, nous finissons de nous habiller, et nous allons en étude.

Le matin, en général, c'est une étude libre, c'est-à-dire qu'on n'est pas forcé de voir une matière déterminée.

Voici la composition de mon bureau : à ma gauche se trouvent un nommé Vigy et plus loin Boisseraie. En face de moi se trouvent Laborde, un élève de la Seyne nommé Massy et enfin un nommé Besnard. Par le sabord entr'ouvert, je puis apercevoir une partie de la rade de Brest et le croiseur *le Dupuy-de-Lôme,* qui fait ses essais.

A huit heures a lieu la cérémonie de l'envoi des couleurs. Le timonier hisse le pavillon pendant que le clairon sonne « au drapeau », et que les factionnaires de la coupée tirent leur coup de fusil. A ce moment, tout le monde se trouvant sur le pont doit faire face à l'arrière et se découvrir.

C'est à ce moment que nous allons déjeuner. Notre pitance se compose de café noir, de lait et de beurre ; mais nous en avons pour jusqu'à midi et demi avant de toucher à un morceau de pain.

A huit heures trois quarts, un roulement de tambour nous envoie dans la batterie où a lieu l'inspection de tous les matins. Cette inspection n'est pas terrible, comme vous allez le voir.

Arrivés dans la batterie, nous nous arrangeons par escouade et on commande : « A droite, alignement ! » On s'aligne alors tant bien que mal, et le lieutenant de vaisseau passe devant nous, en regardant si nous sommes assez propres et assez bien habillés.

La lettre continue en relatant qu'après l'inspection a lieu la classe, puis une récréation, puis une étude qui dure jusqu'à midi et demi.

L'après-midi est occupée semblablement par des études, des classes, des exercices pratiques, notamment par le canotage. Dîner à 8 heures, après lequel Paul prend déjà l'habitude de se promener sur le pont. Quant à ses premières récréations du matin et de l'après-midi, il déclare les avoir passées dans les mâtures avec ses amis Landre et Ferronnière.

Lundi, 9 octobre. — Aujourd'hui nous avons eu canot par gros temps. Depuis ce matin un fort « suroit » souffle en rade. Aussi nous embarquons à chaque instant, nous sommes tous trempés. Il nous a fallu un grand quart d'heure pour doubler le ponton, tant le courant était fort. Enfin, au bout d'une heure de ce genre d'exercice, nous accostons. Nous passons dans la batterie basse, et, après avoir changé, nous montons sur le pont. A peine arrivés, nous nous rangeons face en dedans, et en haut les gabiers ! Alors, par un vent à décorner tous les bœufs de la création, nous sommes obligés de serrer les voiles qui ont été de plus trempées par les pluies du matin. Mais soyez tranquilles, je commence à m'habituer complètement au vertige, et comme je ne fais aucune imprudence, vous n'avez rien à craindre.

Je crois en vérité que je ne vous ai pas encore parlé de notre tenue de bord ; je profite de la disette d'événements pour vous en parler.

Nous avons d'abord une vareuse en drap bleu, comme tous les matelots, avec une culotte qui se boutonne à l'avant d'une

drôle de manière. On enfonce sa vareuse dans le pantalon bleu,
c'est ce qu'on appelle la tenue n° 2. C'est dans celle-là que vous
m'auriez vu si vous étiez venus à Brest.

En temps ordinaire, nous passons, par-dessus, une vareuse
et un pantalon de toile grise, que l'on arrange de la même façon.
Comme nos « gris » ne sont pas encore souples, nous avons l'air
très empêtrés dans cette tenue-là.

Mardi, 17 octobre 1893. — Il n'y a qu'un endroit où la
manœuvre est très délicate, et c'est pour les hommes qui sont
sur les barres, c'est-à-dire au plus haut du mât ; il s'agit, quand
la vergue de perruche est gréée, d'aller faire un nœud à son
extrémité. Avant de le faire, je n'étais pas rassuré, et je me recom-
mandai à mon bon ange avant de me lancer dans le vide, car il
faut sauter des barres de perroquet sur la vergue. A peine arrivé
sur la vergue, je vis que je n'avais pas eu tort de me recommander
à mon bon ange, car je n'avais jamais fait quelque chose de plus
périlleux. Les pieds sur le marchepied qui s'en allait en avant,
les mains cramponnées sur la toile, il fallait marcher, et vite, sur
cette vergue qui se balançait déplorablement. Enfin j'y suis arrivé
sans trop de peine, et maintenant je ferais cela comme vous
monteriez un escalier. Mais il y a eu hier des camarades qui
n'ont pas pu y aller ; il y en a d'autres qui s'y sont traînés sur les
genoux. Je comprends que le métier soit dur pour ceux qui ont
le vertige.

J'ai encore trouvé un matelot de Plougrescant sur le *Bougainville,* c'est le fils de Lantoine, le constructeur de petits bateaux
pour l'église.

Je n'ai pas encore passé de colle, ce sera pour demain. J'aurais
préféré en passer une aujourd'hui, car j'ai communié ce matin, et
je me serais senti plus fort.

Dimanche. — Nous avons eu une très jolie corvette, à cause
du gros temps qui a fait son apparition cette nuit. Nous avons
subi une véritable tempête avec notre petit *Janus,* qui s'est très

Je grimpe sur le pont avec un énorme sac qui traîne.

bravement comporté. Sous nos huniers au bas ris, nous allions avec une vitesse vertigineuse, presque couchés sur le flanc. J'étais gabier de combat de perroquet, et je suis resté sur les barres pendant au moins une heure, fouetté par la pluie et le vent. Le temps était si mauvais, que nous n'avons pas pu mouiller, et nous avons été obligés de dîner par bordées. Puis, la pluie continuant, nous avons dû rentrer à bord, sans un fil de sec sur nous, je vous assure. Bien entendu, un bon vin chaud nous attendait à bord. Le soir, nous avons eu grande bibliothèque, et la journée s'est aussi bien terminée qu'elle avait bien commencé.

Mercredi, 1ᵉʳ novembre. — Ce matin, nous nous levons à six heures et demie en l'honneur de la Toussaint. Aussi, dès que sonne le branle-bas, tout le monde saute à bas de son hamac. Nous sommes déjà habillés et le branle-bas n'est pas encore fini, le pétaphone (clairon) et le tapin s'en donnent à cœur joie. Après le débarbouillage, nous allons enfin revêtir notre joli uniforme.

Mais les sabres ont disparu; les anciens les ont enlevés pour la cérémonie qui nous attend. Aussitôt habillés, ceux qui veulent remplir leurs devoirs religieux vont communier. J'ai bien prié pour toute la famille, spécialement pour grand-père.

Après cette première messe, nous allons fristiquer. Mais les désignés pour la pomme n'ont que le temps d'avaler une bouchée; les anciens les réclament déjà sur le pont. Nous, les fistots raisonnables, nous restons dans la batterie. Mais nous y étions depuis deux minutes à peine, lorsque les condamnés descendent. Ils n'étaient pas montés à la pomme, bien entendu; les anciens avaient simplement voulu nous effrayer.

Mais maintenant nous assistons à une cérémonie plus sérieuse, celle de la remise du sabre.

On nous fait aligner sur deux rangs, absolument comme pour l'inspection. Puis les anciens, commandés par leurs majors, arrivent le sabre au clair, et à cheval sur nos fourreaux. Le major prononce alors un très joli discours, très applaudi, surtout par les anciens qui applaudissent en frappant leurs sabres les uns contre les autres. Ensuite, chaque ancien remet son sabre à son fistot réglementaire, en récitant une formule dans le genre de celle-ci : « Je te remets ce sabre en vertu des traditions du *Borda*. J'espère que tu t'en serviras toujours pour l'honneur de la France et de la marine française ! » Ceci fait, le fistot et l'ancien se donnent l'accolade et vont se promener sur le pont.

J'ai comme réglementaire un ancien élève de Stanislas nommé Dornier. C'est un très gentil garçon. Il a eu la complaisance de me donner mon sabre, qui est très chic, au lieu de me donner le sien, qui est très laid, comme il en a le droit.

Jeudi saint. — Nous avons commencé nos tirs aujourd'hui, A midi et demi, nous avons mouillé avec le *Benjamin* en face de Lanvéoc, après avoir mouillé les buts, qui se composent de deux gros ballons noirs et blancs superposés. Chacun à notre tour nous tirons six coups qui sont notés. Au canon ordinaire, j'ai eu plusieurs dix-neuf, et au canon-revolver j'ai eu vingt, c'est-à-dire que j'ai touché le but.

En rentrant, nous gréons les perroquets, c'est pour la cérémonie de demain. Du reste, tous les bateaux mouillés sur rade et ayant une mâture en font autant.

Vendredi saint. — Ce matin, aux couleurs, nous nous précipitons sur la dunette. L'officier de quart est là avec « la veuve » (le commandant en second) : ils surveillent avec leurs jumelles le *Rigault-de-Genouilly,* qui, portant le pavillon de l'amiral de Maigret, est chef de rade.

A 8 heures, le signal est donné. « Envoyez ! » commande l'officier. Aussitôt les vergues s'apiquent, c'est-à-dire viennent se coller à peu près contre les mâts, et le pavillon est hissé en berne à mi-drisse.

Cette après-midi, jusqu'aux couleurs ce soir, l'*Isly* tirera toutes les demi-heures un coup de canon.

Samedi saint. — Ce matin à 9 heures, au moment où les cloches revenaient de Rome, on a redressé les vergues, et l'*Isly* a fait une salve de vingt et un coups de canon. A partir de ce moment, les embarcations ont toutes leur pavillon, comme aux jours de fête.

Dimanche de Pâques. — Je n'ai malheureusement pas pu communier ce matin, parce que les anciens faisaient leurs pâques (nous avons fait les nôtres le jeudi saint). J'avais aujourd'hui à signaler à l'inspection un 19 de colle de manœuvre et un 16 de colle de littérature.

Après la messe, les marins non punis sortent, et nous, nous restons à bord, heureusement avec grande bibliothèque. A une heure nous descendons à terre. Je me rends immédiatement chez le Père Le Gouëf pour voir le bon Père Gras, que j'ai eu le plaisir de voir en particulier pendant quelque temps. J'ai passé là un bien bon moment. Il ne paraît pas trop fatigué, et il est toujours aussi bon et aussi aimable.

Après cela je suis allé chez les B..., où j'ai fait aussi une très longue visite.

Puis 4 heures et demie sont bien vite arrivées, et je suis rentré à bord.

A la fin de cette première année, les élèves de l'École navale font deux excursions sur le *Bougainville*. La première s'appelle « la campagne des baies », et c'est une visite à quelques points de la côte voisine de Brest. Le 25 juillet 1894, Paul traverse le goulet et revoit, du pont de son bateau, les rochers et les plages qu'il avait longés plus d'une fois par le chemin des douaniers. Le *Bougainville* a bon vent, et, comme dit le journal de bord, déjà plein de mots de métier, « il avance en grand patin ». Les Tas de Pois, le cap de la Chèvre, la plage de Morgat sont vite dépassés. On mouille dans la rade de Douarnenez, près de la petite ville. Le lendemain, on revient sur Morgat; de là on gagne Perros-Guirec. La nouveauté de toutes ces choses, la beauté de la mer, le premier goût du large enivre cette jeunesse. Paul écrit :

La campagne des baies est épatante!

Le 3 août, il repart pour une nouvelle campagne un peu plus longue. La mer est très forte, et il avoue son premier mal de mer par le travers de Roscoff. Pour le guérir, on l'envoie en vigie. Il aperçoit successivement Trégastel, Ploumanac'h, Perros et la terre bien-aimée de Plougrescant. Le lendemain, le *Bougainville* entre dans le port de Cherbourg. Il continue en visitant le Havre, Boulogne, Dunkerque, Ostende; puis revient en touchant Saint-Malo, Lézardrieux, Morlaix, et entre à Brest à la fin d'août.

La note joyeuse, qui est presque toujours celle des vaillants, s'avive encore dans les pages qui racontent la campagne sur le *Bougainville*. Il est évident que Paul Henry aime son métier. Il en accepte avec enthousiasme toutes les obligations, même celles dont le goût ne saurait persister longtemps. Et, par exemple, invité avec ses camarades à un bal au casino de Dunkerque, il écrit à ses parents :

J'ai dansé avec fureur. Je vous envoie les articles des journaux de Dunkerque sur notre présence au bal. Demain nous recommencerons.

Il est ravi, même, de faire visiter le *Bougainville* à de braves gens des ports d'escale. Ce jeune marin, qui a une piété de novice, ne mène point une vie monastique : ce n'est pas la sienne. Il ne ressemble en rien à ces portraits cent fois édités « du bon jeune homme », qui ne sont que des caricatures. Il n'est ni prude, ni rigoriste, ni ignorant : c'est un fort et un averti. Et je rencontre dans une lettre de cette époque ces lignes, qui en disent long :

Vous trouverez peut-être, mes chers parents, que je casinote trop. Mais c'est la seule manière de passer honnêtement la soirée, et c'est celle que nous recommande le commandant Le Gorrec.

La seconde année au *Borda* ressembla beaucoup à la première, et fut seulement marquée par une nouvelle maladie de Paul. On le crut perdu : il était atteint d'une pleuro-pneumonie infectieuse d'origine grippale. Transporté à l'hôpital maritime de Brest, le 3 mars 1895, il fut soigné avec le plus entier dévouement par le docteur Laugier, médecin en chef de la marine, et par les sœurs de la Sagesse. Mais on avait perdu peu à peu l'espoir de le sauver, et Mme Henry avait été appelée télégraphiquement, lorsque, dans la nuit du 7 au 8 mars, la fièvre tomba subitement et ne revint plus[1].

---

[1] La mère de Paul Henry et les religieuses de l'hôpital, témoins de cette guérison, l'ont toujours attribuée à une sorte de miracle. Paul avait la même persuasion. Interrogée sur cet incident de la vie de son fils, Mme Henry m'a fait l'honneur de me communiquer la note suivante : « Prévenue par dépêche de l'aggravation du mal, je me rendis à Brest. Le médecin, M. le docteur Laugier, me prit à part et me dit : « Madame, je ne dois pas vous dissimuler « que l'état de votre fils est excessivement grave. » Il disait, dans le même temps, aux sœurs : « Je ne sais comment préparer la pauvre mère à ce qui doit arriver; elle ne veut pas « comprendre que son fils est perdu. » Le lendemain, la journée fut très mauvaise. Vers

Neuf jours plus tard, il se promenait dans le jardin de l'hôpital, et bientôt il reprenait sa place parmi les anciens. Mais, en la reprenant, il fut extrêmement ému des témoignages de joie qui l'accueillirent. Il apprit alors que, pendant sa maladie, un grand nombre de camarades de sa promotion s'étaient réunis, et, sans respect humain, dans un mouvement de foi et de sympathie, avaient décidé de faire pour lui une neuvaine que terminerait une communion publique à la messe de l'aumônier.

Paul sortit du *Borda* en juillet 1895, et fut nommé aspirant de deuxième classe de la marine le 1er août. L'avis de nomination le convoquait pour embarquer, à Brest, sur le bâtiment-école d'application, le 5 octobre suivant.

---

3 heures, Paul souffrait tellement, qu'il voulait se jeter à bas de son lit; on eut de la peine à le retenir. A ce moment il me demanda de lui promener sur la poitrine la relique du Bienheureux Père de Montfort qui ne le quittait pas. (Cette relique lui avait été donnée, lors de son entrée au *Borda*, par une de ses tantes, ma propre sœur, religieuse des Filles de la Sagesse. Mon fils aimait cette relique et y avait confiance; il la portait constamment sur lui avec son chapelet.) Nous fîmes en même temps la promesse d'un pèlerinage au tombeau du Bienheureux Père de Montfort. Le reste de la soirée fut plus calme. Je fus obligée de quitter l'hôpital. On redoutait la journée du lendemain. Le médecin m'avait promis que si mon cher enfant devenait plus mal dans la nuit, on viendrait me chercher.

« Le lendemain, j'arrivai très anxieuse; il me semblait que tout le monde allait me dire qu'il était plus mal, lorsque, non loin de sa chambre, je trouvai la sœur Saint-Ange qui le soignait. Je vis tout de suite sur sa figure que le mal ne s'était pas aggravé. Je ne m'attendais pas à la bonne parole qu'elle me dit : « Votre fils est sauvé ! la fièvre a complètement « disparu. »

« Mon fils et moi, ainsi que toute ma famille, avons toujours attribué cette guérison inespérée à l'intercession du Bienheureux Père de Montfort, et, le 28 septembre de la même année, nous avons accompli notre pèlerinage promis au tombeau du Bienheureux, à Saint-Laurent-sur-Sèvre. »

III

A BORD DE L' « IPHIGÉNIE »

Quelques jours après qu'il eut « pris rang d'aspirant de deuxième classe », Paul Henry quittait Brest et commençait son premier grand voyage sur le vaisseau-école des aspirants, l'*Iphigénie*.

Jeudi, 10 octobre 1895. — Jour mémorable entre tous, celui du départ de ma première campagne. Toute la matinée nous sommes un peu enfiévrés ; nous avons bien mangé, bien chanté ; c'est nécessaire avant d'affronter le terrible mal de mer. Dès midi, les préparatifs d'appareillage sont terminés, le commandant et le vaguemestre sont revenus à bord ; incessamment nous allons partir. A midi vingt, on signale au sémaphore, pour demander la permission d'appareiller. A midi vingt-cinq c'est accordé, et nous filons le corps mort. Nous nous dirigeons, à la vapeur, sur la petite rade où sont mouillés les bateaux de l'escadre du Nord et le *Borda*. C'est émouvant... Les états-majors et les équipages des navires devant lesquels nous défilons nous acclament. Successivement nous passons à l'arrière du *Suffren*, du *Borda*, du *Valmy*, du *Hoche* et du *Jemmapes*. Les musiques de l'escadre jouent le

Chant du départ. Après avoir quitté la rade-abri, nous venons ranger le *Janus,* qui est mouillé sous le phare de Portzic. Les fistots qui sont à bord montent dans les haubans, et nous saluent de hourras et de leurs acclamations enthousiastes. Comme ils envient notre sort ! Ce soir, ils vont rentrer prosaïquement au ponton, et nous, nous serons en pleine mer, voguant sur Madère ! Mais il y a quelque chose que je leur envie, c'est d'avoir une permission en février.

Nous voici maintenant sortis de rade. Successivement Camaret, le Toulinguet, le cap de la Chèvre, défilent à bâbord. A trois heures nous entrons dans le raz de Sein. Heureusement le temps est magnifique, et c'est à peine si la petite Louisette aurait le mal de mer. Quand nous remontons sur le pont, après le dîner, il fait nuit. Nous n'apercevons plus que que quelques feux, et bientôt ils s'évanouissent, et nous voilà seuls, en route pour une campagne de dix mois...

Samedi, 19 *octobre* 1895. — Il ne s'est rien passé d'intéressant pendant la semaine dernière, mais dès ce matin on a signalé Madère. Vous pensez si nous avons été heureux. C'est long, huit jours sans voir autre chose que le ciel et l'eau. A six heures, on aperçoit très distinctement une île d'apparence volcanique et très accidentée. C'est Porto-Santo, une avant-garde de Madère, qui apparaît dans lointain comme un grand nuage. Il faut vous dire que le sommet culminant de l'île a dix-huit cent cinquante mètres ; aussi l'aspect de l'île est fantastique. Rien ne peut donner une idée de cette masse énorme, qui a l'air tout près et qui est à vingt milles de nous.

Plus on approche et plus c'est féerique ; nous sommes tous transportés d'admiration. A midi, nous apercevons la baie de Funchal, capitale de Madère, et en même temps deux croiseurs allemands qui sont déjà mouillés. A deux heures, nous passons à leur arrière, et nous jetons l'ancre tout près de terre. La baie de Funchal n'est pas une rade à proprement parler, c'est une simple

échancrure en forme de fer à cheval et très mal abritée, mais quel
paysage admirable! Lourdes peut vous en donner une petite idée.
Mais à Lourdes il n'y a pas de mer; voilà ce qui fait la grande
supériorité de Madère. Au premier plan, Funchal s'étage sur une
colline très élevée et assez abrupte. Un vieux fort, perché sur un
rocher à pic, le domine, et le fond du tableau est formé par les
hautes montagnes de l'île, dont les sommets se perdent dans les

Funchal (île de Madère).

nuages, ce soir du moins. Et partout des gorges magnifiques, des
torrents, des falaises de deux cents mètres 'de haut, des crêtes
dentelées... C'est admirable!

Rade de Funchal, 29 octobre 1895. — Nous sommes des-
cendus à terre ce matin après l'inspection. D'abord le débarquement n'a pas été de la plus grande facilité, attendu que dans
cette baie de Funchal il y a toujours une houle énorme, et quand
on veut sauter d'une embarcation à terre, on est en général douché
de la jolie façon. Aussitôt à terre, on entre dans une espèce de
jolie petite promenade ombreuse, où se promène la belle société
de Madère, paraît-il, car je n'y ai pas vu un chat. En revanche,
à peine sommes-nous dans la ville, que nous sommes raccrochés

par des guides, ou soi-disant guides, qui, malgré nos gestes expressifs et ce que nous pouvons leur faire comprendre, en leur parlant un mélange de français, d'anglais et d'espagnol, se cramponnent à nous et ne nous larguent qu'à la fin de la journée. Avec deux camarades, je me mets à la recherche de la gare du funiculaire qui doit nous conduire à Notre-Dame-do-Monte, une haute colline de quatre cents mètres de haut, qui domine la ville. Grâce à notre guide, nous y arrivons après de laborieuses recherches. Le train grimpe sur une rampe presque à pic, et, diable! quand on regarde derrière soi, on n'est rien moins que rassuré. Surtout quand le train s'arrête à mi-hauteur, à une petite gare, il est obligé, pour reprendre son élan, de se laisser descendre quelques mètres. Brrr!

L'ascension se fait en quarante minutes environ. Après avoir fait une petite visite au sanctuaire de Notre-Dame-do-Monte, nous nous mettons en quête d'un traîneau, qui nous descendra en dix minutes jusqu'au port. Mais avant de partir il faut bien prendre des forces, et, toujours suivis de notre guide, nous pénétrons dans une sorte de *posada,* où on nous sert un excellent madère. Grands et généreux, nous en offrons un verre à notre guide, et, tous les trois, nous nous installons dans le traîneau.

Ces instruments sont des sortes de paniers en osier fixés sur des patins; ils sont dirigés par deux hommes au moyen de corde fixés de chaque côté. Ils glissent sur une espèce de pavé formé de cailloux, atrocement éreintant pour le malheureux piéton; — c'est du reste la seule méthode connue dans l'île pour empierrer les routes.

A notre signal, les conducteurs impriment à notre véhicule une vigoureuse poussée, et nous voilà partis à fond de train. A un moment la route tourne de 90 degrés, nous tournons avec une rapidité vertigineuse et nous continuons. Enfin, en dix minutes nous faisons ce que nous avions péniblement fait en trois quarts d'heure avec le funiculaire.

De Funchal, l'*Iphigénie* gagne las Palmas, puis Santa-Cruz de la Palma, où il y a d'admirables paysages aussi.

Dans ce port de Santa-Cruz, au retour d'une promenade, le 17 novembre, il aperçoit, venant de jeter l'ancre, la *Melpomène*, frégate-école des gabiers. Plusieurs de ses « anciens » sont à bord, comme aspirants de première classe, et, après avoir longuement ri et causé avec eux, il

Descente en traîneau du Monte à Funchal.

conclut que, l'année suivante, s'il le peut, il « prendra ce bateau-là ». Puis on appareille pour la côte d'Afrique. L'*Iphigénie*, piquant au sud, rencontre les vents alizés, « ces fameux vents dont on parle tant dans les bouquins, » comme s'exprime le journal. Et grâce à eux le navire, qui est bon voilier, file jusqu'à onze nœuds et mouille assez promptement devant Dakar.

C'est le premier contact avec le monde noir. Mais l'intérêt de l'escale paraît vite épuisé. L'aspirant ne semble pas avoir gardé des villages nègres, des pirogues, des

marchands de fétiches et de dents de requins un souvenir
enthousiaste, à en juger par l'impatience qu'il a d'appareiller. Il est vrai que la prochaine traversée est une des
plus souhaitables et des plus souhaitées. L'*Iphygénie,* après
une courte relâche à la Praya, va traverser l'Océan et visiter les Antilles.

Enfin l'ordre du départ est donné.

On établit la voilure, et, par un bon alizé de nord-est, nous
laissons rapidement derrière nous les côtes désolées des îles du
Cap-Vert. Je vais bien vite me coucher, car j'ai, cette nuit, le
quart de minuit à quatre heures.

Un lugubre : « Il est minuit moins le quart! » du timonier
m'a tiré d'un charmant rêve, dans lequel, bien entendu, je croyais
me trouver à Angers... En cinq minutes j'enfile un accoutrement,
n'importe lequel; il fait nuit noire; on n'y verra rien; mais si la
nuit est noire, il n'en est pas de même de la mer, qui est d'une
phosphorescence splendide; notre sillage est véritablement
embrasé. De temps en temps, une large plaque blanche apparaît
au milieu d'une lame; c'est un requin qui vient se jouer à notre
arrière, prêt à dévorer tout ce qui tombera du bord, que ce soit
une poulie ou un homme... Les heures défilent,... enfin la relève
arrive. Quel bon moment! Mais aussi, deux heures après, un impi-
toyable branle-bas vient encore vous tirer brusquement du hamac,
et on est éreinté pour toute la journée.

Samedi, 14 *décembre.* — Nous marchons toujours bien. En
moyenne, nous faisons de cent soixante à cent quatre-vingts
milles par jour. Si nous continuons à aller aussi vite, nous aper-
cevrons les montagnes de la Dominique dans une quinzaine de
jours...

Dimanche, 22 *décembre.* — Huit jours très tranquilles, les
plus tranquilles peut-être depuis que nous sommes à l'*Iphigénie.*

Aujourd'hui avait lieu la fête du *Passage de la ligne,* la première journée du moins. Vers trois heures, on invite les *midships* à monter sur le pont, dans les costumes les plus simples qu'ils peuvent imaginer, car de nombreux seaux d'eau, de farine et de fayots nous attendent dans les hunes. Nous montons nous ranger sur la passerelle, le plus à l'abri possible. Une grêle de fayots nous accueille, simulant le grain au milieu duquel doit apparaître

Dans le désert.

l'envoyé du Roi de la Ligne. Et, en effet, presque aussitôt une voix tonitruante retentit du haut du mât de misaine.

« Qui êtes-vous?

— *Iphigénie,* répond l'officier de quart.

— D'où venez-nous?

— De la Praya.

— Où allez-vous?

— A la Martinique, » et ainsi de suite.

L'envoyé ou le postillon, c'est identique, s'affale du haut de la mâture dans un nœud coulant, décrivant des arabesques gigantesques. Il vient nous accorder la permission de passer le Tropique, et les fayots retombent de plus belle sur le dos des midships. La journée finit par une aspersion générale et les farces homériques de deux ours et d'un éléphant.

Hélas! pourquoi faut-il que les journées les plus gaies finissent parfois le plus tristement! Je vais vous raconter l'affreux malheur qui vient de nous consterner, nous et tout l'équipage.

Nous étions sur la dunette, aux postes de combat, comme cela se fait tous les soirs, causant gaiement des événements du jour. Soudain, vingt cris sinistres retentirent à l'avant : « Un homme à la mer ! »

Nous recevions le vent par l'arrière, et il fallait, pour nous arrêter, tourner de 180 degrés. Manœuvre très délicate, surtout avec notre voilure. Aussi vous pouvez vous imaginer l'angoisse qui nous étreignait à ce moment.

La nuit tombait, on ne pouvait pas voir le malheureux, et on ne savait si c'était un aspirant ou un matelot. Puis, au dernier moment, on vit un homme nageant vigoureusement sur nous. On lui coupe une bouée, et la baleinière de sauvetage fut mise à l'eau avec une rapidité qu'on ne peut imaginer quand on est terrien. Puis tout disparut dans la nuit.

On avait pu voir tout juste que c'était de Sarcé, un de nos camarades. La lumière de la bouée nous apparaissait déjà lointaine. Nous étions tous réunis sur la dunette, officiers et marins, scrutant en vain l'horizon, tâchant de deviner l'issue du sinistre drame qui devait se passer à deux milles de nous. Oh! l'horreur de cette longue attente! je me la rappellerai longtemps.

Une heure s'écoula sans qu'on vît rien de nouveau ; puis, tout d'un coup, nous vîmes que la baleinière revenait sur nous. Elle arrive à portée de la voix.

« Ramenez-vous l'homme? » lui crie-t-on.

Puis, au bout d'une seconde, un siècle, une voix répondit, dans un sanglot déchirant :

« Nous n'avons rien vu ! »

Si vous aviez vu sangloter depuis nous, les petits midships,

La lumière de la bouée apparaissait déjà lointaine.

jusqu'aux vieux gabiers, c'était navrant! Oh! la terrible mort!

Lundi. — Nous avons eu aujourd'hui la messe pour le repos de l'âme de notre pauvre camarade.

Mes prévisions de route se sont trouvées exactes, l'*Iphigénie* est le 29 décembre à Basse-Terre.

Paul écrit le lendemain :

Lundi, 30 décembre. — Nous sommes de terre aujourd'hui, et, ma foi, c'est sans ennui qu'on foule le sol quand on est resté dix-sept jours sans voir autre chose que de l'eau... Malheureusement la pluie, — un phénomène pour nous, car voilà deux mois que nous n'en avions eu, — se met à tomber juste comme nous poussions du bord. Malgré cela je me décide à faire une longue trotte à pied.

Le port, à Basse-Terre, est une sorte de promenade très ombreuse. Nous traversons la rue principale de la ville, où grouille une foule de nègres et de mulâtres de tout sexe et de toutes nuances, les uns chocolat, les autres jaunes comme des coings. Tout cela remue, crie; c'est un tohu-bohu dont on n'a pas idée en France. Les négresses surtout sont amusantes, habillées d'un turban vert, par exemple, d'où sort une tresse de cheveux noirs, gros chacun comme un lacet de souliers : ajoutez une robe jaune à raies blanches, et vous pouvez vous représenter aussi bien que moi une « mama X », car ici toutes les femmes s'appellent « la mama une telle ».

Nous marchons avec une constance admirable, Laborde et moi; mais la pluie met tant d'acharnement à nous poursuivre, que nous faisons demi-tour et revenons en ville, non sans avoir pourchassé des oiseaux-mouches, comme vous feriez des papillons, avec moins d'adresse sans doute, car nous sommes revenus bredouille.

En arrivant sur le port, nous apercevons un grand paquebot transatlantique. Quelle chance! Et de fait, en rentrant à bord, la première chose qu'on nous dit, c'est que « les lettres sont à bord », phrase magnifique qui fait battre le cœur à tout le monde, depuis le puissant commandant jusqu'au plus humble des chaloupiers. En entrant dans le poste, j'aperçois une écriture qui ne m'est pas inconnue...

Mardi, 31 décembre. — Nous avons eu l'agréable surprise, ce matin, d'apprendre que nous n'étions pas de quart, mais que bien au contraire, nous allions avoir toute une journée à nous. A six heures, des embarcations sont à notre disposition. Nous devons aller déjeuner en pique-nique à un endroit charmant nommé le camp Jacob. C'est là qu'habitent les fonctionnaires européens et la garnison de la ville.

Après avoir déjeuné, nous nous mettons en route, les uns pour aller aux Bains jaunes; les autres, les bons marcheurs, pour aller au sommet de la Soufrière, à quinze cents mètres au-dessus de la mer. Quelques centaines de mètres après le camp, le spectacle était féerique : le sentier serpente au milieu d'une véritable forêt vierge, bordée de part et d'autre d'un fouillis inextricable de lianes enchevêtrées. D'un côté, la route longe un profond précipice, qui nous apparaît par instants dans une éclaircie du fourré.

Mercredi, 1ᵉʳ janvier 1896. — Jour solennel à bord, qui se passe en visites pour les officiers et les chefs de poste, et en réjouissances pour les autres. J'ai pu assister à la messe et prier pour que la nouvelle année soit heureuse pour nous tous. Nous sommes de quart et nous faisons, avec nos aiguillettes, l'admiration de la population qui se presse à bord!

15 janvier. — Nous sommes arrivés aux Saintes le 5 janvier, et depuis ce temps je n'ai pas eu un moment à moi, grâce à l'hydrographie que nous faisons.

Mardi, 21 janvier. — Nous avons appareillé ce matin. Nous allons, dit-on, passer trois ou quatre jours à la mer pour faire divers exercices ; et après nous être ravitaillés, soit à Basse-Terre, soit aux Saintes, nous disparaîtrons du monde pendant vingt-cinq jours, pour y reparaître tout d'un coup devant Cadix. Heureusement, pour nous distraire, nous avons un panorama « comme jamais je n'en ai vu ». Droit devant nous, la Guade-

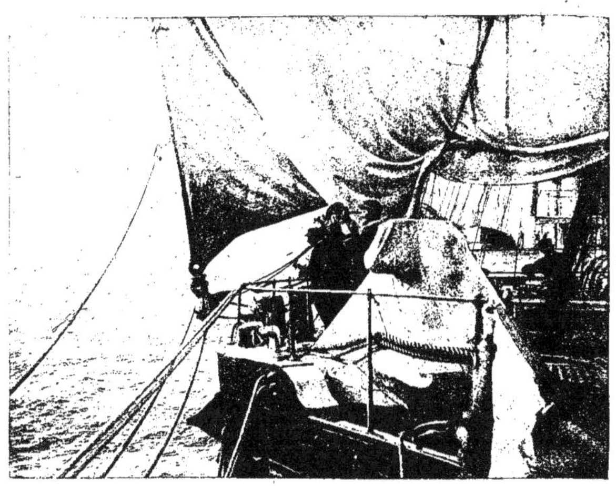

Observation de la méridienne sur le gaillard d'avant (de la Goulette à Sfax).

loupe ; par tribord, Marie-Galante, la Désirade, la Grande-Terre ; derrière, les Saintes, la Dominique, et enfin, bien loin dans la brume, on devine les hauts sommets de la Martinique.

Maintenant je suis de quart dans la chaufferie, et je vous griffonne ces quelques mots sur mon calepin, à la lueur infernale des fourneaux. Ouf ! que j'ai chaud ! au moins cinquante-cinq degrés dans cet antre ! On a une de ces petites sensations de l'enfer ! Et les pauvres chauffeurs que je surveille ! Dire qu'ils font cela tous les jours et plusieurs fois par jour ?

Ce soir, nous sommes mouillés à Basse-Terre pour passer la

4

nuit. Grande joie dans le septième poste : nous ne ferons pas de quart.

Jeudi, 23 janvier. — Nous avons encore fait toute la journée des évolutions,... évolutions à la voile par notre poste. Heureusement nous nous en sommes bien tirés, et le commandant en a exprimé sa satisfaction à l'officier de manœuvre, ne se doutant pas que des oreilles de midship étaient à portée et recueillaient précieusement ses moindres paroles.

Dimanche, 26 janvier. — Dès ce matin, temps superbe. On ne peut pas mieux rêver. Messe sur le pont, à l'arrière; c'est épatant, comme spectacle, de voir tout un état-major, commandant en tête, et tout un équipage courber la tête au moment de l'élévation. C'est consolant de voir. comme la France est catholique à l'étranger, et toutes ces cérémonies du culte sur un navire de guerre ne contribuent pas peu à élever notre prestige auprès des peuples religieux, comme l'Espagne par exemple. Mais, même au point de vue du coup d'œil, le tableau est charmant, et je voudrais bien que vous ayez l'occasion d'assister un jour à une messe solennelle sur un bateau, non comme le *Borda*, mais sur un vrai navire de guerre.

Dimanche, 2 février. — Voilà déjà deux jours que nous sommes en mer. Pendant toute la journée de jeudi, nous avons longé la Guadeloupe et quelques autres îles. Vendredi soir, nous perdons de vue la Désirade, et depuis nous ne voyons que le ciel et l'eau. Nous sommes parés à recevoir tous les coups de vent possibles et imaginables. Nous arriverons donc, je l'espère, sans encombre à destination. Ce dont on parle le plus en ce moment c'est de brûler les Baléares, et d'aller par conséquent directement de Cadix à Toulon.

Lundi, 3 février. — Nous avons aujourd'hui navigué de conserve avec un croiseur danois, qui lui aussi revient en Europe. Comme sa vitesse était supérieure à la nôtre, il a disparu dans la soirée derrière l'horizon. Nous avons aussi rencontré un superbe quatre-mâts anglais, toutes voiles dehors. Où va-t-il? nous n'en savons rien.

Dimanche, 9 février. — Tout d'un coup les grandes chaleurs ont cessé, et un brusque changement de température s'est opéré cette nuit. Pendant toute la soirée d'hier, nous avons eu assez gros temps.

Samedi, 15 février. — Depuis quatre jours, c'est une vraie tempête. Nous sommes ballottés, secoués, mouillés, inondés même; mais l'*Iphigénie* se moque bien de ce temps-là. Qu'elle est jolie, fuyant presque à sec de toiles, filant comme une flèche et bondissant légèrement sur les lames!

Mardi, 18 février. — Hier soir, je suis monté dans la hune pendant qu'on prenait le troisième ris. Au petit hunier, il faisait nuit noire; mais on pouvait voir l'*Iphigénie* presque couchée sur le flanc, au milieu d'une nappe d'écume : c'était féerique. Le vent faisait rage, menaçant à tout moment de déchirer le hunier, et le roulis nous faisait décrire de gigantesques arabesques. C'est alors que nos hommes sont admirables, sublimes même; à chaque instant ils risquent d'être enlevés à la mer ou de venir s'écraser sur le pont, et, malgré cela, ils travaillent comme s'ils faisaient un exercice ordinaire. Ah! je voudrais voir toute la canaille qui hurle contre la marine faire un peu le service de nos gabiers!

Le 26 février 1896, Paul retrouvait la terre d'Europe à Cadix : il achevait son premier grand voyage et celui, assurément, qui lui a laissé le plus vif et le plus poétique souvenir. Retourner aux Antilles, revoir les Antilles, ce sont des expressions fréquentes dans les lettres des années qui vont suivre. On voit apparaître aussi l'idée d'une campagne sur les côtes de la Chine ou dans le Pacifique. Voilà

les embarquements qu'il compte demander, lorsqu'il aura
fait une ou deux campagne sur la *Melpomène*. L'avenir
occupe tant de place dans l'esprit, quelle que soit la vie
que l'on mène, que la peine ou la joie du présent en est
toujours diminuée. Paul Henry est en ce moment partagé
entre ces rêves lointains et les regrets d'un passé tout
proche encore. La fin de la croisière de l'*Iphigénie*, qui
doit se prolonger six mois encore, est loin d'avoir l'attrait
du début. Le bâtiment, après avoir touché les côtes d'Espagne, rallie Toulon. De là il n'ira pas, comme les midships l'avaient espéré, faire le tour de la Méditerranée,
mais simplement en Corse, en Tunisie, en Algérie; le
2 juin, il doit être à Lisbonne, et de là visiter une partie
de nos ports français, pour rentrer enfin à Brest le
25 juillet.

Ce programme fut suivi de point en point. De retour
à Brest, les aspirants qui venaient de passer les examens
pour le grade d'aspirant de 1re classe ne furent cependant
pas envoyés immédiatement en permission. La dernière
lettre du volumineux paquet de correspondances que je
viens de résumer ou de citer débute ainsi :

Brest, 31 *juillet*. — Dire que, sans le président de la Répu-
blique, après-demain je serais tranquillement en route pour Kergresq ! Au lieu de cela, il va falloir se morfondre pendant six
mortels jours. Félix Faure arrive le 6, à une heure. Ce sera très
beau comme cérémonie maritime; on va sortir pour lui le canot
du prince impérial, qui sera conduit par un capitaine de vaisseau et armé par vingt-quatre quartiers-maîtres. Tous les forts,
les bâtiments de l'escadre et les stationnaires, plus l'*Iphigénie,*

feront un salut de vingt et un coups. Ce sera un spectacle splendide, surtout pour des gens qui ne sont pas habitués à tout ce bruit. Le lendemain, grande revue sur le cours d'Ajot ; nous y assistons dans la tribune officielle. Enfin, *de trois heures à quatre heures*, M. Félix Faure visitera les bateaux de l'escadre et l'*Iphigénie;* soit, en une heure, une quinzaine de navires. Et voilà pourquoi soixante-quinze midships, revenant d'une campagne éreintante de dix mois, restent six jours à tourner les pouces ! Partirons-nous vendredi soir ou samedi matin ? Il y aura un encombrement colossal sur la ligne de Brest à Morlaix, et le voyage y perdra de son charme ; mais l'arrivée n'en sera que plus agréable. Voilà bien longtemps que j'y pense à cette arrivée à Tréguier !

La réunion tant souhaitée vient enfin, et Kergresq, déjà joyeux, puisque l'heure des vacances avait sonné pour les frères et sœurs, connut ce surcroît de gaieté et d'entrain qu'apportent avec eux les aînés quand ils reviennent vers les jeunes. Paul avait l'âge où l'homme a besoin d'un prétexte pour consentir à jouer, mais où il joue encore, moitié par condescendance et moitié par plaisir. Les grèves de Plougrescant, les chemins verts, les bois, les champs de blé noir, virent plus de promenades et entendirent plus de rires que jamais. Ce fut là que, le 10 août, on lut en famille, on applaudit, on commenta les quelques lignes de l'*Officiel* qui nommaient Paul Henry aspirant de première classe. Il n'était plus élève : il devenait officier ; il avait droit, comme on le dit quelque part, de porter, en grande tenue, l'habit brodé d'ancres d'or, le ceinturon bleu et or, et le chapeau à claque.

IV

A BORD DE LA « MELPOMÈNE »

Le décret qui nommait Paul Henry aspirant de première classe ajoutait cette mention : « Pour prendre rang du 5 octobre 1896, » et attachait le jeune officier au port de Lorient.

Dans les premiers jours d'octobre, il fallut se rendre à Brest pour embarquer sur la *Melpomène*. C'était un embarquement que Paul avait désiré et demandé. La première lettre qu'il envoie à sa mère, qui vient de quitter Plougrescant et regagner Angers, est pleine de la belle humeur coutumière; elle nomme les camarades embarqués comme lui à titre d'officiers sur la frégate-école des gabiers. Ce sont, venant du *Borda*, MM. Léonard, Feillet, Bourdet, Chenet, Saint-Raymond-Ferrat, Lucas; venant de l'École polytechnique, MM. d'Aubarède, Larros, Legrand, Barckhanson. Il ajoute :

Nous sommes tous ravis et enthousiastes.

La seconde lettre est désolée : un grand deuil vient d'atteindre les parents de l'enfant.

Brest, 19 *octobre* 1896. — Mon cher papa bien-aimé, je viens de recevoir la fatale dépêche annonçant la mort du pauvre grand-père, et juste au moment de prendre la mer. C'est navrant ; je ne pourrai même pas voir une dernière fois celui que nous aimions tant. Ah ! que la vie de marin est parfois triste, et quel sombre début pour une campagne lointaine !

Oh ! comme j'ai souffert, ce soir, dans mon poste, refoulant mon chagrin pour tâcher de recevoir le plus aimablement possible un de mes camarades de Jersey, de Rodellec, que j'avais invité à venir à bord ! C'est dans ces circonstances-là qu'on sent le dur côté de la vie en commun. Officier, j'aurais été dans ma chambre ; ce soir, il m'a fallu rester pendant deux heures à écouter des conversations.

J'ai prié et je vais encore le faire toute la soirée pour notre cher mort. Oh ! que je souffre de ne pouvoir me rendre à Kergresq ! Partir demain, c'est affreux !

Le lendemain, la même pensée cruelle, le même regret de ne pouvoir courir jusqu'à ce petit coin de Bretagne, hier si joyeux, si triste aujourd'hui, étreint le cœur du jeune officier, qui part pour une campagne de plusieurs mois.

Avec quelle tristesse j'ai vu défiler peu à peu toute la côte bretonne, et disparaître au loin dans la brume du soir la rade de Brest ! Je revoyais par la pensée le pauvre Kergresq en deuil.

Brusquement, vers six heures, la brise est complètement tombée, et nous voilà inertes au milieu des rochers de toute sorte qui forment l'avant-garde de la côte bretonne. Les voiles pendent le long des mâts, et, à chaque coup de roulis, elles

claquent lugubrement. Le commandant est inquiet, il ne quitte
pas le banc de quart.

Dans cette lettre, dans les pages du journal qui disent
toute la vie, qui reviennent sur le passé et qui parlent des
projets d'avenir, on retrouve encore l'expression de cette
douleur si naturelle causée par la disparition de l'aïeul;
mais nulle part je n'ai rencontré trace d'une préoccupation
qui aurait pu venir, en dé pareilles circonstances, aux âmes
les meilleures et les plus hautes. Pas un instant, il ne s'est
demandé avec inquiétude : « Que va devenir Kergresq?
A qui appartiendra le nid où nous avons tous le meilleur
de nos souvenirs, le seul endroit de la terre que nous
aimions d'amour véritable? » Non, la question ne s'est pas
posée. Kergresq pouvait, après la mort du grand-père,
devenir la propriété de M. Léon Henry, de l' « oncle Léon »,
comme les lettres de Paul l'appellent si souvent; mais,
dans cette famille unie, les enfants savaient que cela pouvait arriver sans que rien fût changé; que Kergresq demeu-
rerait toujours le lieu de réunion, qu'il s'ouvrirait aux
écoliers en vacances et au marin en congé, qu'on y reviendrait chaque année, que les traditions hospitalières de la
vieille maison n'avaient rien à redouter.

Et il en fut ainsi. Paul en doutait si peu, qu'il n'en a
pas parlé.

Il note la marche plus ou moins vite de la frégate
à voiles et l'existence calme du bord.

On est si en paix, dit-il, et sans la moindre préoccupation
avec une vie réglée par heure, par minute même!

Il aime cet ordre.

La *Melpomène* fait route vers un pays que Paul connaît déjà.

Dimanche, 25 octobre. — Nous nous acheminons lentement

La *Melpomène.*

mais sagement du côte de Madère; la brise est toujours favorable, et la mer a pris sa belle couleur bleue des Tropiques. J'ai bien prié ce matin à la messe pour ce pauvre grand-père. Comme sa mort a attristé mes débuts de campagne! Sans cela je serais trop heureux; il est en effet difficile de trouver un commandant, une veuve (le second) et un état-major aussi charmants. Nous allons rester dix ou onze jours à Madère; ça va être un bien charmant séjour; nous projetons déjà beaucoup de promenades dans les montagnes qui entourent Funchal.

Mardi, 27 octobre. — Je vous écris au milieu du concert le moins harmonieux et le plus bruyant que l'on puisse imaginer. Depuis ce matin, la brise a forcé, et maintenant la mer est déchaînée; jamais nous n'avons vu d'aussi belle tourmente... Si vous en voulez une idée, rappelez-vous le coup de vent de la fin de septembre. Successivement on a pris tous les ris aux huniers, puis on a cargué tout, sauf deux ou trois voiles de mauvais temps, grandes comme des mouchoirs de poche.

Le roulis est tel que plusieurs hommes ont été blessés, notre table décapelle avec toute la vaisselle qui est dessus, catastrophe! et le baromètre descend toujours.

5 heures. — Le canot du commandant est brisé, le canot de service est fendu, le navire fatigue beaucoup. Mais la tourmente est magnifique à contempler. Dans les coups de tangage, on voit l'horizon presque à la hauteur de la vergue de misaine.

Mercredi, 28 octobre. — Qu'est-ce que je vois ce matin en montant au quart : calme plat! La tempête a cessé tout à coup, et maintenant nous voilà en vue de terre, mais marchant à peine un mille à l'heure.

Adieu Brest et ses brumes, et vivent les Tropiques!

Jeudi, 29 octobre. — Nous nous sommes traînés avec peine pendant toute la nuit, et, ce matin au lever du soleil, nous avons vu Madère, peu distinctement, il est vrai; car cette île fortunée ne nous apparaît guère que sous la forme d'un écran grisâtre, qui masque l'horizon devant nous.

La brise se lève vers deux heures, et à quatre heures nous sommes mouillés dans la baie de Funchal... Salut de vingt et un coups de canon, visites, patentes de santé, etc.

Un canot aux couleurs de France accoste le bord; le consul de France vient nous rendre visite, et surtout nous apporter des bouteilles de madère (nous en avons six pour le poste). Il nous apprend que la tempête que nous avons ressentie en mer a eu ici des effets terribles. Deux bateaux ont été mis à la côte, et plusieurs hommes ont été tués ou blessés.

Après un séjour à Madère, une relâche aux Canaries, la

Dakar (Sénégal).

Melpomène est aux îles du Cap-Vert, le 25 décembre. Et Paul écrit aux siens :

Vous ne pouvez vous figurer combien c'est triste, une fête de Noël à bord, quand plus de mille lieues séparent de la France ! Pas de messe de minuit, pas de crèche, pas de ce je ne sais quoi qui rend en famille la fête de Noël si belle et si joyeuse. Aussi l'année prochaine, si je suis, comme j'y compte, embarqué en escadre du Nord, une permission de quelques jours me permettra d'aller passer cette chère fête à Angers, pour la première fois depuis six ans déjà !

Le premier de l'an trouve la frégate en mer.

Vendredi, 1ᵉʳ *janvier* 1897. — Bonne année à tous encore une fois, et mille bons baisers de la part du pauvre exilé ».

Nous avons été en corps porter nos vœux au pacha, qui a répondu d'une façon fort aimable aux souhaits du président du carré. Il nous a souhaité d'arriver promptement à Dakar. Dieu l'entende ! Toute la journée des délégations de l'équipage viennent dans le poste offrir leurs vœux aux aspirants ; on les reçoit naturellement avec force vermouths et liqueurs ; aussi une « douce gaieté » régnait-elle le soir dans tout le bateau.

Nous avons envoyé des bouteilles de champagne aux premiers-maîtres et aux seconds-maîtres, qui ont été très touchés de cette attention délicate, digne de Félix Faure. Ils ont déclaré que nous étions des types épatants, et, dans leur enthousiasme délirant, ils ont fait retentir l'avant de leurs vivats en l'honneur des bons aspirants de la *Melpomène.*

Samedi, 2. — Éole, le dieu des vents, comme disait Virgile, nous a fait son petit cadeau : la brise nous est maintenant presque favorable, et demain ou après-demain, nous serons mouillés en rade de Dakar. Et il est grand temps ; car, pressés par la famine, nous avons mangé presque toutes les belles dindes que nous avions achetées à la Praya, et qui devaient nous durer presque jusqu'à Brest.

Le 3 janvier, on arrive à Dakar.

Mercredi, 6 *janvier.* — Nous sommes en train de faire ce qu'on appelle des manœuvres de force, à savoir démâter le mât d'artimon, manœuvrer des ancres par des moyens aussi industrieux que peu pratiques, etc.

Autre divertissement : tous les matins il y a compagnie de débarquement dans laquelle je commande, tous les deux jours environ, une section. Voici quelle est notre tenue : casque, veston bleu, pantalon blanc, guêtres noires et sabre. Ca vous a un air « expédition coloniale » bien tapé. Les populations dakaroises se pressent sur notre passage.

Le journal enregistre peu de faits intéressants pendant ce séjour en Afrique.

Lundi. . . . . . *rien* ⎫
Mardi. . . . .   —   ⎪ Exemple de la variété de la vie que
Mercredi . . .   —   ⎬ l'on mène à Dakar. Mais, me direz-
Jeudi . . . . .   —   ⎪ vous, pourquoi ne pas chasser?
Vendredi . . .   —   ⎭ pourquoi?

Pour une raison bien simple, c'est que la sécheresse qui a sévi aux environs de Dakar a été funeste au gibier, et il faudrait aller trop loin. Tout ce que je peux faire, c'est de vous rapporter des ailes.

La première campagne de la *Melpomène*, terminée en mars, fut suivie d'une seconde qui commença en mai 1897, et dont l'itinéraire fut malencontreusement à peu près le même. Paul dut retourner, par une chaleur torride, à Madère, aux Canaries, aux Açores. Malgré ce contretemps et malgré la température, le ton du journal de bord est d'une gaieté constante et charmante. La jeunesse renouvelait sans doute la beauté de la route, et puis la santé, parfaitement rétablie, supportait facilement la fatigue du climat et du métier, et enfin la navigation à la voile plaisait à ce marin breton, qui n'aimait pas, comme tous les Bretons, laisser voir son émotion poétique, mais qui est poète à ses heures.

De ces notes de bord, je donnerai seulement trois courts extraits. Le premier rapporte un incident tragi-comique qui se passa au large de Madère; le second raconte une excursion dans l'île, et le troisième une réception aux Canaries.

10 *mai*. — Ce matin, au moment où je montais pour voir un virement de bord : « Un homme à la mer! » Je me précipite sur la dunette, et je vois un malheureux gabier passer le long du bord en nageant. La bouée tombe devant lui; en quelques minutes il est dessus. Si un requin ne lui coupe pas les jambes, il est sauvé. Vite la baleinière est amenée. Elle pousse; les hommes, courbés sur les avirons, la font voler sur l'eau. Pendant ce temps, nous voyons le gabier, toujours accroché à sa bouée, monter et descendre sur la lame; nous sommes haletants; enfin la baleinière est sur lui; on l'embarque, il est sauvé. C'est un long cri de joie à bord.

Le comique se mêle au tragique. Vous savez que les bouées de sauvetage employées à bord s'allument automatiquement en tombant à la mer, et ne s'éteignent que quand le gaz a brûlé en entier. Le brave patron de la baleinière est moins savant, il souffle dessus pour l'éteindre. Ne réussissant pas, il prend son bonnet et veut la moucher comme un cierge; rien n'y fait. De guerre lasse, il regagne le bord avec la bouée, toujours lumineuse, et on lui explique alors qu'une bouée qui se respecte ne s'éteint pas comme une vulgaire camoufle.

Savez-vous maintenant d'où était tombé cet homme? Du centre de la vergue de petit hunier, c'est-à-dire d'une hauteur de quarante à cinquante mètres. Maintenant comment se fait-il qu'il soit tombé à la mer, au lieu de s'écraser sur le pont, c'est inouï!

. . . .

Funchal, samedi, 26 *juin*. — Ce matin, nous sommes partis, vers six heures, pour aller faire la fameuse excursion du grand Kurral. Il fait un temps splendide, les sommets de l'île sont entièrement dégagés; malheureusement une panne nuageuse qui s'élève dans le N.-E. nous donne quelques inquiétudes. Nous avons des difficultés avec les douaniers, à cause des provisions que nous emportons pour déjeuner. Pourtant, la veille, moyennant dix sous, nous nous étions munis d'une autorisation ; cela vous montre qu'il y a d'autres pays que la France pourvus d'une administration tracassière et idiote. Nous sommes bien restés là, sur le quai, une demi-heure, à essayer de sortir notre plus pur castillan pour nous faire comprendre des douaniers ; finalement, sans que ni eux ni nous ayons rien compris, on nous a laissés partir. Mais la maudite panne monte toujours, et déjà quelques sommets de l'est sont empanachés. Mais presser nos bœufs serait une chose impossible. Nous nous décidons à prendre les choses comme elles arriveront. D'ailleurs, des midships qui s'attarderaient à aussi peu de chose ne seraient pas dignes de leur nom. La montée en chars à bœufs est très pittoresque ; pendant des kilomètres, des berceaux de vignes forment une voûte presque parfaite au-dessus de la route. Malheureusement les grappes de raisin qui pendent par milliers sont encore vertes, et ne permettent pas au pauvre voyageur d'étancher sa soif. Vers huit heures, nous arrivons à un endroit où le chemin commence à être impraticable pour les chariots ; il faut sortir ses pattes. Et il en faut du courage pour grimper, sous un soleil tropical, des pentes presque à pic et, pour comble de malheur, pavées de ces petits cailloux qui sont la plaie de Madère. Un vrai calvaire à monter. Nous nous arrêtons tous les cent mètres pour souffler un peu ; enfin les cailloux cessent, et nous nous remettons en route avec plus de vaillance. Nous longeons un précipice presque à pic de cinq à six cents mètres de profondeur, qui sur un certain parcours est, chose curieuse, cultivé en blé ; comment peut-on arriver là ? c'est inouï, vertigineux, même au sens propre du mot. Nous montons toujours traversant des nuages, hélas ! La montagne se fait plus aride, à mesure que nous avançons ; nous marchons à la file indienne, sur un petit sentier que surplombe une haute falaise, tandis qu'à notre gauche se creuse un gouffre au fond duquel on aperçoit un torrent qui nous semble à peine un filet d'eau. A dix heures, nous arrivons au terme de notre excursion. Le temps s'est levé, c'est véritablement superbe. Nous sommes sur une sorte d'éperon, qui s'avance au milieu d'un cirque formé de montagnes de mille mètres environ, *absolument à pic* de tous côtés. Au fond, on aperçoit un joli petit village enfoui dans la verdure. A part les forêts des Antilles, je n'ai rien vu de plus beau.

Vive Madère! Décidément jamais je n'ai vu d'endroit où on soit aussi bien reçu; toutes les maisons de la meilleure société nous sont ouvertes; les environs sont splendides, les soirées sont adorables, tout est à l'unisson.

.   .   .   .

Lundi. — Nous étions en train de dîner tranquillement, quand le commandant nous fait prévenir que le consul de France donne un bal ce soir, et qu'il désire y voir le plus grand nombre de midships possible. Grand enthousiasme au poste; en deux temps trois mouvements on est habillé. Avant d'entrer dans la fournaise que représente tout bal dans les pays chauds, nous allons humer l'air frais sur la place de la Constitution, au grand ébahissement des naturels, qui ne savent que penser de cette exhibition de gens dorés sur tranches. A 9 heures, nous mettons le cap sur la maison consulaire, nous faisons une entrée... brillante. Mais, hélas! il n'y a que le consul qui parle français, toutes les jeune filles sont espagnoles et ne savent même pas un mot d'anglais. J'essaye de produire ma science espagnole; mais, hélas! l'essai est malheureux, la phrase commencée dans le plus pur castillan se termine piteusement en français, après un léger bafouillage fort peu élégant : « Senorita, hagame usted el favor... de m'accorder une valse? »

Les points simulent le bafouillage. Après un pareil début je n'ose plus me lancer; d'ailleurs, allez donc essayer de comprendre ce que disent ces senoritas qui parlent avec la rapidité de l'éclair. J'ai beau dire : « Hablo un poco el espanol, » je m'attire une suite de « Como? como? » qui me défrisent complètement.

Le commandant s'en va à onze heures, en nous disant qu'il nous enverra un canot à deux heures. Seulement les invités larguent à une heure, si bien que nous sommes obligés d'attendre un temps infini sur le quai. Un commandant espagnol, qui regagne son bord, nous aperçoit vautrés pêle-mêle, officiers et midships, sur un tas de planches, nous emmène sur son bateau prendre un verre de manzanille. Heureusement le bruit cadencé des avirons ne tarde pas à se faire entendre, c'est le canot-major. Finalement, à deux heures et demie on se couche. Et le lendemain... oh! combien fatigués! N'importe, parés à recommencer!

Le retour de la *Melpomène* a lieu par les Açores.

Le 18 juillet, par grosse mer, on touche à Punta-Delgada, puis le cap est mis sur Quiberon. On arrive en France, et le 16 août, au milieu de corvées nombreuses, gagnant bien, comme il le dit, les « quatre-vingt-seize sous que lui alloue le gouvernement », Paul Henry, pensant à l'emploi d'une prochaine permission, consulte ses parents et leur écrit cette jolie phrase :

Je ferai ce que vous trouverez de mieux pour l'emploi de ma prochaine béatitude.

V

LA CAMPAGNE DE CRÈTE

Paul devait être rendu à Toulon le 4 octobre « pour embarquer sur l'escadre de la Méditerranée ». Mais ce qu'il faut à ce marin déterminé, ce n'est pas la vie d'escadre, c'est le voyage, et, s'il se peut, une campagne. Il a « demandé la Crète ».

A bord du Charles-Martel. *Escadre de la Méditerranée. Toulon.* — Telle est ma nouvelle adresse. Quel monde, mon Dieu, qu'un cuirassé, et quel monde effrayant ! Je n'y suis pas encore bien habitué, et voilà cependant trois jours que j'y suis. Ah ! où est ma jolie petite *Melpo*, et sa mâture si fine, et sa voilure si blanche ? Quel abîme entre ce monstre de fer hérissé de canons, de cheminées, de passerelles, qui n'a du bateau que le nom, et la fine frégate ! Je n'aurais jamais cru que je fusse si « vieille marine ». Par contre, notre poste est surperbe, trois fois grand à peu près comme l'ancien, très bien orné, éclairé par de grands hublots le jour, et à l'électricité la nuit. Bref, notre installation est très confortable.

Voilà donc où j'en suis, mais pas pour longtemps heureusement : j'espère bien que, dans une quinzaine, je serai parti pour

la Crète. C'est Jean Merveilleux du Vignaux qui m'a annoncé
cette bonne nouvelle. Quel poste aurai-je là-bas? je n'en sais
rien; soit à terre, soit à bord, ça m'est égal : au moins je ne
mènerai pas cette existence abrutissante de Toulon... Je parti-
rai, je suppose, par le *Charner,* un croiseur qui va appareiller
d'ici la fin du mois pour la Canée. Il n'y a pas beaucoup d'enthousiasme, dans le noble corps des midships, pour y aller; je
crois bien qu'on sera obligé d'en désigner d'office. Combien de
temps y resterai-je? je ne sais pas trop, c'est très variable. Je puis
y rester deux mois, comme j'y puis rester six. Le climat est très
bon en hiver; je vais donc pouvoir guérir mon rhume, qui,
d'ailleurs, est en très bonne voie de guérison. Je me suis fait
mettre plusieurs couches d'iode, ce qui m'a brûlé atrocement
toute la journée d'hier. J'ai dû faire dans cet état un quart de
midi à quatre; or, comme sur ce bateau il faut, pour le service,
trotter sans cesse d'un pont à l'autre, de la « plage supérieure »
à la batterie basse, — cinquante-huit marches, — vous voyez
combien j'ai dû jouir.

Ce manège s'est répété une dizaine de fois, vu qu'il y avait
grand dîner chez l'amiral, car il y a un amiral et par conséquent
une musique. Nous avons concert deux ou trois fois par jour.
C'est encore un agrément; mais malgré tout j'aspire à la Crète,
à la navigation, et surtout à autre chose qu'un cuirassé : c'est
vraiment trop grand et trop compliqué...

A bord de l'Amiral-Charner. *Toulon,* 19 *octobre* 1897. —
Dimanche soir, en rentrant sur le *Charles-Martel,* j'ai trouvé
mon ordre d'embarquement sur le *Charner,* et me voici installé
sur mon nouveau bateau. Je quitte le luxe de l'escadre, pour
l'installation un peu bohème du poste qui fait campagne. Ainsi les
armoires sont pleines de cancrelas; dans l'office on a découvert
un caisson plein de rats crevés; les lavabos sont sales à faire
peur, etc... Bref, le poste et ses accessoires doivent être assez
désagréables, surtout quand il fait chaud. Le commandant et le

second n'ont pas l'air commode du tout; je crois que nous allons trimer de la jolie façon. Mais du moment que je navigue, que je vois des pays curieux, c'est tout ce qu'il me faut. Et puis, il y a l'imprévu : si je pouvais avoir un poste à terre, je serais enchanté. Mener un peu la vie de campagne, ce serait un rêve. Si je ne suis pas à terre, j'espère que nous ferons, avec le *Charner* ou un autre bateau, une tournée quelconque dans le Levant, et que nous visiterons Smyrne, Chypre, Corfou, etc... Sinon je trouverai dur de rester des mois et des mois en rade de la Sude, ne descendant à terre que de loin en loin, et encore pour jouer au tennis. Ce n'est pas pour cela que j'ai demandé à aller en Crète...

Mercredi, 20 octobre 1897. — Ce matin, le frégaton me fait appeler, et me dit :

« Monsieur, il faudra, ce soir, deux aspirants pour conduire le corps de débarquement du *Charner* à terre, et joindre les troupes de l'escadre. Je préférerai, qu'étant le plus ancien, vous soyez de ces deux aspirants. »

Une préférence de frégaton, c'est un ordre; il n'y avait donc qu'une chose à faire et à dire, s'incliner et répondre froidement :

« Bien, commandant. »

C'est très joli de commander un corps de débarquement, mais où le mener? Voilà ce que ne savent ni le frégaton, ni l'officier fusilier, ni personne. L'éternelle ritournelle me remplit de perplexité :

« Monsieur, vous irez à terre et... vous vous débrouillerez.

— Mais, commandant...

— Vous avez compris, monsieur, ça va bien. »

A midi et demi, j'embarque avec mon armée dans les embarcations; car non seulement je suis général, mais mes pouvoirs s'étendent aussi sur une flotte composée d'un canot à vapeur, d'une chaloupe et d'un canot ordinaire. Mes troupes comprennent un peloton d'infanterie placé directement sous mes ordres, une section d'artillerie et un détachement de torpilleurs mineurs (comme qui dirait du génie), commandé par l'aspirant Gendre. Ajoutez deux tambours et clairons, des infirmiers, et... voilà! comme dit M. Mangou. Hein! quel honneur pour la famille Henry!

Chemin faisant, nous voyons tous les canots de l'escadre rallier le même point; naturellement nous faisons comme eux, et le débarquement des troupes s'effectue sans encombre. Aussitôt à terre, je confie à mon divisionnaire l'artillerie et le génie,

Compagnie de débarquement du *Charner* dans la montagne.

tandis que l'infanterie s'ébranle vers un point de direction inconnu. Je ne sais pas si vous avez essayé cela, mais c'est une manœuvre très délicate, grosse de difficultés imprévues.

« Dites donc, maître, et je me penche vers le second maître qui marche à côté de moi, savez-vous où l'on va?

— Non, lieutenant, je suis nouvellement embarqué, et... »

Et c'est leur refrain à tous!

Désespéré, je prends une direction quelconque, et fièrement nous marchons... Nous marcherions encore, si, ô bonheur! je n'eusse aperçu un homme multigalonné, ceinturonné, armé, bref, tout ce qu'il faut pour représenter un chef d'armée.

« Peloton, halte! »

Mes hommes s'arrêtent, joyeux du devoir ou du kilomètre accompli, sous la poussière provençale. Puis je me dirige vers l'homme aux nombreuses dorures, un capitaine de vaisseau; je m'arrête à six pas, je présente le sabre et lui crie poliment :

« Commandant, j'amène le détachement du *Charner,* et je viens prendre vos ordres.

— Bien, monsieur, voyez le commandant d'infanterie. »

Amère désillusion, ô mirage trompeur qui me faisait entrevoir le port! Douloureusement impressionné, je reviens vers mon corps d'armée, et, farouches, nous reprenons sombrement notre route sans but. Puis nouvel homme galonné, nouvelle enquête :

« Commandant, j'amène le détachement du *Charner,* et je viens prendre vos ordres.

— Bien, monsieur, vous allez vous joindre au *Pascal,* pour former la 3ᵉ compagnie du 1ᵉʳ bataillon. »

Il y a du mieux; vous pourriez même croire que c'était fini... Le pauvre garçon!... Il a enfin trouvé! Il va rejoindre le *Pascal...* Et je vous arrête là. Où est le *Pascal?* C'est très joli de me dire de le rejoindre; mais où est-il, je n'en sais rien. Et il y a, sur le terre-plein, trois ou quatre mille hommes qui évoluent pour trouver leurs places respectives.

Je n'en finirais pas, si je voulais vous conter toutes les vicissitudes de cette journée-là; je suis enfin arrivé à mon poste, puis nous avons défilé, musique en tête, dans les rues de Toulon, et, après une heure ou deux d'exercices variés, nous sommes revenus. J'ai retrouvé mon génie, mon artillerie, mon escadre, et j'ai rallié le bord où je suis redevenu l'humble midship qui a des devoirs à faire tous les samedis, comme le premier potache venu.

Samedi. — Nous quittons enfin ce Toulon de malheur. J'ai été déjeuner ce matin sur le *Jauréguiberry,* avec un vieux de la *Melpo,* et je suis revenu à bord au moment de l'appareillage.

A quatre heures, le corps mort est filé. « En avant, quatre-vingts tours ! » Nous passons à ranger le *Brennus;* sa musique nous joue *Sambre-et-Meuse* et la *Marseillaise.* On nous traite presque comme si nous partions pour une expédition guerrière...

Le trajet de l'*Amiral-Charner* était tout indiqué et peu long. Le bateau traverse le détroit de Bonifacio, celui de

Compagnie de débarquement.

Messine, passe en vue des côtes de la Grèce, et, après quatre jours de navigation, jette l'ancre en rade de la Sude.

La première impression n'est pas favorable.

Une côte pelée et grisâtre ; au fond, quelques maisons couvertes en briques et entourées de cyprès, un méli-mélo de bateaux de toute forme, de toute taille, et surtout de toute nation, tel est l'aspect général.

Nous mouillons tout près de terre, entre un russe et un autrichien.

Au moment de descendre à terre, on nous annonce qu'il est

défendu de sortir de l'arsenal ; on craint, paraît-il, des troubles. Ça commence bien. Nous voilà réduits à piétiner dans une espèce de cloaque fangeux de cinq cents mètres de long...

Il n'y a qu'une chose intéressante, c'est de voir toutes les nations européennes représentées dans un si petit espace. On tombe d'un poste d'Anglais dans un poste de bersagliers ; plus loin, ce sont des Autrichiens qui font l'exercice ; puis une patrouille de soldats russes qui vont en chantant des chœurs mélancoliques. Tout ça grouille et se démène dans cette tourbière, sous un ciel morne comme notre ciel de novembre en France. C'est une première désillusion, ce vent pluvieux qui fait songer aux plus mauvais jours de Brest.

L'impression ne se modifie pas le lendemain.

J'ai le pressentiment que nous allons être immobilisés ici de longs mois, sans aucun intérêt... A propos, vous ferez bien de me donner des nouvelles de Crète, quand vous en verrez dans les journaux. Ici, nous ne savons rien.

13 *novembre* 1897. — ... Je suis enfin allé à terre, et je ne suis pas mécontent de mon excursion à la Canée. La grande route n'est pas merveilleuse ; mais, par contre, à chaque pas on rencontre des types très intéressants. Le plus souvent, ce sont des groupes de paysans crétois chassés par la misère, qui se traînent mélancoliquement, en quête d'un asile. Des vieillards, des femmes et des enfants surtout. Les hommes sont dans la montagne, ou ont été massacrés par les Turcs. Puis un grand brouhaha, c'est un peloton de cavalerie turque qui arrive au grand trot, sans s'inquiéter des « chiens de roumis » qu'il rencontre sur son chemin. Pas riche en uniformes l'armée turque, dans ces pays-ci ! Les hommes sont d'une saleté repoussante, et les officiers font pitié avec leurs vieilles tuniques rapiécées et usées jusqu'à la corde. Ce n'est pas de leur faute, paraît-il ; on ne leur doit que six mois d'appointements, si bien que ces malheureux meurent littéralement de faim. Quand, par hasard, il arrive

quelque argent, c'est bien simple : le grand chef paye une dizaine
d'hommes, et empoche le reste. Quand les autres réclament, il les
fait taire, grâce au témoignage de ses dix gaillards, et le tour est
joué. Doux pays! Tous les cinq cents mètres nous croisons des
patrouilles, des fantassins cette fois, mais tout aussi misérables
que leurs camarades de la cavalerie. Tous sont bourrés de cartouches, dans le dos, sur le ventre, sur la poitrine; bref, des
arsenaux ambulants. A part ça, des têtes de braves gens, qui

Soldats turcs.

n'ont pas plus l'air d'avoir tué leur demi-douzaine de Grecs que
vous et moi.

Il ne faut pas s'y fier. Ils sont chargés de la police, et ils
l'entendent à leur manière. Quand ils n'ont pas de Crétois sous
la main, ils ne se font pas faute d'attaquer les Européens; on
m'a déjà raconté plusieurs histoires plutôt désagréables arrivées
à des officiers. Aussi est-il recommandé expressément d'être
rentré à la Sude avant la tombée de la nuit. Au bout d'une heure
de marche, nous arrivons sur une colline d'où nous découvrons
toute la vue de la Canée et des environs. C'est la première chose
un peu jolie que je vois depuis mon arrivée; mais, il faut le dire,
les circonstances sont éminemment favorables : la mer est d'un
bleu intense, comme je ne crois pas l'avoir jamais vue, et les

montagnes couvertes de neige forment un fond admirable. Puis la Canée a un certain cachet oriental, avec ses nombreuses mosquées et leurs sveltes minarets. Nous longeons le cimetière (franchement exotique celui-là), et nous entrons en ville ; à notre gauche s'étendent les quartiers qui ont été pillés et brûlés au moment des troubles ; devant nous la vraie ville, ou du moins ce qui en reste, et, à notre droite, la partie réservée aux casernes des troupes internationales.

La ville n'est pas très intéressante, quand on a vu Tunis et Sfax. Ce qu'il y a de curieux, c'est la diversité des uniformes ; car, comme vous le savez, toutes les nations de l'Europe y sont représentées.

Samedi, 18 *décembre,* jour de la Saint-Nicolas, fête de Nicolas II, le petit père, le grand et cher ami de la France, l'autocrate de toutes les Russies. Aussi a-t-on hissé ce matin le grand pavois ; pour un si gros personnage on ne pouvait pas faire moins. A terre, il y a une revue internationale ; le parfait photographe charge donc son appareil, revêt ses plus beaux atours, et descend à terre, escorté de quelques-uns de ses congénères. Ces dignes messieurs ont eu la précaution de faire retenir une voiture, précaution louable, certes ; car s'il ne pleut pas encore, ça ne tardera pas. Nous descendons à terre, confiants et satisfaits, à la surface du moins, car le photographe qui est avec nous a repéré les nombreux nuages qui s'accumulent au-dessus de nos têtes... Pas de voiture ! Nous attendons cinq minutes, rien ne vient, et nous voilà partis clopin-clopant. Nous arrivons à la Canée crottés, sales à faire peur ; mais rassurez-vous, notre prestige n'est pas diminué d'un pouce : tous les officiers étrangers sont dans le même état. Les troupes sont en carré, et attendent depuis huit heures ce matin... Dix heures et demie, rien n'arrive, pas un amiral ; les légumes de l'armée de terre commencent à s'impatienter. Onze heures, une dépêche arrive de la Sude, annonçant que, vu l'état menaçant du temps, les amiraux ne descendraient pas à terre ; prière de décommander la revue.

Elle était raide celle-là! Fureur concentrée; le chœur des midships se joint à la basse du murmure populaire par quelques exclamations bien senties. Le colonel français galope du côté du colonel russe, qui galope droit au colonel italien, qui, etc... De toute cette galopade, il résulte qu'on décide de demander à un capitaine de vaisseau italien, commandant la place de la Canée, de venir passer la revue. Et on attendait toujours... Enfin, un mouvement se fait dans la foule; des commandements retentissent; le commandant italien apparaît; le pauvre homme était couché,

Dans les ruines.

paraît-il, et il accourt au saut du lit. La revue commence, et se finit suivant tous les principes que vous connaissez. Seulement, au lieu d'entendre une seule et unique fois la *Marseillaise*, nous passons par toute la série des hymnes anglais, autrichien, italien et russe. Pas un seul Turc à cette revue; Djevad-Pacha, n'ayant pas été invité, boude les amiraux.

Le colonel russe prend le commandement des troupes internationales, qui vont se masser pour défiler. C'est un grand diable de cosaque à trogne enluminée; il braille, d'une voix rauque, des commandements en français, puis la petite cérémonie commence. Au son d'une petite musique aigrelette, s'avancent d'abord les Monténégrins; ce sont tous de beaux hommes; leurs officiers

portent le costume national albanais, fustanelles et manteau blanc.
Puis viennent les Russes, presque tous petits, au contraire; ils
sont sales, mal habillés, et ne défilent même pas au pas. Après
les Russes, voici les « amis et alliés », les marsouins français; ils
marchent à une jolie allure, très crânes dans leur sombre uniforme.
Derrière eux arrivent, à un pas lent et cadencé, les Autrichiens;
ils ont l'air d'être en bois; tous, en arrivant à hauteur du
commandant, tournent automatiquement la tête vers lui. On les
croirait mus par une ficelle. Une fanfare éclatante retentit soudain, et la troupe sombre des bersagliers arrive au pas gymnastique. Très joli ensemble; rien de curieux comme de voir tous ces
plumets verts osciller avec un ensemble parfait. Enfin voici
MM. les Anglais : une ligne de piquets rouges, un point, c'est
tout... C'est une façon de parler; car, à peine le défilé venait-il de
finir, que l'amiral russe arrive, tranquillement, sans se presser.
Naturellement on recommence tout. Mais, comme il est plus de
midi, et que je ne serais pas fâché de faire remonter mon estomac
qui s'obstine d'une façon inquiétante à faire connaissance avec
mes talons, je reprends de mon pied léger la route de la Sude.
J'arrive à bord à une heure et quart, harassé, affamé et... furieux,
parce que mon appareil de photographie a eu un enrayage, que
j'ai voulu le réparer, et que j'ai simplement réussi à voiler mes
plaques de ce matin.

Le soir de cette mémorable journée, nous avons eu un grand
bal à bord du *Navarin,* un cuirassé russe. L'installation est fort
jolie, et, s'il y avait eu des femmes, le bal aurait été fort réussi.
Malheureusement, il n'y avait guère que dix personnes du sexe
faible, pour trois ou quatre cents officiers de tous grades et de
toutes nations. Malgré tout, on ne s'est pas ennuyé du tout. Mais,
à la fin, ça tournait à la ribote franco-russe; aussi je me suis
promptement éclipsé, plus heureux que certains de mes camarades
que les officiers ont gardés de force.

Dimanche, 19 *décembre.* — Journée triste et froide. Je crois
que nous entrons dans une période de mauvais temps. Vers

quatre heures, la *Bombe*, le futur stationnaire à Constantinople, est arrivée sur rade. C'est un petit aviso-torpilleur monté par un lieutenant de vaisseau, deux enseignes et un midship. J'aurais bien voulu l'avoir, mais c'est l'escadre qui a fait la désignation.

Je mets la dernière main à mon travail d'infanterie ; j'ai des instructeurs à peu près nuls ; il va falloir que je leur fasse de petites conférences, d'où surcroît de besogne.

Les amiraux.

Lundi et mardi. — Rien de saillant. Le temps est devenu de plus en plus mauvais, et on se calfeutre à bord.

Mercredi. — Voilà, paraît-il, ces MM. les Crétois furieux de ne pas nous voir partir. Ils ont décidé d'attaquer cette nuit le poste italien de l'Akrotyri ; un aide de camp de Canevaro nous en apporte la nouvelle à dix heures du soir. Les projecteurs sont braqués sur la position précitée, et on attend, mais en vain ; on attend toute la nuit, les insurgés ont dû changer d'avis.

Charner. La Sude, 25-26 décembre (quart de onze heures trois quarts à trois heures trois quarts). — Bon Noël, et bonne année, mon cher papa, ma chère maman et toute la famille ! Je manque encore une fois à ces chères fêtes de famille que j'aime tant. Mais je n'en serai que plus heureux, l'année prochaine, de pouvoir

enfin en prendre ma part. Voilà déjà huit ans que cela ne m'est
arrivé. Bien triste et bien sombre ici, le jour de Noël! J'étais de
service, mais j'ai pu cependant aller à la messe consulaire à la
Canée. J'ai bien prié à toutes vos intentions, spécialement pour
Joseph et Yves; j'ai eu le plaisir d'entendre chanter l'*Adeste
fideles* et quelques noëls. Rien ne m'émeut comme ces bons vieux
airs, qui me rappellent le temps où nous attendions fiévreusement
que maman ouvrît la porte de notre chambre, pour entonner : *Il
est né le divin Enfant,* et voir ce qu'avait mis dans nos souliers le
petit Jésus.

Que m'a-t-il mis cette année? Est-ce un ordre de rallier la
France prochainement? Ne serait-ce point plutôt une bonne petite
insurrection crétoise bien intéressante?

On se bat tous ces jours-ci autour de la Canée; mais c'est peu
sérieux, et nous n'intervenons pas encore.

Charner. La Sude, 27 décembre. — J'ai oublié, dans ma dernière lettre, un chapitre important, celui des étrennes. Permettez
à un riche Crétois (trop riche même, puisque avec la meilleure
volonté du monde il ne pourrait dépenser d'argent); permettez,
dis-je, à ce Crésus de votre connaissance d'offrir un petit cadeau
à ses frères et sœurs. C'est le premier plaisir que j'ai ici, car je
pense à la joie du petit monde, surtout en voyant déplier certain
mandat que le vaguemestre vient de me remettre, et cette seule
pensée me fait rire tout seul, pendant que je vous écris ce petit
mot. Je vois toute la scène de l'arrivée du facteur... Une lettre de
Paul, encore! quelle chance! Suite du tableau! et je ris de plus
belle. Vrai, si on me voyait, on me croirait fou; heureusement
c'est pendant un quart de huit à minuit, et je me suis enfermé
dans le kiosque de la timonerie.

Dimanche, 9 janvier 1898. — Représentation à bord, donnée
par les hommes de l'équipage : gros succès de fou rire. Les jeunes
premières surtout, avec leurs luxuriantes chevelures d'étoupe,
obtiennent des applaudissements délirants. Dorénavant, il y aura

théâtre au moins une fois par semaine, et cette mesure fera, je crois, beaucoup de bien à l'équipage.

Le 16 janvier, profitant d'une permission de quelques jours, Paul et quatre autres midships font une excursion à Athènes. Puis la vie ordinaire reprend son cours. Elle menace même de se prolonger plus qu'on le pensait.

La Sude, 25 février. — Le *Chanzy* vient d'être rappelé en France, et il a appareillé ce matin ; nous, au contraire, qu'est-ce que nous apprenons en même temps ? que nous devons rester ici jusqu'au mois d'octobre, et même plus longtemps. On parle toujours d'une tournée à Smyrne pour le mois de mars, je crois que cela arrivera à temps pour nous empêcher de devenir de vrais sauvages.

Les Turcs sont en plein « Beïran » ; autrement dit, leur « Ramadan » a pris fin, et ce ne sont à terre que « nopces et festins ». On rencontre des bandes de musulmans plus ou moins ivres-morts. Il y a même eu des histoires assez ennuyeuses avec l'infanterie de marine française, ce qui a fait renaître le fameux refrain : « On craint des complications. »

Nous allons appareiller lundi pour Poro-les-Bains, localité située au nord-est de la Crète, petit trou pas cher, plages pour familles, hôtel-casino encore à construire. Des croiseurs de la marine française sont mis à la disposition de MM. les voyageurs, pour effectuer leur transport de la Sude à Poro. Départs tous les lundis. *Nota :* Non seulement ce transport est à l'œil, mais on sert à boire et à manger. — Et, de fait, quand nous annonçons notre départ pour une semblable destination, on voit rappliquer des bandes de Turcs et de Grecs qui viennent nous demander le passage, qu'on leur accorde à de rares exceptions près. Vous voyez donc que mon boniment de tout à l'heure est de tout point exact.

Charner, 28 avril 1898. — Dimanche dernier, le paquebot

de France a amené la femme de notre commandant et celle d'un
officier, ainsi que leurs enfants. Vous voyez donc qu'il n'y a pas
grand espoir de revenir, puisque tout le monde s'installe ici définitivement. Le lieutenant de vaisseau dont je vous parlais vient
de passer une terrible semaine. A peine arrivé, son fils est tombé
malade du croup. Hier matin, il était à l'agonie; hier soir, au contraire, un mieux sensible se déclarait, et maintenant on espère le
sauver. Je vous demande une prière pour ce pauvre petit. Ce
serait si affreux, pour ce pauvre père, de le voir mourir quelques
jours après la réunion si longtemps désirée!

Charner, 27 mai. — Voilà donc encore un mois de fini, et fini
sans encombre, puisque je suis toujours dans le même état de
santé le plus florissant, et que nous avons abandonné définitivement la Sude pour la Canée, ce qui est autrement agréable. Au
lieu de se trouver dans une rade étouffante, écrasée de presque
tous les côtés par de hautes montagnes qui ne laissent passer
aucune brise, on est en pleine mer, devant une petite ville assez
coquette, toujours exposée au vent du large. Et puis les distrac-
tions augmentent; presque tous les soirs une des musiques, française, anglaise, italienne ou russe, vient jouer sur le quai, et c'est
naturellement le rendez-vous de toute la fine fleur de la Canée.
N'exagérons rien : quand il y a une demi-douzaine de dames,
la société est considérée comme des plus brillantes. Pour en
avoir davantage, il faut qu'un des amiraux donne une soirée ou
une matinée à bord; alors on a vu parfois vingt dames, dont
dix au moins, il est vrai, ont vu le jour au commencement du
siècle.

L'essentiel est qu'on sorte un peu de l'encroûtement physique
et moral dans lequel nous faisons, hélas! des progrès déses-
pérants.

Charner. La Canée, 18 juin. — 31 degrés à l'ombre, ce matin
à onze heures! voilà qui promet un bon mois de juillet, suivit
d'un bon mois d'août. Vous n'avez guère idée de ce que peut

être, par une chaleur pareille, un poste de midships, surtout sur un cuirassé. Les 31 degrés dont je vous parle, c'est sur le pont, au grand air, qu'on les a trouvés. Mais dans un poste de quelques mètres carrés, entouré de tôles de tous les bords, sans autre aération que quatre petits hublots de vingt centimètres de diamètre, voyez un peu ce que ça peut être. En ce moment, sur les deux coussins, sont vautrés deux midships dépoitraillés, suant, geignant, bras et jambes affalés dans toutes les directions.

Débarquement d'un canon.

En face de moi un autre, nu jusqu'à la ceinture, s'est endormi le nez sur son journal de bord qu'il était en train d'écrire, et de grosses gouttes de sueur tombent sur son cahier. D'autres, encore plus légèrement vêtus, accroupis sur les divans, s'éventent avec grâce en fumant des cigarettes d'Orient. Et aujourd'hui on a la paix, il n'y a pas d'exercice; mais les autres jours de la semaine, inspections, branle-bas de combat, exercice du fusil, etc., pleuvent dru. Eh bien! malgré tout, il n'y a personne de malade et même personne de sérieusement fatigué; seulement nous commençons à sentir les avantages de la vie turque, essentiel-lement contemplative.

Fin juillet. — Vous voilà donc à la veille de votre départ pour Plougrescant; Yves doit être reçu, la maison regorge de prix, et tout le monde est joyeux, même moi.

D'abord nous avons eu, pour le 14 juillet, un très joli bal à bord du *Charner;* nous nous sommes beaucoup amusés; pour un peu on se serait cru en France, ou tout au moins dans un drôle de pays où on aurait rassemblé pêle-mêle des Français, des Russes, des Anglais, des Turcs, etc. Et puis, le matin, le commandant m'avait fait appeler, pour me féliciter de la façon dont je faisais mon service; spécialement, pendant que mon chef de quart était absent, j'ai montré, m'a-t-il dit, quelle confiance on pouvait avoir en moi. Vous pensez si j'ai été fier et joyeux, d'autant plus que le commandant est plutôt avare de ce genre d'éloges. Voilà qui me donne du bonheur pour quelque temps. Mes camarades du poste ne savaient pas d'où venait ma jubilation; car, en revenant de chez le commandant, je me suis livré à une gigue effrénée qui les a laissés plutôt rêveurs. Je suis ravi d'offrir ce petit plaisir à ma chère maman pour sa fête; mais, hélas! que ne puis-je, etc. (Voir mes dernières lettres.)

Surtout ne criez pas par-dessus les toits que le cher aspirant a reçu des éloges de son commandant; car, sans compter ma modestie offensée, après cela on serait tout étonné de ne pas me voir revenir avec les étoiles de contre-amiral au moins.

Charner, 5 août 1898. — Dans cette période d'inspection générale, on est pris dans un tourbillon vertigineux d'exercices, d'examens de toutes sortes. Depuis huit jours, j'interroge mes fusiliers sur tout ce qu'ils ont à savoir, et ce n'est pas une petite besogne. Je n'ai d'ailleurs pas encore fini. Demain, à midi, appareillage. A 1 heure, branle-bas de combat, veille contre les torpilleurs jusqu'à 4 heures. A 8 heures, grand tir de combat de nuit, avec attaques de torpilleurs à l'appui, et enfin, comme clôture, quart de minuit à quatre. Et ainsi de suite jusqu'au 20 août. Nous allons retourner à la Sude, la houle commençant à devenir gênante devant la Canée.

J'ai reçu lundi votre lettre m'annonçant le beau succès de
Tity; toutes mes félicitations au brillant lauréat de la faculté
de Poitiers; tous mes compliments aussi à MM. et Mlles Henry
juniors, qui remplissent de leurs glorieux noms les palmarès
d'Angers. Les treize prix de Michel surtout ont excité mon admiration [1]. Et maintenant l'heureuse jeunesse prend ses ébats dans
le paradis terrestre qui a nom Plougrescant. Pendant que je

Les troupes internationales à la Canée.

demande à mes élèves les devoirs d'une sentinelle en cas d'alerte,
vous prenez gaiement le chemin de l'église, pour préparer le concert religieux qui doit, le 15 août, plonger dans le ravissement les
rudes et naïves populations qui... dont..., etc.

Mardi, 6 septembre. — Ce soir à 4 heures, nous recevons
une dépêche annonçant qu'on se bat à Candie. Stupeur à bord,
tout le monde croyait la Crète pacifiée jusqu'à la gauche, et
voilà que ça reprend. Les télégrammes se succèdent : « Anglais

[1] Michel se préparait en 1902 au concours de l'École navale, afin de remplacer, dans la
marine, son aîné tombé à l'ennemi.

en retraite. — Anglais cernés. — Situation grave. — Situation critique. » Immédiatement conférence des amiraux. Allons-nous appareiller et prendre notre part à la petite fête? Tous les préparatifs sont faits, les officiers rappelés, et puis rien. Il est décidé que l'amiral reste ici. Le *Camperdown,* le *Dinetz,* l'*Etruria* et l'*Astrea* appareillent immédiatement. Dans la soirée, les détails arrivent; voici ce qui a eu lieu. On avait décidé, ces temps derniers, que les droits de douane, de dîme, etc., seraient perçus au profit des finances crétoises, au lieu de revenir aux Turcs comme autrefois; d'où mécontentement de ces derniers. A Candie, où la population musulmane est en grande majorité, la mesure fut très impopulaire. Le 5, une manifestation eut lieu. Le 6, on envoya un détachement anglais protéger les employés chargés de percevoir les dîmes. Ces quelques hommes se heurtèrent à une foule compacte, qui les reçut à coups de pierre. Les Anglais eurent l'imprudence de faire feu. En un clin d'œil le conflit se propagea dans toute la ville. De toutes parts on vit sortir des bachi-bouzoucks armés jusqu'aux dents. Ceci montre, entre parenthèses, que nous sommes en présence d'un complot organisé de longue date, car, sans cela, comment expliquer qu'en quelques secondes on ait pu rassembler une foule qu'on évalue à quinze mille individus? Les Anglais se replièrent en éprouvant de grosses pertes. Leur colonel, qui était sur le quai, fut coupé de la troupe principale; il se réfugia dans deux maisons successivement; on y mit le feu; il ne fut sauvé que grâce à l'intervention des Turcs réguliers, qui l'embarquèrent sur un navire de servitude anglais mouillé dans le port. Pendant ce temps, le *Hazard,* un petit aviso anglais, mouillé près de la ville, envoyait quelques obus dans le tas; amis et ennemis durent sans doute écoper. A un moment donné, on envoya un youyou porter un médecin à terre; successivement les quatre hommes de l'armement furent tués par des bachi embusqués dans les maisons du quai. Voilà où nous en sommes pour les détails.

La dernière dépêche est la suivante : « Cinquante à soixante hommes hors de combat, dont un officier et quatorze hommes tués. Les bachi ont mis le feu aux quatre coins de la ville, qui sera réduite en cendres si nous ne recevons pas de renforts. »

Mercredi, 7 septembre. — Ce matin, on a expédié une compagnie d'infanterie de marine et une compagnie de bersagliers. Un bateau français, le *Vautour*, est également parti pour Candie. Toute la nuit le télégraphe a joué ; il s'est passé des scènes épouvantables. On estime que huit cents chrétiens ont été massacrés ; le consul d'Angleterre, plusieurs Européens ont été assassinés. Des misérables se sont emparés de la fille du consul anglais, *lui ont coupé les seins,* et finalement l'ont égorgée. Voilà ce qui se passe, à la fin du xixe siècle, dans une île européenne, confiante en la protection des puissances ! Ce coup de foudre s'est répercuté dans toute l'île ; une surexcitation énorme règne à la Canée ; il y a déjà eu plusieurs paniques, heureusement sans malheur à déplorer.

Jeudi, 8 septembre. — Nous sommes allés ce matin, avec la compagnie et les canons de débarquement, faire, sous couleur de promenade militaire, une reconnaissance sur Halépa. Nous étudions le cas où nous aurions à protéger la retraite, sur la Sude, de tous les Européens résidant à Halépa. Nous avons dû traîner les canons dans des endroits impossibles ; les hommes sont revenus éreintés. Si nous étions attaqués en semblable posture, la première chose à faire serait de larguer notre artillerie, sans quoi il faut presque toute l'infanterie pour la traîner.

Vendredi, 9 septembre. — Les réfugiés de Candie commencent à arriver ; il se passe des scènes navrantes. A chaque navire qui arrive de Candie, des gens nous supplient de leur donner une embarcation, pour aller voir si leurs parents qui ont disparu n'ont pas trouvé un refuge à bord. — Une petite jeune fille revient en sanglotant ; elle a appris que sa mère avait été égorgée, son père a disparu ; elle est seule maintenant, sans aucune ressource, sans même un chapeau et avec une robe d'emprunt. Et combien sont dans le même cas !

Samedi, 10 septembre. — Dorénavant, nous allons faire des patrouilles dans le pays, pour calmer l'effervescence des gens et protéger les chrétiens en cas de massacre. La situation à Candie est très grave : les troupes internationales sont bloquées dans le camp anglais, et les bachi sont maîtres de la ville. Les puissances envoient chacune un bataillon et des navires. Allons-nous avoir quelque chose de sérieux? Pour moi, je ne le crois pas. On laisse les Anglais se débrouiller à Candie, puisque, sitôt leurs renforts arrivés, on retirera les troupes françaises et italiennes. Ce sont donc eux qui auront toute la peine, mais vous pouvez être sûrs qu'ils en retireront du profit. Nous avons été très surpris de voir que l'amiral n'ait pas pris les affaires en main, sous sa responsabilité. Les événements nous diront s'il a eu raison. Mais, en attendant, nous sommes payés pour savoir que, dans ces occasions-là, nous sommes toujours volés.

Dimanche, 11 septembre. — J'ai patrouillé toute la matinée par monts et par vaux. Rassurez-vous, nous n'avons eu ni morts, ni blessés. Non pas que ma troupe ne se soit vaillamment comportée; mais comme nous n'avions d'autre ennemi que le soleil et la poussière, nous avons remporté la victoire sans effusion de sang. Il a été décidé que je commanderais la patrouille du matin, et mon officier celle du soir. Pas de nouveau combat à Candie; les Anglais ont déjà reçu deux cuirassés et deux croiseurs, plus des troupes.

Lundi. — Une lettre de Kergresq. Quelle joie ! mais aussi quelle déception nous apportent les journaux : les résidences de six mois sont portées à quatre, et celles de trois mois à deux; quelle tuile ! Décidément je n'ai pas de chance. Enfin prenons-en notre parti; quatre mois c'est déjà bon, mais c'est égal, j'en garde une dent à Lockroy. Ce matin, je suis entré dans une fureur terrible, fureur partagée d'ailleurs par deux de mes camarades qui passent enseignes en même temps que moi. Ce soir, le calme s'est fait, et avec lui l'espérance est entrée dans nos cœurs troublés! Après tout, la résidence conditionnelle pourra bien compléter à six mois le congé que nous allons prendre.

Mardi, 13 septembre. — Toujours nous patrouillons sans plus de résultat.

Les Anglais se démènent; ils viennent d'envoyer un ultimatum au pacha de Candie, disant que si, dans quarante-huit heures, Candie n'est pas évacuée, ils n'hésiteront pas à entrer dans la voie de la répression. En attendant, ils demandent cent bachibouzouks pour les fusiller, et un officier de gendarmerie turque (ancien officier anglais d'ailleurs) pour le pendre à la grande vergue d'un de leurs cuirassés.

Charner, 9 octobre. — M. l'enseigne de vaisseau Henry allume sa pipe, vient s'asseoir à son bureau, place devant lui certain groupe fait à Kergresq, et entame une conversation (hélas! un monologue) avec son papa et sa maman, et tous ses frères et sœurs, sans oublier la « pau'p'tite Lisette ».

Me voilà donc enseigne de vaisseau[1] : ma situation à bord est donc changée du tout au tout. D'abord j'ai ma chambre, et puisque j'y suis je vais vous décrire ladite chambre, pour que vous puissiez vivre un peu avec moi par la pensée, pendant le dernier mois d'exil. Certes elle n'est pas grande, ma chambrette; mais propre, bien éclairée par un grand sabord, elle est bien gentille. En entrant, d'abord, après vous être butés dans la portière rouge qui barre ma porte, vous trouveriez mon cabinet de toilette; c'est un peu prétentieux comme terme, car il ne se compose que d'une simple porte ouverte et d'une sorte de capharnaüm caché aux profanes par une petite tenture, contenant mes objets de toilette. Il est dominé par une étagère pour mes souliers et des portemanteaux pour sabres, parapluie, etc. Le tout est agrémenté de tentures rouges, réglementaires d'ailleurs pour les

______

[1] La nomination est du 27 septembre 1898, « pour compter du 5 octobre ».

chambres d'officiers, et de photographies diverses. Sur mon étagère j'ai installé comme je vous l'ai déjà dit, un petit sanctuaire,
avec toutes les photographies que j'ai de vous; et, de mon lit,
en m'endormant, j'aperçois MM^{lles} Thérèse, Marguerite et Louisette, et MM. Michel et Lily jouant avec le pousse-pousse sur la
pelouse de Kergresq, avec, au fond, le grand figuier et plus loin
la chère maison.

Celle-là, je l'ai mise comme transparent, avec une ou deux
autres, sur un des globes électriques qui m'éclairent; toutes les
autres (de la famille) sont sur une étagère; le groupe Lily et
Louisette, si gentils sur leur balcon; Thérèse et Marguerite en
premières communiantes; un vieux groupe fait à Kergresq avec
l'appareil que nous avait donné l'oncle Léon; j'ai aussi la vue
de Kergresq, l'église de Plougrescant, la place du bourg, etc.
Enfin, de chaque côté, j'ai installé deux sortes de « panoplies »
de photos : à gauche, grand-père Henry et grand-père de Puniet,
Armand de Montrichard, René Bazin, Boissarie et même monsieur votre fils en bordache, sans la barbe noirâtre qui orne
maintenant son menton; à droite, mes souvenirs de ma campagne
de l'année dernière, encadrant la *Melpomène* toutes voiles dehors,
et quelques vues de navires de ma connaissance. Un point, c'est
tout. Vous voilà donc maintenant en possession d'une description
aussi minutieuse que peu littéraire de ma chambre. Dame! je ne
suis pas un Xavier de Maistre!

Comme enseigne, je suis au carré, et pour toujours j'ai dit
adieu aux postes d'aspirants, non sans une certaine mélancolie peut-être; que de gais moments je ne reverrai plus sans
doute!

Le commandant a été très aimable, quand j'ai été lui faire ma
visite de promotion, et l'amiral, de son côté, m'a souhaité d'être
aussi bon enseigne que j'ai été bon aspirant (!). Vous avez appris
sans doute que M. Pottier avait été promu vice-amiral; c'est un
avancement exceptionnel, qui n'a de précédent que pour l'amiral
Courbet.

Nous avons traîné les canons dans des endroits impossibles.

Charner. — La Sude, 21 octobre. — Enfin la date du 20 est passée, et sans bataille; vous devez donc être rassurés. Les Turcs ayant accepté l'ultimatum, tout intérêt a disparu, et nous sommes retombés dans notre même existence d'antan. Les Turcs ayant jusqu'au 4 novembre pour évacuer la Crète, il est probable que l'amiral gardera le *Charner* jusque vers cette date; nous partirons alors pour Toulon, après avoir fait une courte escale au Pirée.

Je compte donc pouvoir être à Angers le 15 novembre. L'aurai-je assez reculée, cette bienheureuse date! Mais cette fois c'est définitif. Qui sait si je n'aurai pas la veine d'attraper six mois de résidence au lieu de quatre? Dans tous les cas, je compte, après mon congé, demander à prendre mon brevet de fusilier au bataillon de Lorient. Cela me fera donc une année en France, avec la faculté d'aller passer presque tous les dimanches à Angers ou à Plougrescant. J'ai appris, par votre dernière lettre, que notre cher Tity était entré au noviciat de Laval; comme il doit vous manquer! J'aurais bien voulu passer quelques jours en famille avec lui. Enfin, de temps en temps, nous ferons un petit voyage à Laval, n'est-ce pas, chère maman?

Nous pourrons instituer (sur mes économies) un « prix de voyage à Laval », pour celui ou celle de la bande qui aura été le plus sage pendant le mois.

Mais, la première fois, il faudra que nous soyons le plus nombreux possible; papa se fera remplacer pour un cours, et tous ceux qui seront disponibles viendront. On ne dépense pas beaucoup d'argent en Crète, c'est bien le moins que je me serve de mes économies pour faire des heureux.

Cette longue campagne de Crète prit fin, en réalité, pour Paul Henry, le 24 novembre 1898.

VI

L'ÉCOLE DES FUSILIERS DE LA MARINE. — L'EMBARQUEMENT POUR LA CHINE

L'enseigne Henry, envoyé en congé après dix-huit mois de campagne à la mer, commence par jouir délicieusement du repos qu'on lui accordait[1]. Il était fier de montrer ses deux galons. Il retrouvait à Angers des amis de collège, des camarades du *Borda*, d'anciennes relations de famille qui ne l'avaient pas oublié, mais qui, le revoyant après une longue absence, éprouvaient cette impression si nette et si vive des changements survenus. Pour lui, c'était l'épanouissement, l'achèvement de l'homme. Avait-il grandi réellement? Je ne sais. Mais il semblait avoir grandi. Je me souviens que je le rencontrai plusieurs fois pendant ce congé, et que je fus frappé de sa physionomie ouverte et grave, d'une distinction toute militaire. C'était

---

[1] Débarqué à Toulon, Paul se rendit d'abord à Lorient en passant par Angers. Il avait craint que les relations très tendues, à ce moment, entre la France et l'Angleterre ne permissent point d'obtenir le moindre congé. Cependant, en décembre 1898, il revenait dans sa famille, avec un congé de trois mois.

un beau soldat, bruni par le vent de mer, la taille mince et cambrée, le visage un peu levé. Même il avait dans l'attitude, et aux premiers mots de la conversation, cette manière ferme que donne l'habitude du commandement et plus encore de la maîtrise sur soi-même. Les yeux paraissaient moins grands que dans son enfance; mais ils regardaient droit, comme ceux d'un honnête homme. Une petite barbe en carré allongeait son menton solide de Breton; et, si jeune qu'il fût, il avait l'air d'un chef en qui on peut avoir confiance.

Il se reposait; mais la pensée de son métier, de son avenir, de son devoir de marin ne le quittait pas. Il avait, dès son retour, demandé aux autorités maritimes de Lorient, son port d'attache, à être inscrit sur ce qu'on appelle « la liste de tout embarquement », c'est-à-dire la liste de ceux qui vont au devoir sans choisir, pour qui tout voyage est bon, toute campagne nouvelle souhaitable.

S'il avait été tenu compte de cette lettre, il est à peu près certain que Paul Henry n'eût pas été en Chine. La demande fut oubliée dans les bureaux. Le congé se prolongea; le jeune enseigne, n'étant pas rappelé, réclama près de la majorité générale du port de Lorient. On lui répondit qu'en effet il aurait dû recevoir un ordre d'embarquement; on l'invitait à suivre les cours du bataillon d'apprentis fusiliers et à conquérir le brevet d'officier fusilier. Une de ses lettres de Crète prouve, d'ailleurs, qu'il avait désiré lui-même passer par cette école.

Il y entra au mois de mai 1899. Ce furent six mois très agréables pour le jeune enseigne et pour ses parents.

Jusqu'aux vacances scolaires, Paul trouva le moyen de
revenir fréquemment à Angers, et, pendant les mois d'août
et de septembre, il n'y eut guère de dimanche qu'il ne
réussît à passer à Kergresq, traversant la Bretagne dans
les trains peu communiquants de cette région, faisant à
bicyclette la route qu'il ne pouvait faire en chemin de fer,
et ne se plaignant jamais de la fatigue, quand il avait pu
embrasser le père, la mère et « toute la bande ».

A Lorient même, la vie était nécessairement monotone.
C'était la vie d'école avec ses cours, ses examens, son
absence d'imprévu. Paul y rencontra plusieurs camarades
anciens, et se fit quelques amis nouveaux. L'un de ceux-ci
a raconté ses souvenirs dans une lettre adressée au père
de son ami. Et cette lettre est touchante par son accent
d'affection et de sincérité, et par l'hommage qu'elle rend à
l'influence bienfaisante et discrète qu'exerçait autour de lui
Paul Henry, qu'on devinait dur à lui-même et doux aux
autres.

« Quand j'arrivai à Lorient, dit la lettre, j'étais dans
une mauvaise passe. C'est lui qui m'avait relevé, et qui
m'avait doucement remis dans la voie de la prière, sous la
main de Dieu. Et c'est de ce jour, où il m'avait grandement
ouvert son bon cœur, que notre camaraderie s'était changée
en amitié.

« La dévotion qu'il avait pour sainte Anne s'est mon-
trée au grand jour pendant le siège de Pékin. Il en avait
déjà donné un exemple pendant son séjour à Lorient. Le
26 juillet, nous avions un exercice à 9 heures du matin;
néanmoins il sortit de Lorient la veille, se rendit à Sainte-

Anne d'Auray; coucha dans un tombereau, la foule ayant envahi les hôtels; fit ses dévotions le matin, à la première heure; couvrit à bicyclette, entre 6 heures et 8 heures, la distance qui sépare Sainte-Anne de Port-Louis, et assista gaiement à l'exercice.

« Ce n'est qu'au bataillon que j'ai pu le connaître à fond. Il menait là une vie fort calme et réglée. Il habitait, rue du Port, une petite chambre bien simple, à laquelle il avait donné cependant un charme particulier, en mettant sur le mur des photographies et quelques souvenirs de ses campagnes. Nous pouvions nous réunir assez souvent. C'étaient des réunions assez bruyantes, des conversations à bâtons rompus, entrecoupées de rires fous; des façons originales, piquantes et quelquefois méchantes, d'exposer ce que les officiers plus anciens essayaient de nous inculquer. Quand les exercices étaient terminés, on partait à bicyclette, et l'on courait sur ces routes accidentées de Bretagne, si belles au printemps et en été.

« Mais le meilleur souvenir que j'ai gardé de ce temps-là, c'est celui de nos promenades du soir. On préférait être moins nombreux, pour se parler à cœur ouvert. Bien souvent, j'ai erré avec mon ami sur la jetée de Lorient ou sur la route de Larmor; c'est alors que nous causions plus intimement du présent et de l'avenir. Son intention bien arrêtée était déjà de passer deux ans loin de la France. C'est dans ces bonnes conversations que j'ai appris à le connaître et à l'aimer.

« Mais rien de bien extraordinaire ne venait rompre notre vie tranquille, trop tranquille, pensions-nous. Rien,

si ce n'est les escapades vers Angers et les Côtes-du-Nord.
Dans sa courte vie, j'ai connu Paul un an à peine; mais
cette année est des meilleures de ma vie. »

Les professeurs de l'école n'appréciaient pas moins le
jeune officier. Très vite ils reconnurent ses multiples qualités de marin, son esprit ouvert, sa constante application.
On put deviner, presque dès le début, que Paul Henry
sortirait dans un très bon rang. Il était presque seul à ne
s'en croire pas digne, et voici le billet par lequel il annonce
à ses parents le résultat définitif :

Lorient, 28 *octobre* 1899. — Une bonne nouvelle, pour vous
dédommager de ce que je ne viens pas demain : je suis classé le
premier dans les examens que nous venons de passer. C'est
beaucoup trop beau, et j'étais loin de le mériter. Je n'hésite pas
à dire très haut que c'est uniquement aux bonnes âmes du Purgatoire que je dois ce petit succès, que je leur avais demandé
pour vous faire plaisir, et pour racheter mes mauvais classements
du *Borda.* Remerciez-les donc avec moi. Ce n'est pas un classe-
ment définitif; mais j'ai un peu d'espoir, maintenant, d'avoir
ce qu'on appelle ici le prix d'ensemble (une superbe paire de
jumelles), donné au premier de l'École. Bons et tendres baisers à
tous.

Il sortit premier, en effet, quelques jours plus tard,
et la seule correction qui se trouva apportée au texte de
la lettre, c'est qu'au lieu des jumelles, Paul choisit un
revolver.

VII

Le 8 décembre 1899, Paul Henry est en congé, ou plutôt, comme s'exprime la feuille officielle, « en résidence libre conditionnelle, » à Angers. Il attend au milieu des siens l'ordre d'embarquer. Où va-t-on l'envoyer? Sans doute en escadre. Mais non. Un fait assez rare se produit : en Extrême-Orient et en cours de voyage, un enseigne de vaisseau donne sa démission. Il faut le remplacer. L'amiral demande un officier torpilleur; on désigne un officier fusilier. Et le choix se porte sur Paul Henry.

Celui-ci apprend sa nomination par un de ses camarades, dans la rue, le 1ᵉʳ janvier 1900. Il est ravi. Il se hâte de rentrer chez lui.

« Quelles belles étrennes! s'écria-t-il. J'embarque pour faire le tour du monde! »

Et il sautait au cou de ses parents, tâchant de leur faire partager son enthousiasme pour l'admirable croisière qui commençait.

7

Car ce n'est encore que d'un voyage autour du monde qu'il s'agit. Le *D'Entrecasteaux*, n'a reçu aucune mission belliqueuse. De Saïgon, où il est mouillé, le croiseur cuirassé doit remonter au nord par Hong-Kong, Chang-Haï, le Japon, jusqu'au port russe de Vladivostok; il n'est aucunement question d'une guerre avec la Chine, de l'intervention des puissances européennes. On sait seulement que les chrétiens sont inquiétés, menacés; mais on espère que ce ne sera qu'une effervescence passagère. Le croiseur, après avoir salué nos alliés à Vladivostok, redescendra donc sur le Tonkin, montrera le pavillon français aux Hollandais à Batavia, puis aux Anglais en Australie, et poussera sans doute jusqu'à la Nouvelle-Zélande.

Ce sont là les projets. L'histoire a été bien différente.

Le jeune officier devait se rendre par paquebot à Saïgon, pour embarquer sur le *D'Entrecasteaux*. Le 28 janvier, il était donc à Marseille, et prenait passage à bord de l'*Armand-Béhic*, des Messageries maritimes.

« J'ai fait avec lui, dit l'un de ses camarades, les dernières emplettes, et je l'ai mis sur le paquebot. Il était calme, gai comme toujours, mais néanmoins laissant apparaître de temps à autre cette émotion que l'on ressent toujours en quittant tout ce que l'on aime... Son désir était de monter à Notre-Dame-de-la-Garde avant de partir; nous n'en avons pas eu le temps. »

Huit jours plus tôt, — c'était le premier témoignage de ce singulier pressentiment de sa mort prochaine, que nous allons voir s'affirmer de plus en plus nettement, — Paul écrivait à son oncle, Léon Henry :

Serai-je jamais mieux préparé au point de vue chrétien? Et quelle plus belle mort que celle du soldat?

Mais ni le père, ni la mère, ni les frères et sœurs ne doivent même soupçonner que de pareilles idées passent ou ont passé dans l'esprit du cher voyageur, et, au moment de monter à bord, il s'ingénie à trouver des mots qui les rassurent; il trace pour eux ces lignes d'adieu, qui sont surtout des lignes d'espoir :

Marseille, 28 janvier 1900. — Avant de quitter la France, mes bons parents chéris, et tous mes frères et sœurs, je veux vous envoyer le dernier baiser. Dans deux heures, nous aurons appareillé, et pour de longs mois je dirai adieu à la « doulce France ». Vous dire que je suis gai, ce serait un peu exagéré; rien de poignant comme ces départs, et j'en ressens d'autant plus le déchirement que je m'étais habitué à la vie de famille, pendant les bons jours passés à Angers. Mais « A Dieu vat! » on est marin, après tout! Un an d'absence, ce n'est rien; quelle fête que celle du retour! quel bonheur intense! c'est en quelque sorte un phare qui éclaire toute la campagne. A peine parti, je pense déjà à ce jour béni, et plus on est loin, plus on souffre, plus le mot magique du retour réchauffe le cœur et remonte le moral.

Le journal de bord commence ce même soir, et il s'allongera chaque jour d'une ou deux pages. A chaque escale, c'est un paquet volumineux qui sera jeté à la poste, et qui racontera la campagne de Chine.

*A bord de l'*Armand-Béhic, 28 *janvier* 1900. — 4 heures. Je viens d'arriver à bord; tous mes bagages sont embarqués, même ma bicyclette, qui a trouvé un petit coin dans une cale, grâce à l'obligeance d'un officier du paquebot. Ma chambre est grande, et mon panier n'y tient pas trop de place. Seulement je suis à tribord, et quand nous serons dans l'océan Indien, cap à l'est, j'aurai le soleil toute la journée. Aussi tâcherai-je de me faire donner une cabine à bâbord, ce qui ne sera pas très difficile, puisque, paraît-il, nous ne sommes pas beaucoup de passagers de première.

De Meaux, Brossier et moi, nous sommes montés sur le spardeck pour jouir du coup d'œil curieux qu'offre le pont d'un bateau en partance.

Peu à peu, pendant que nous causons, le temps passe. Voici maintenant le courrier qui arrive à bord... Ça a l'air tout simple, n'est-ce pas? d'embarquer le courrier; quelques sacs de lettres à jeter à bord... Erreur, ô naïfs humains! nous ne sommes pas de vulgaires facteurs. Voici sur le quai une interminable file de gens courbés sous le poids de sacs monstrueux. On dirait de longues caravanes de fourmis ravitaillant leur fourmilière. Pendant plus d'une demi-heure, sans discontinuer, les sacs succèdent aux sacs.

Soudain une cloche tinte longuement, tristement, on dirait le glas des adieux. Et, en effet, elle prévient la foule des parents et amis des partants qu'il est temps de quitter le bord. Vite un dernier baiser, une dernière étreinte, et l'on se quitte. Un bruit de chaînes, des coups de sifflet, des gens affairés qui courent d'un bout à l'autre du pont, des ordres qui se croisent et, au milieu de ce vacarme, le commandant très digne, qui se promène sur la passerelle, voilà qui sent l'appareillage. Décidément, il est grand temps que Brossier descende à terre, s'il ne veut partir avec nous vers les lointains pays de Chine. Ce n'est pas que cette perspective lui déplaise, mais il n'y a pas moyen.

« Allons, au revoir, mon vieux.

— Tâche de venir nous voir en Chine.

— Bonne chance, bonne campagne! »

Et Brossier est déjà sur le quai, agitant son mouchoir.

Nous sommes dérapés. « L'ancre est haute! » crie-t-on de

l'avant. Nous commençons à nous ébranler doucement, très doucement, et puis, crac! on s'aperçoit que notre ancre a mordu dans la chaîne d'un transatlantique mouillé près de nous. Nous stoppons, on manœuvre la chaîne; bref, on perd du temps, et voici que la nuit tombe. Tout à l'heure, quand le paquebot rangera les jetées, les parents et amis n'auront pas même la consolation de voir une dernière fois la chère silhouette de ceux qui s'en vont au loin.

Nous voilà dégagés; lentement, majestueusement, comme un blanc fantôme, l'*Armand-Béhic* glisse dans la nuit. Nous voilà sortis du port, en route pour le large. Ce n'est plus Marseille que je vois, c'est la chère maison de famille où il fait si bon vivre, c'est le vieux Kergresq, où les jours s'écoulent si doucement, si gaiement, au milieu de parents chéris et d'amis si bons. A tous je dis adieu, mais c'est un adieu qui sent déjà le retour, il me semble. Dans quelques mois, c'est le port que je reverrai, c'est la même foule qui sera massée sur les jetées. Mais ce seront des cris de joie qu'elle poussera, et je connais un jeune homme qui ne sera pas plus triste qu'il ne faut.

Peu à peu les derniers feux s'éteignent, et maintenant, sous la forte poussée de nos deux hélices, nous nous enfonçons dans le sombre horizon.

Le lundi 29 janvier, le bateau passe le détroit de Bonifacio. La mer grossit, « elle se fait, » comme dit le jeune officier; la nuit, elle devient vraiment mauvaise. Et il décrit avec bonne humeur, — toujours en pensant aux yeux jeunes ou indulgents qui le liront, — les chutes sur le plancher de sa cabine en pleine nuit, l'obligation où il est de se coucher dans le deuxième lit, qui forme un angle droit avec le premier, afin de changer le roulis en tangage.

Le mardi, par mer calme, il longe le Stromboli, et

traverse l'admirable détroit de Messine. Il revoit le lendemain la Crète.

...cette hideuse contrée, dit-il, que ces Marseillais de Grecs
ont traitée et traitent encore de pays des dieux... Et pourtant, j'ai
été presque content de la revoir; ça m'a fait l'effet d'une de ces
vieilles figures de connaissance qui, bien que laides et antipa-
thiques, font plaisir à voir dans certaines circonstances.

Un peu plus loin, je trouve ce règlement de vie, qu'il est
à peine besoin de souligner. Combien de jeunes hommes
de vingt-trois ans, voyageant à bord d'un paquebot,
n'eussent rien du tout réglé! Et combien d'autres, habitués
à une discipline, ayant senti le besoin de fixer l'emploi de
leur temps, l'eussent fait différemment sans songer, par
exemple, à mettre « la lecture de la messe » parmi leurs
obligations quotidiennes?

Nous arriverons à Port-Saïd cette nuit, et, dès demain, un
paquebot emportera nos lettres vers la France. Et dans les premiers jours de la semaine prochaine, il y aura grand bruit dans
certaine maison de la rue Proust.

Voici à peu près le programme que je me suis tracé à bord :

7 heures, lever, toilette, prière, déjeuner;

9 heures, lecture de la messe, travail d'anglais;

11 heures, déjeuner, promenade;

1 heure, lecture, dessin;

4 heures, thé, goûter;

4 heures et demie à 5 heures et demie, travail, journal;

5 heures et demie à 6 heures, promenade apéritive;

6 heures, toilette du dîner;

6 heures et demie, dîner, jeu, promenade;

9 heures, thé (je m'en abstiens la plupart du temps).

Et puis... (une ligne de points pour symboliser le sommeil).

La lettre se termine par cette petite ligne en écriture fine et hâtée :

Je penserai demain à la conférence du cher papa [1].

8 heures soir. — Le feu de Damiette est en vue. Nous serons à Port-Saïd dans trois heures. Je trouve que ce n'est pas la peine de me coucher, et longuement je me promène sur le pont, en évoquant votre cher souvenir. Mais les heures s'écoulent vite ainsi, et je suis tout surpris, en revenant de mon petit séjour en pensée dans la vieille cité angevine, d'apercevoir par tribord devant les feux de Port-Saïd. A une heure et demie, nous prenons le pilote; à deux heures, nous sommes amarrés. Il s'agit maintenant de descendre à terre : j'ai d'abord à visiter Port-Saïd, et puis j'ai à faire diverses emplettes, telles que chaise-longue, babouches, cigares, tabac. Drôle d'heure, n'est-ce pas? pour visiter une ville! Mais nous n'avons pas le choix, puisque nous appareillons à 4 heures. Ça me rappellera mes promenades nocturnes à Bordeaux.

Il débarque avec deux de ses camarades; et la lettre décrit les échoppes et les boutiques de mercantis de la petite ville éveillée presque chaque nuit par le passage d'un paquebot.

Le lendemain, au jour, dans une *gare* du canal de Suez, l'*Armand Béhic* croise le *Djemnah*, des Messageries maritimes.

Je passe en revue les divers passagers, écrit le voyageur. Par contre, un de mes compagnons de route, un capitaine

---

[1] Le père de Paul Henry devait faire le lendemain, à l'Université catholique d'Angers, une conférence sur saint Yves.

d'artillerie de marine, reconnaît un de ses collègues. Vite, il le hèle.

« Capitaine R*** !

— Ah ! bonjour, mon vieux, comment va ?

— Très bien ; vu ta famille avant le départ, va bien.

— Merci. Où vas-tu ? Moi je... »

Le reste se perd dans l'éloignement.

A cinq heures et demie, nous nous garons pour laisser passer un cuirassé allemand, le *Deutschland,* qui revient des mers de Chine. Quelques coups de casquette de part et d'autre, pas de cris, pas d'enthousiasme. Ah ! si c'était un Russe !

Le voyage se poursuit. Chaque jour le thermomètre monte de deux ou trois degrés ; les vêtements blancs commencent à sortir des valises. Les nuits deviennent très chaudes.

Samedi, 3 février. En mer. — Ce matin, en me réveillant, j'aperçois par mon hublot le massif du Sinaï. Ça manque un peu de verdure, et je ne m'étonne pas que les Hébreux se soient montrés peu enthousiastes des charmes d'une telle contrée. Du sable et des rochers ont l'air d'en être les plus clairs produits. De loin, au soleil levant, ces montagnes se parent de nuances ravissantes, depuis le rose le plus tendre jusqu'au mauve le plus délicat. Avec ça, de petits massifs de pics rocheux, de formes bizarres, mais accolés les uns aux autres de la façon la plus régulière. On dirait de ces décors en carton sur lesquels dorment, dans leurs boîtes, les petits soldats de plomb.

Cette après-midi, j'ai fait un peu d'aquarelle ; mais décidément la mer sur laquelle courait mon paquebot était d'un bleu extravagant. Dans un moment d'impatience, je l'ai badigeonnée en vermillon, et... j'ai commencé une autre œuvre, un portrait. C'est encore plus difficile, mais mon rêve serait de vous avoir tous enluminés de ma main, aussi ressemblants que possible :

y arriverai-je? j'en doute. Mais ça me fait passer quelques heures par jour avec vous, et quelques heures qui ne sont pas toujours sans gaieté; par exemple, quand je fais un triple menton à notre chère Marguerite, ou un nez un peu trop fort à la Grande-Duchesse. Quand je serai arrivé à un résultat présentable, je vous enverrai des spécimens de mes œuvres.

N. B. — J'ai encore perdu une illusion : la mer Rouge est d'un bleu à faire verdir la Méditerranée.

Lundi, 5 février. — Décidément ça sent les tropiques, les chambres commencent à devenir des étuves. Heureusement, dans les salons, les « pankas » fonctionnent. Le « panka » est un grand panneau rectangulaire recouvert d'une sorte de taie d'oreiller. Une corde attachée à sa partie supérieure la fait osciller; c'est en somme un grand éventail. C'est très amusant, de voir s'agiter ensuite et sans bruit une trentaine d'instruments de cette sorte. Nous avons ainsi, pour les repas, une fraîcheur relative. Sur le pont, le soir surtout, il fait très bon.

Les soirées sont les meilleurs moments de la vie du bord; rien n'est beau comme le calme et la sérénité majestueuse de ces nuits tropicales. Et sans vouloir faire de sentiment, je vous dirai qu'on se sent véritablement tout autre : loin du terre à terre, des affaires du monde, l'âme s'élève.

Ce soir, la mer est légèrement houleuse; est-ce la suite d'un coup de vent ou l'annonce de gros temps? Peut-être ni l'un ni l'autre. La tempête a ses charmes. Sur un bâtiment comme le nôtre, ce serait un spectacle superbe.

Selon la coutume, un comité se forme à bord pour organiser une fête : bal, concert pour les passagers, et jeux variés pour l'équipage. Pendant les préparatifs et toute la journée, l'*Armand-Béhic* court après un grand paquebot anglais, qui est parti de Suez douze heures avant lui. Il le dépasse avant la nuit. Et Paul, que ce nom d'Anglais émeut comme tout marin, écrit avec cette équité et cette bienveillance discrète qui sont rarement des qualités de jeunesse :

. C'est curieux comme ce peuple gagne à être connu de près. En tant qu'individus, j'entends. Nous en avons plusieurs à bord, qui sont véritablement charmants, d'une amabilité, d'une complaisance même à toute épreuve.

Le lundi 13 février, à 2 heures de l'après midi, l'*Armand-Béhic* entre dans le port de Colombo. Les officiers qui vont en Chine doivent passer à bord d'un paquebot rapide qui les attend, le *Tonkin*.

Sur son avant, dit le journal, on aperçoit un petit bâtiment de guerre français, pas joli, pas grand : c'est un petit aviso-transport, *la Caravane,* qui fait la navette entre la France, la Chine et Madagascar. Il y a là-dessus quatre enseignes, mais aucun de ma promotion.

Vite, le journal donne un dessin du *Tonkin* et un joli récit d'une visite à Mount-Lavinia, à dix kilomètres de Colombo.

Le *Tonkin* ne partant qu'à dix heures du soir, nous avons le temps de faire connaissance avec Colombo et ses environs.

On m'a recommandé une très jolie promenade, Mount-Lavinia, une sorte de station balnéaire située à une dizaine de kilomètres de la ville ; avec ma bicyclette, ce sera une petite course de rien du tout ; seulement, j'attends pour descendre à terre que la chaleur soit un peu tombée. A quatre heures, je fais accoster un canot, ou plutôt une pirogue à balancier. Voici à peu près la description de l'outil : imaginez une longue périssoire de trois à quatre mètres de long. Au milieu, sous une petite tente, il y a place pour deux personnes. A l'avant deux pagayeurs, à l'arrière un patron, voilà tout l'équipage. On a pu caser ma bicyclette à l'avant ; un Malabar la tient à bout des bras pendant tout le trajet, vingt minutes environ. Le balancier est constitué par une espèce de poutre supportée par deux montants. De temps en temps le patron excite ses hommes, et tous hurlent avec ardeur : « Savaïs! savaïs! »

Dans ce bizarre équipage, j'arrive à terre sans encombre, et, deux minutes après, j'enfourche mon instrument. Je traverse une partie de la ville de Colombo, qui, entre parenthèses, m'a paru autrement bien bâtie et outillée que la plupart de nos villes coloniales françaises, — il y a même des tramways électriques.

Je longe pendant quelque temps le bord de la mer, puis je pénètre sur une belle route, ombragée de superbes cocotiers, et bordée pendant très longtemps de cases indigènes. Il y a là un grouillemeut de population, insupportable d'ailleurs pour le bicycliste, mais fort curieux. On y rencontre en effet tous les types de la race indienne : des hommes magnifiques, nus jusqu'à la ceinture, les cheveux leur tombant sur le dos ou soigneusement relevés en chignon ; des femmes, des fillettes surtout, ayant une étonnante finesse de traits, délicieux bronzes vivants. Et tout ça se promène gravement, presque majestueusement, se dérangeant à peine pour les innombrables petites charrettes traînées par des bœufs de toutes tailles (j'en ai vu d'à peine plus gros que des chiens).

Entre ces charrettes se faufilent des pousse-pousse, traînés au galop par de grands diables d'allures faméliques, et puis ce sont des équipages, et des cavaliers, et des bicyclettes, enfin un mouvement qui n'a rien à envier à celui de la place de la Concorde. C'est miracle que je ne renverse personne, ou que je ne sois pas moi-même renversé. A mesure qu'on s'éloigne un peu, le mouvement, quoique toujours très intense, diminue peu à peu.

Maintenant, je traverse de grands bois de cocotiers, d'où émergent parfois de délicieux cottages.

Seulement c'est un peu monotone comme végétation, des cocotiers, toujours des cocotiers, et puis ce que je vois est très peu accidenté. Pourtant, en passant sur un pont, j'aperçois, des deux côtés de la route, le paysage le plus délicieusement tropical qu'on puisse imaginer. Je ne sais si vous n'avez pas quelquefois rêvé que vous étiez un de ces riches créoles comme on n'en voit plus guère que dans les romans! Mollement bercé dans un hamac, à l'ombre d'arbres immenses et d'un feuillage étrange, traversé par la brise parfumée, chargée des effluves des milliers de fleurs aussi belles qu'odoriférantes... (Ouf! en voilà d'une description, j'ai cru que je n'arriverais pas à la finir, rien n'est aussi pénible qu'un tel sport par une douce température.) Et je continue.

Étendu donc dans un hamac, vous regardez paresseusement couler les eaux limpides d'une jolie rivière qui va se perdre au milieu d'un extravagant fouillis de verdure. Eh bien! ce paysage, forgé de toutes pièces par votre imagination, ressemble étonnamment à ce que j'ai vu, en passant sur ce pont dont je vous parlais tout à l'heure.

Mais revenons à nos moutons, ou plutôt à ma promenade.

Après quelques hésitations sur la route à suivre, j'arrive au sommet du Mount-Lavinia. Pas très haut ce sommet, mettons trente mètres. Il y a un hôtel splendide, et j'y trouve de nombreux passagers du *Béhic,* et entre autres deux de mes camarades et deux Anglais, avec lesquels nous sommes dans les meilleurs termes. Nous buvons ensemble la limonade de l'amitié, et nous sommes bien vite assaillis de marchands indiens qui veulent à toute force nous faire acheter, à des prix fabuleux, des pierres dites précieuses et des perles de Ceylan.

Entre autres curiosités, ils nous montrent des éléphants en ébène et des cannes en corne de rhinocéros. Pour cinq roupies, j'ai une canne et deux éléphants, — on m'en demandait douze roupies! — et encore je me suis fait voler. Au coucher du soleil,

je mets le cap sur Colombo; mais il s'est levé un petit vent de
mer qui soulève une poussière intense, et j'arrive à Colombo
dans un état effrayant de saleté. En route, j'ai vu quelque chose
d'assez curieux : dans une misérable case indienne, j'ai aperçu
une indigène, à peine vêtue de quelques oripeaux d'éclatantes
couleurs, travaillant à une superbe machine à coudre, tout ce
qu'il y a de plus perfectionnée, auprès de laquelle celle de maman
n'est qu'un vieux clou. Je trouve que cette étrange mixture de
civilisation et de pittoresque locale n'est pas une des moindres
curiosités de ces pays exotiques.

Je rentre à bord dans une pirogue, je dîne en deux temps trois
mouvements, et à 8 heures je suis à bord du *Tonkin*.

J'ai une très belle chambre à bâbord, et pour moi tout seul.
Je me couche avant l'appareillage. On prétend qu'il n'aura pas
lieu avant demain matin. Bonsoir!

Le bateau quitte Ceylan le mardi 13 février. Paul
étudie le nouveau domicile éphémère et instable qui lui est
donné; il préfère décidément l'*Armand-Béhic* qu'il vient de
quitter. La chaleur devient difficile à supporter. Quelques
jours se passent, on approche du détroit de Malacca.

Nous longeons la presqu'île du même nom, dit le journal du
17 février. Nous passons tout près de curieux îlots, qui ne sont
de la base au sommet qu'un fouillis de verdure. Mais ça n'a pas
l'air naturel. On dirait des motifs de décoration pour chinoiseries.
Nous arrivons à Singapour à 4 ou 5 heures, et nous n'en partirons demain qu'à midi. J'aurais donc le bonheur d'avoir la messe,
si toutefois nous ne sommes pas en quarantaine à cause de la
fièvre bubonique.

Ce mot-là, que Paul Henry écrit tranquillement, comme
il écrirait que les requins suivent son navire; ce mot-là
peut effrayer les chers êtres auxquels on pense toujours,

et pour lesquels il n'y a pas d'attention trop petite. Aussi
le journal reprend-il aussitôt :

Si vous voyez, dans les journaux, qu'il y a eu des cas suspects
sur le *Tonkin*, ne vous inquiétez pas. D'abord, ce serait très
probablement faux, et puis les blancs n'ont absolument rien à
craindre.

Le lendemain, dimanche, le bateau se trouvait à Singapour, en effet. Il y avait passé la nuit. Le jeune enseigne
raconte comment il a essayé d'entendre la messe, et je
veux donner tout ce récit, parce qu'il s'y trouve plusieurs
traits de caractère et aussi une appréciation de ces Chinois
que Paul Henry va combattre dans quelques mois, et qu'il
rencontre ici pour la première fois, presque chez eux.

Nous étions amarrés à quai! rien de plus facile, par conséquent, que de descendre à terre. Quand je me réveillai, il était
7 heures. Déjà le soleil à flots; inutile de songer à sortir en
bécane, à moins d'avoir une folle envie de savoir exactement ce
qu'est une insolation. Ah! si c'était pour aller à Kergresq, je ne
dis pas!... Or donc, les charmes singapourois ne me paraissant
pas mériter les honneurs d'un coup de soleil, je me résignai à
prendre un pousse-pousse pour me conduire à Singapour-ville,
qui est distant des docks d'environ une lieue.

Le pousse-pousse est sans doute ainsi nommé, parce que
c'est un véhicule qu'on traîne et qu'on ne pousse pas. Le métier
de bête de somme, que fait le Chinois ou le Malabar qui traîne
ces instruments, m'a profondément dégoûté; mais il paraît qu'au
bout de peu de temps on s'accoutume très bien à voir ces
pauvres hères. Quand fera-t-on une loi Grammont pour les
hommes?

Nous traversons d'abord les quartiers chinois, où grouillent une multitude de forts gaillards aux yeux bridés et au teint jaune. Mais n'allez pas croire que le Chinois est le magot que nous nous imaginons volontiers en France. C'est en général un grand diable, bien découplé, de figure souvent expressive et intelligente. Les premières fois, c'est très amusant de voir défiler de longues théories de Chinois de la classe bourgeoise, leurs longues queues s'échappant d'un vaste melon crasseux pour battre sur leur talon. Le melon est à peu près tout ce qu'ils ont pris à la civilisation européenne. Le reste du costume est resté ce qu'il était naguère.

Les maisons, comme extérieur du moins, ne m'ont pas paru bien curieuses. Ce sont de petites échoppes en torchis, ressemblant beaucoup à toutes les cases de banlieue des ports exotiques. Je passe par l'hôtel où est descendu l'Anglais dont j'ai fait la connaissance à bord du paquebot. Je lui fais mes adieux, car il reste ici, en attendant le courrier espagnol qui doit le mener aux Philippines. Puis je me mets à la recherche d'une église catholique. J'avise un policeman, un grand Malabar de belle mine, et je lui demande, dans mon anglais le plus pur, où se trouve l'église catholique. Pas de réponse. Je recommence, en parlant plus lentement.

« No sabi parla anglèse, » me répond dédaigneusement le bonhomme.

Je trouve que c'est raide de rencontrer dans une ville anglaise un policeman qui ne sait pas l'anglais. Pensant que c'est un novice, peu au courant de son affaire, j'avise un autre sergot, même réponse ; un troisième, réponse identique.

A la fin, heureusement, un passant complaisant m'indique vaguement la route à suivre pour arriver à la mission française, et, après quelques tâtonnements, j'arrive à la porte d'un couvent. J'entre, et je trouve une bonne sœur qui manque de m'embrasser en voyant que je suis un Français, et, qui plus est, un Français qui désire assister à la messe. Justement l'église est en face, la bonne sœur m'y conduit, en me disant que, bien probablement, je

serais un peu en retard. En effet, j'arrive à l'offertoire. J'ai fait
ce que je pouvais. Je suis donc en paix avec ma conscience. C'est
un évêque qui officie, sans doute le vicaire apostolique de la province. Mêmes chants, mêmes ornements qu'en France; seulement les enfants de chœur sont soit de petits Hindous, soit de
petits Chinois. Je remarque dans l'assistance un piquet de marins
anglais et une troupe nombreuse de cipayes. Ainsi la protestante
Angleterre envoie à la messe ses soldats catholiques. Que dirait-
on en France, si on voyait chose pareille? Après la messe, j'aurais
bien voulu voir les missionnaires; mais nous devons appareiller à
11 heures, le temps presse.

Deux jours plus tard, le 20 février, le paquebot remonte
la rivière de Saïgon, et, à 2 heures et demie, accoste
le quai. Voici les premières impressions et le récit de
l'arrivée à bord du *D'Entrecasteaux* :

J'aperçois un de mes fistots, Wayne d'Arche, qui a fait l'in-
térim sur le *D'Entrecasteaux*, entre le départ de l'enseigne que
je remplace et mon arrivée. Comme il y a bientôt trente mois
qu'il a quitté la France, il est plutôt joyeux de me voir arriver.

Il se met très gentiment à ma disposition, et nous partons
tous deux pour le *D'Entrecasteaux*. Nombreuses visites naturellement, à l'amiral, au commandant, au chef d'état-major, au
second, etc. Après quoi je me suis mis à faire mon déménage-
ment, et c'est seulement aujourd'hui que je le finis.

23 *février.* — Le bateau est grand, bien aménagé; le pont
est très dégagé; les chambres sont assez grandes et ont des
sabords, ce qui est un énorme avantage.

Voici le plan de ma chambre...

Vous voyez qu'il n'y a pas de quoi y donner un bal; mais
pour un bateau c'est une belle chambre, et je m'y trouve très
bien. C'est sur le bureau que j'ai mis les quelques photographies
que j'ai de vous, c'est mon petit coin préféré.

Une rue de Singapour, dessin d'après nature de C. W. Allers.

Les autorités supérieures ont été très étonnées de voir arriver un enseigne de vaisseau fusilier, quand elles attendaient un torpilleur. Aussi m'a-t-on donné provisoirement la torpille, la compagnie de débarquement et une tourelle de canon de 240. Vous voyez qu'avec ça j'ai de quoi m'occuper, d'autant plus que ce n'est pas encore tout : j'ai en plus le quart de midi à 4 heures tous les deux jours.

Ce service me permettant cependant de descendre à terre tous les soirs, j'en profite, et je vais me promener à bicyclette, ou encore faire des commissions en ville. A 5 heures, le tout Saïgon se rend en voitures à un endroit qu'on appelle l'Inspection. C'est une longue allée, où, après le coucher du soleil, les équipages saïgonais défilent au pas trois ou quatre fois de suite, histoire de singer le bois de Boulogne. Pour aller à l'Inspection, on traverse un superbe jardin public. La végétation est naturellement très abondante et très originale ; j'y vois des arbres que je n'avais jamais vus nulle part. J'ai remarqué, entre autres, une sorte de palmier communément appelé l'arbre du voyageur. Il a une forme très régulière ; on dirait un gigantesque écran ; les palmes sont toutes dans le même plan et émanant d'un même centre. .

La ville même de Saïgon est peu curieuse ; mais elle est très bien percée, bien aérée ; ses rues sont ombragées par des arbres superbes ; enfin ses maisons sont assez coquettes.

Dimanche, 25 février. — J'ai dîné chez l'amiral ; on a parlé de notre prochaine tournée dans le nord. Nous partirons probablement dimanche pour Tourane, Hong-Kong, Chang-Haï, le Japon, Vladivostok ; nous redescendrons ensuite en baie d'Halong (Tonkin). Nous serons alors au mois de septembre ; nous irons de là à Batavia, peut-être en Australie, peut-être même en Nouvelle-Zélande. A moins qu'il y ait encore une baroufle quelconque avec la Chine ; car tous ces projets sont splendides, mais il suffit d'un rien pour les faire avorter.

Lundi, 26 février. — J'ai fait aujourd'hui la connaissance de l'abbé, grand chasseur devant l'Éternel; il était parti en permission pour chasser le rhinocéros et le tigre à l'occasion. Il est revenu bredouille, mais paré à recommencer. C'est un homme infatigable; il fait même de la bicyclette. D'après ce que j'ai entendu dire, il est très aimé à bord.

Il y a ce soir un grand bal travesti; mais je n'irai certes pas danser par la douce température dont nous jouissons actuellement; d'ailleurs, demain matin 6 heures nous avons compagnie de débarquement.

Mardi, 27 février. — J'ai pu causer un peu cet après-midi avec le commandant Kerguistel, qui m'avait fait appeler pour m'annoncer un changement dans mon service. Je conserve la compagnie de débarquement, et j'ai le détail général du bord. Je suis en somme le second du second[1].

A bord du D'Entrecasteaux. — *Port de Saïgon.* — *Jeudi,* 1er *mars.* — Très jolie promenade avec Lestarc, un de mes anciens camarades du septième poste à l'*Iphigénie,* actuellement second de la canonnière cuirassée *Styx,* de la station de Cochinchine. Nous sommes d'abord allés à Tu-Duc, un petit village annamite situé à environ douze kilomètres de Saïgon. La route est à peu près plate, et bordée de chaque côté par de grandes plaines herbeuses où paissent de grands buffles gris, et aussi, parfois, par d'inextricables fouillis de verdure. De temps à autre, on franchit soit sur des ponts, soit par bacs, des arroyos; c'est ainsi

---

[1] On a retrouvé, non dans le journal, mais parmi les papiers personnels de l'enseigne Henry, ce règlement de vie à bord du *D'Entrecasteaux.* La distribution des heures n'est plus la même; mais le souci de n'en perdre aucune, et la volonté de discipliner sa vie, et la fidélité à ses habitudes chrétiennes n'ont pas varié. Voici cette note :

« 6 heures, lever, prière, déjeuner; 7 heures et demie à 10 heures, lecture de la messe, travail pour le bord; 10 heures à 11 heures, anglais; 11 heures, déjeuner; 1 heure à 3 heures, dessin, aquarelle; 3 heures à 4 heures, travail pour le bord; 4 heures à 5 heures, lecture anglaise; 5 heures à 7 heures, à volonté; 7 heures, dîner, journal; 11 heures, coucher. Faire une petite prière ou une lecture avant chaque heure de travail.

qu'on appelle les innombrables bras du Mékong à son embouchure. Le soleil est bien un peu piquant, mais on roule si aisément qu'on ne ressent aucune fatigue. Après avoir bu, dans un café chinois, une tisane à demi-tiède, nous repartons pour Saïgon ; mais nous ne nous y arrêtons pas, et nous marchons encore, pendant une lieue environ, pour arriver au « tombeau de l'évêque d'Adran ». C'est un monument construit dans le goût annamite, où reposent les anciens évêques de la province de Saïgon. Autour de ce monument, il y a un petit cimetière où sont enterrés de nombreux missionnaires, les uns martyrisés, les autres morts à la peine, terrassés par l'implacable climat de la Cochinchine. Après une halte de quelques minutes, nous sommes repartis pour Saïgon. Déjà le soleil avait disparu. La douce mélancolie du crépuscule nous avait envahis, et nous roulions silencieusement, rêvant d'un autre pays bien loin, au delà des mers. Moi je revoyais nos promenades du soir à Plougrescant, lorsque nous revenions de Karec-Dû, à la nuit tombante. Souvent, comme nous arrivions à Kergresq, nous entendions le mélancolique tintement du Glas-Noz, et cela jetait un peu de tristesse sur la bande joyeuse. Mais bien vite la gaieté reparaissait, quand toute la famille se trouvait réunie dans la salle à manger. Cette tristesse, je la sentis quand l'Angélus sonna à la cathédrale de Saïgon ; le son des cloches nous arrivait très doux, voilé par l'éloignement. Hélas! je n'eus pas pour me réconforter le joyeux dîner de Kergresq. Mais quand j'arrivai à bord, je me renfermai dans ma chambre, et, après avoir regardé pendant quelques instants vos chères photographies, je fis une petite prière, pour supplier le bon Dieu de vous bénir tous et aussi de nous garder toujours notre paradis de Kergresq.

Vendredi, 2 mars. — Ma promenade d'hier ne m'a nullement fatigué, bien que j'aie fait huit à neuf lieues. Cela vous montre que je suis en parfaite santé. J'ai encore parfois des accès de nostalgie ; mais je m'étais trop habitué à la vie de famille pendant quinze mois pour que la séparation ne fût pas un peu dure. Rassurez-vous, je n'ai pas perdu ma gaieté ni mon entrain.

Samedi, 3 mars. — Nous ne partons plus demain, mais mercredi soir.

Le travail se fait très mal dans cet arsenal; on a été obligé de recommencer plusieurs fois les quelques réparations dont le bateau avait besoin, après dix mois de campagne. Et cependant il n'y avait pas de grosses avaries. Cela vous montre la valeur de Saïgon comme point d'appui, en cas de guerre.

Dimanche, 4 mars. — Je suis définitivement au détail; j'ai signé l'ordre du commandant cet après-midi, mais je reste attaché au fusil. Hier soir, j'ai passé quelques heures à orner un peu ma chambre; mes éventails, mes paravants et de nombreuses photographies lui donnent un petit air coquet et assez réussi. Vous ne sauriez vous imaginer combien on est heureux d'avoir ainsi son petit chez soi. Quelle différence avec la vie de midship!

D'Entrecasteaux. — *Saïgon, mardi, 6 mars* 1900. — Une petite déception : le paquebot de France n'arrive que demain soir. Par contre, toutes nos réparations étant effectuées, nous allons partir demain, vers 5 heures du soir, pour Tourane et Hong-Kong. Nous devons être à Hong-Kong le 14, au matin.

Tous les officiers du bord sont enchantés de quitter Saïgon; plusieurs ont été très fatigués par le climat, et ils espèrent que la fraîcheur que nous allons trouver dans le nord les remettra rapidement. Moi, comme vous le savez, je ne me porte jamais mieux que dans les pays chauds; mais je suis cependant étonné de la rapidité avec laquelle je me suis habitué à la chaleur de ce pays-ci.

Je suis très pris par mes nouvelles fonctions de |« détaillon » ; c e n'est pas une petite affaire que de connaître un grand bateau de huit mille tonnes et de six cents hommes d'équipage. Mais, comme il y a un midship attaché au service, je pourrai facilement descendre à terre ; par conséquent je ne suis pas à plaindre. Ce qui m'ennuie un peu, c'est que c'est un métier très mal défini, et moi j'aime les situations parfaitement nettes.

Je vous quitte déjà, parce que j'espère bien que je pourrai vous écrire de Tourane, et que les deux lettres vous arriveront le même jour. Mais je vous ai promis de ne pas manquer une occasion, et je vous assure que cette promesse m'est très douce à tenir.

Mercredi, 7 mars. — A 2 heures nous appareillons, et nous remontons la rivière pendant cinq ou six cents mètres, et là nous mouillons pour attendre le renversement du courant. Mon poste est sur l'avant, à la bonne place, puisque je puis voir tout ce qui se passe. Mais, aujourd'hui, j'y reste pendant plus d'une heure en plein soleil. Heureusement, tout à l'heure on a vu une grosse fumée dans le sud. Peu à peu elle s'est rapprochée, et l'on a pu apercevoir un beau paquebot.

« Le courrier en vue ! » s'est écrié un timonier.

Et le soleil a beau taper, on ne s'en aperçoit plus ; l'appareillage est bien long, on n'y pense guère. Le courrier est arrivé, nous allons avoir des lettres !

Maintenant elles sont à bord, ces lettres tant attendues. Un petit moment d'anxiété, quand je déchire l'enveloppe, et puis, les premières lignes parcourues, la joie d'être avec vous. Car je ne suis plus sur le *D'Entrecasteaux,* presque aux antipodes, je suis dans la chère maison de la rue Proust, je cause avec maman.

Je lis et relis toutes mes lettres ; je les sais presque par cœur. On ne peut pas s'imaginer, quand on n'a jamais été au loin, le bonheur intense qu'apportent les longues lettres de la famille.

Nous n'irons probablement pas à Chang-Haï, le *D'Entrecas-*

teaux calant trop d'eau pour remonter le Yang-Tsé. Mais, si par hasard nous y allons, je ne manquerai certes pas d'aller à Zi-Ka-Wé, résidence des Pères jésuites, où j'ai d'anciens professeurs pour lesquels j'ai conservé une grande affection.

D'Entrecasteaux, 10 mars. — Ce matin, au jour, nous entrons à Tourane. Nous nous enfonçons lentement dans l'immense baie, et vers 7 heures nous sommes mouillés. Nous sommes loin de terre, et c'est à peine si du bord on aperçoit la « ville » de Tourane, cachée à demi derrière de hautes dunes de sable. A l'est et à l'ouest, la rade est dominée par des montagnes, dont les sommets sont presque constamment voilés par des nuages de formes bizarres.

Dans l'après-midi, on organise une promenade aux « Montagnes de marbre »; c'est un petit massif planté au beau milieu des dunes, à une dizaine de milles de la ville. Nous partons en vedette, et nous remontons une petite rivière, puis nous débarquons, et, après une demi-heure de trajet dans le sable, nous arrivons au but. Un guide nous conduit à travers un dédale de rochers et de cavernes, dans les anfractuosités desquels on a logé de nombreux bouddhas dorés ou des statues de saints vénérés dans le pays. Tout d'un coup, au débouché d'un long boyau creusé en plein roc, nous arrivons en face d'une grotte admirable; la voûte largement échancrée laisse pénétrer la lumière, et le coup d'œil est vraiment ravissant. Imaginez une coupole de soixante ou quatre-vingts mètres de haut; les murailles sont nuancées de très jolie façon; les couleurs variant du vert pâle au rose. Naturellement, là encore, les indigènes ont niché quelques bouddhas. L'entrée est gardée par quatre grandes statues de guerriers en riches costumes d'autrefois. En bas, une fontaine sacrée et une pagode. Après avoir longuement admiré cette curieuse caverne, et après un petit tour aux environs, nous remettons le cap sur le bord. Je cueille quelques fleurs que je vous envoie. Le retour est un peu plus accidenté que l'aller; pendant notre pro-

Notre brave *D'Entrecasteaux* se paye une danse de première qualité.

menade, la mer s'est levée, et, comme le canot à vapeur est fortement chargé, à chaque lame nous mettons le nez dans la plume. Nous arrivons à bord sans un fil de sec.

Dimanche, 11 mars. — Nous avons appareillé ce soir pour Hong-Kong. La mer est belle, mais le temps est gris; on sent que nous remontons dans le nord, et que nous allons retrouver l'hiver et ses brumes.

Lundi, 12 mars. — Notre brave *D'Entrecasteaux* se paye ce soir une danse de première qualité. Quelles secousses, Seigneur! Heureusement que j'ai le cœur et l'estomac solidement amarrés. A chaque lame, l'avant est balayé; sur la passerelle, l'officier de quart est trempé.

Mardi, 13 mars. — Ce matin la mer était beaucoup tombée quand je me suis levé, et j'ai pu ouvrir mon sabord. Je prends le quart à midi, en remplacement d'un officier exempt de service. Nous entrons dans les passes de la rade de Hong-Kong, au milieu d'un fouillis inextricable de jonques. Nous passons sans en accrocher aucune; mais il faut rudement ouvrir l'œil. Et il faut voir le flegme de ces Chinois; souvent notre avant est dirigé en plein sur eux; vous croyez qu'ils vont se garer, ces Célestes? Ah! bien oui! Ils regardent sans broncher, et, quand nous passons, ils ne poussent même pas un soupir de soulagement.

La rade de Hong-Kong est très pittoresque, et surtout pas banale du tout. Ça ne ressemble à rien de ce que j'ai vu jusqu'ici. Des tas d'îlots escarpés, hérissés de forts, de batteries, de magasins. Au-dessus de la ville une montagne presque à pic, sur laquelle de grandes bâtisses jaunes ont l'air d'avoir poussé comme des dents. Sur rade, un continuel fourmillement de vapeurs de toutes nationalités, de navires de guerre, d'embarcations, et surtout de grandes jonques, qui suffiraient à donner à ce coin du monde un aspect fantastique pour le brave voyageur qui vient d'Europe. La journée s'achève en saluts interminables, en visites

sans fin. Les coups de canon grondent toute la soirée, répercutés
par les nombreux échos de la montagne.

Mercredi, 14 mars. — Je suis descendu à terre, cet après-
midi, avec un de mes camarades de promotion, Blanc, du *Pascal*.
Nous sommes tout d'abord allés chez les missionnaires, qui nous
ont reçus de la façon la plus aimable. Installés là depuis plus de
douze ans (ils ne sont que deux Français), ils voient toujours
arriver avec bonheur les bâtiments portant la flamme tricolore.
Après une longue visite, pendant laquelle les Pères nous ont
montré leur curieuse collection de photographies de toutes les
vues de la Chine et même de l'Extrême-Orient, nous allons faire
un tour au jardin public, qui est une des curiosités de Hong-Kong.
Il est en quelque sorte « accroché » aux flancs de la montagne,
du Pic, comme on dit ici. J'y remarque des fougères splendides,
du même type exactement que celles que papa aime tant à ramasser à Kerfon ou à Kergresq ; mais celles de Hong-Kong ont cinq
ou six mètres de haut.

Hong-Kong, jeudi 15 mars. — J'ai passé presque tout
l'après-midi à bord des bâtiments de guerre anglais et américains, étant envoyé avec deux de mes camarades pour faire des
visites au nom du carré. Il a fallu sortir tout mon bagage d'anglais, et Dieu sait s'il est léger ! Enfin j'ai pu soutenir une conversation d'un quart d'heure avec un commandant de navire
anglais. Sur d'autres bateaux, ça n'a pas si bien marché, entre
autres sur le croiseur l'*Aurora*. J'étais lancé dans une phrase terrible, plus moyen de trouver mes mots : le fou rire me gagne,
je me secoue avec frénésie, les camarades me suivent par la
contremarche. Pendant quelques minutes, nous nous roulons
à faire pleurer le Père Yves. Heureusement, les Anglais
prennent le parti de rire avec nous, et la visite finit sans autre
incident.

Dimanche, 18 mars. — J'ai eu un temps presque convenable

cet après-midi pour descendre à terre. Quand je dis presque convenable, j'exagère un peu, attendu que, vers 5 heures, j'ai attrapé une de ces petites ondées vaguement tropicales qui vous transpercent jusqu'aux os. Nous étions partis, deux lieutenants de vaisseau, le docteur et moi, faire une grande promenade à pied, et, malgré la pluie, nous avons vu de très jolies choses. Les Anglais ont fait à Hong-Kong de véritables tours de force. Malheureusement, la beauté du paysage est un peu gâtée par la vue de ces affreuses baraques que les Anglais décorent du nom de villas, et qui donnent à l'île, vue de la rade, l'aspect d'un jeu de dominos éparpillés sur un coussin.

Vue générale de Hong-Kong.

Photo : Griffith, Hong-Kong.

La pluie nous a conduits à Hong-Kong-Club, où les officiers anglais nous ont invités fort aimablement pour toute la durée de notre séjour. C'est un véritable palais : une entrée monumentale, d'immenses vérandas ornées de plantes et de fleurs, des salons luxueux, etc.; et, ce qui est plus intéressant, un salon de lecture où nous avons trouvé les journaux français arrivés par la dernière malle anglaise.

Lundi, 19 mars. — J'ai prié pour le bon Jaloff, et j'espère que, de son côté, il n'aura pas oublié son vieux païen de frère, dans ses prières à son saint patron... Nous avons reçu, cet après-midi, une invitation à dîner à bord du cuirassé anglais le *Centurion,* vaisseau amiral de l'escadre de Chine. Il a été décidé que cinq officiers iraient, mais il n'y a pas beaucoup d'amateurs : les uns ne parlant pas anglais; les autres, patriotes intransigeants, ne voulant pas aller manger le pain de nos « ennemis héréditaires ». Pour ma part, je n'aime pas beaucoup les Anglais pris en collectivité; mais j'ai trouvé des gens charmants parmi eux, et je ne vois pas pourquoi on se bouderait en temps de paix; ça n'empêcherait pas de se taper dessus de très bon cœur en temps de guerre.

Je suis très occupé aujourd'hui de la peinture extérieure du bateau, ceci rentre dans mes attributions. Rien n'est difficile à tenir propre comme le blanc, et il faut pourtant qu'un navire de guerre soit immaculé, surtout un bateau amiral et au milieu de bateaux anglais. Or le temps est très humide, la peinture ne sèche pas, la rouille fait des taches, les escarbilles font de charmantes plaques noires, etc. Ah! cruels soucis!

Mardi, 20 mars. — Je suis une des « victimes »; j'irai demain soir dîner sur le *Centurion.*

Petite flânerie dans le quartier chinois. Je marchande quelques bibelots, mais ils sont hors de prix. J'attends d'être un peu plus expert pour me faire voler le moins possible. Par contre, j'ai trouvé, chez un artiste japonais, de très jolies photographies coloriées de Hong-Kong et de scènes chinoises. Je compte faire une collection qui complétera les petites que je pourrai faire avec mon appareil. Mais jusqu'ici le temps n'est pas très propice. Depuis notre arrivée à Hong-Kong, je n'ai pas encore vu le soleil.

Ce soir, le consul est venu présenter à l'amiral le fameux lieutenant américain Hobson, qui s'illustra dans la guerre hispano-américaine. C'est un beau gaillard, ayant plus l'air d'un officier de cavalerie que d'un lieutenant de vaisseau ; il semble fortement persuadé de son héroïsme.

Mercredi, 21 mars. — Brillant dîner chez messieurs les Anglais ; la réception a été un peu froide ; on s'inclinait en se serrant la main, et cela pendant cinq minutes, sans se dire un mot.

On se met à table, même silence ; comme on sert le potage, simultanément mes deux voisins sont pris d'une envie irrésistible de me parler de la température ; celui de droite me dit en français qu'il fait chaud, celui de gauche en anglais qu'il fait froid ; je les mets d'accord tous deux en trouvant que le temps est très humide.

Petit à petit le dégel se produit, et au dessert la conversation est très animée. Soudain, un coup sec de marteau sur la table. Tout le monde se lève ; le président, le verre en main, crie :

« Queen ! »

Et tous les Anglais, sur un ton différent, répètent :

« Queen ! Queen ! Queen ! »

C'est le toast de la reine. Je me pince les lèvres, pour ne pas céder à un terrible fou rire qui me prend en voyant le sérieux de tous ces Anglais faisant « couin, couin ». Heureusement que j'ai pu me contenir ; un fou rire eût été terrible en cette circonstance.

Quelques minutes après, même cérémonie, cette fois pour le « French president ! »

Après une soirée fort agréablement passée, nous nous sommes quittés très bons amis.

Jeudi, 22 mars. — Dîner au carré, en l'honneur de quelques membres de la colonie française. Au café, grand succès pour notre maître d'hôtel annamite, qui, dans sa candeur naïve, offre des cigares aux dames.

Vendredi, 23 mars. — Dîner superbe pour les Anglais (grand Dieu! que de nopces et festins!). Tout s'est très bien passé, j'ai parlé anglais toute la soirée; si cela continue, je vais faire des progrès fantastiques. Nous retrouverons le *Centurion* dans le nord, soit au Japon, soit en Corée.

Nous partons d'ici dimanche pour Matsou-Foutchéou; nous y resterons deux jours, et nous mettrons le cap sur Yokohama, où nous devons être le 2 avril.

Lundi matin, 26 mars. — On va ramasser les lettres pour la France. Ce matin, à 6 heures, pas encore de nouvelles de notre courrier.

Je suis obligé de fermer ma lettre sans avoir reçu les vôtres. La brume est toujours épaisse, nous n'appareillerons pas ce matin. Il y a déjà deux mois que je suis parti d'Angers; vous voyez comme le temps passe vite. Nous serons très étonnés de voir arriver le beau jour où votre vieux Chinois vous embrassera d'un peu plus près qu'il ne le fait aujourd'hui.

En mer. — *Mardi, 27 mars.* — Mer peu agitée; le *D'Entre-casteaux* roule et tangue; les sabords sont fermés; mais qu'on est tout de même bien à la mer!

Matsou. — *Mercredi, 28 mars.* — Nous avons mouillé à Mat-sou ce matin, à 6 heures. La rade est plutôt à l'état embryon-naire; elle consiste simplement en une échancrure très vague d'une île déserte et inculte. C'est en somme la pleine mer. Mais c'est de là que nous partons pour aller à Foutchéou. Je dis

« nous », car tout à l'heure le pacha m'a fait dire que je pouvais me joindre aux quelques officiers qui avaient été désignés pour faire partie de la caravane. Je vais donc partir dans une demi-heure, pour faire un pèlerinage intéressant aux lieux où s'illustra l'escadre de l'amiral Courbet. Pendant mon absence qui sera de trois ou quatre jours, il passera peut-être une occasion pour la France, et je vous laisse cette lettre, qui vous donnera des nouvelles relativement récentes du « pauvre exilé ». Je vous assure qn'il n'est pas trop à plaindre, le bonhomme en question! Je me trouve d'abord de mieux en mieux à bord de mon bateau; vraiment, je suis bien favorisé par le bon Dieu. Ma santé est excellente, et je vois que je vais faire la plus belle campagne que l'on puisse rêver, et peut-être, mais, comme espérance, c'est encore bien vague, peut-être aurais-je la chance de passer un ou deux mois à Pékin, si on débarque une troupe de marins pour servir de garde au ministre de France. Dans des cas analogues, c'est un enseigne qui a été débarqué comme commandant.

Rassurez-vous : on ne court aucun danger, et ce sera une occasion superbe de m'initier aux mystères de la vie chinoise.

Même jour. — A trois heures de l'après-midi, après une traversée sans incidents, nous arrivons à l'entrée de la rivière Min. Peu à peu les rives se rapprochent, nous défilons devant les forts qui vainement tentèrent d'arrêter l'escadre de l'amiral Courbet. Aujourd'hui nous ne regardons que l'attrait du paysage; mais samedi, en redescendant, nous suivrons toutes les péripéties du combat, et cela ne manquera pas d'être fort intéressant, car plusieurs de mes camarades y ont assisté. La rivière Min est une des plus pittoresques de Chine. Tantôt encaissée entre de hautes montagnes boisées, tantôt s'étalant dans les vastes plaines, elle offre une étonnante variété d'aspects. Je retiens surtout la passe de Kimpaï, un des plus délicieux points de vue que j'aie jamais rencontrés. Entre temps, nous croisons de nombreuses jonques, qui donnent au paysage un cachet tout à fait chinois. Quelques-

9

unes sont de superbes navires de quatre ou cinq cents tonneaux.
Avec leurs châteaux d'arrière richement sculptés et coloriés,
elles rappellent un peu les merveilleux vaisseaux du Roi-Soleil.
Vers 5 heures, nous sommes en vue du mouillage de Pagoda,
où se trouvent le port de guerre et l'arsenal de Fou-Tchéou (la
ville elle-même est située à cinq ou six milles en amont). Nous
ne savons pas encore comment nous allons loger et manger pendant notre séjour à Pagoda ; il n'y a pas d'hôtel ; il ne reste donc
que le choix entre « l'habitant » et le *Jean-Bart,* qui est mouillé
devant l'arsenal. Il y a bien à terre de braves gens qui ne
demanderaient pas mieux que de nous recevoir ; ce sont des Français envoyés ici par le gouvernement, pour aider les Chinois
dans la réfection de leur principal arsenal et de leur flotte. Mais
arriver à 6 heures du soir chez des gens qu'on ne connaît pas
et sans avoir prévenu, c'est un peu risqué. La combinaison du
Jean-Bart est évidemment préférable : là au moins nous serons
entre camarades. C'est très joli de discuter, mais comme on
n'adopte rien...

Enfin, vers 7 heures et demie, nous trouvons une vedette
du *Jean-Bart* qui nous conduit à bord, affamés et heureux d'arriver huit à l'improviste au beau milieu du dîner des officiers.
Heureusement ceux-ci sont gens aimables, et nous reçoivent
d'une façon charmante. Vite on improvise, avec des conserves,
un souper qui nous paraît un succulent festin, et la soirée se termine le plus gaiement du monde.

Jeudi, 29 *mars.* — Ce matin, à 6 heures, nous partons pour
Fou-Tchéou ; nous remontons la rivière à canot en vapeur. Le
pays que nous traversons est une plaine très basse, un ancien lac
comblé par les alluvions du fleuve, mais resté très humide et
très apte à la culture du riz. Au loin, de hautes montagnes, dont
les sommets se perdent dans les nuages, ferment l'horizon. Il
y a un mouvement de batellerie extraordinaire. Jonques et sampans se croisent sans cesse, s'abordent même quelquefois, et

alors ce sont des cris et des hurlements à faire croire que la fin
du monde est arrivée. A 10 heures, nous entrons dans le port
de Fou-Tchéou; une forêt de jonques nous cache la vue des
rives, et nous ne voyons aucune maison; pourtant nous sommes
à quelques centaines de mètres d'une ville de plus d'un million
d'habitants. Nous déjeunons dans un *home-boat* (le *home-boat* est
une sorte de maison flottante, dans laquelle les riches Chinois
se font voiturer quand ils vont se promener en rivière). Aussitôt
le déjeuner fini, nous débarquons, et, guidés par un officier du
Jean-Bart, nous nous acheminons vers le consulat de France
pour trouver des chaises, seul équipage possible dans les rues
d'une ville chinoise. Le quartier que nous traversons fait partie
de la concession européenne, et n'offre par conséquent rien de
curieux. Au consulat, nous trouvons nos chaises rangées en ligne
de file; nous sautons dedans, et en route pour la ville chinoise.
Ici, une parenthèse à propos de notre véhicule. La chaise à por-
teur chinoise, dite ouverte, est tout ce qu'il y a de plus rudi-
mentaire, un simple fauteuil en osier supporté par deux longs
bambous. Il y a trois porteurs, dont deux seuls ont quelque chose
à porter, le troisième est au repos. Tous les cinq minutes, ils
changent de poste en se prévenant mutuellement par des cris
assourdissants. La chaise fermée est déjà plus chic; elle rappelle
davantage celle de nos aïeules; il y en a de délicieusement jolies,
mais c'est pour les mandarins huppés. Pour finir, il est bon
d'ajouter qu'il est absolument impossible à un Européen de se
promener à pied dans une rue chinoise. D'abord, ce serait un
manque de décorum complet, et puis on n'en reviendrait certainement pas tout entier.

Cette longue parenthèse étant close, revenons à notre course.
Nous voilà donc partis au grand trot de nos porteurs; nous
descendons des escaliers à pic, non sans quelque inquiétude
de nous voir plaqués dans la boue fétide et noire qui coule de
haque bord de la rue. Puis soudain nous passons une porte, et
nous voilà, comme dans une féerie, transportés au beau milieu

d'une ville chinoise. Par exemple, ce qui n'est pas féerique du tout, c'est une odeur épouvantable qui vous prend à la gorge, une odeur de poisson pourri, de graisse rance, et de bien autre chose encore. La rue est à peine assez large pour laisser passer deux chaises de front. Des deux côtés, des échoppes sales et sombres, exposant sur ce qui leur sert de devanture leur principale denrée : poissons, légumes, orfèvreries, soieries, etc., et partout des banderoles, des lanternes, des affiches multicolores, toutes écrites en chinois naturellement. Les toits des maisons se touchent si bien qu'on ne voit pas le ciel. Au premier abord on est absolument abruti par la foule. Peu à peu on retrouve son sang-froid, et on regarde avec un intérêt passionnant tous les types curieux que l'on rencontre, depuis l'imposant cortège du mandarin jusqu'au malheureux qui passe, la cangue au cou, en butte aux moqueries de la foule et aux brutalités des policiers. Je voudrais pouvoir vous dépeindre toute cette vie, tout ce mouvement; mais il faudrait être un Pierre Loti pour en donner une faible idée. Dans toute cette foule, nos porteurs passent au trot, leurs cris faisant déranger tout le monde sur notre passage. Les malheureux qui ne se rangent pas assez tôt reçoivent en plein dans le dos, soit le bambou, soit la chaise. Sans un cri, sans un murmure, ils nous laissent passer. On nous regarde tout de même avec une certaine curiosité, mais une curiosité moqueuse, et les remarques qu'ils échangent sur notre compte pourraient bien se résumer ainsi : Dieu, que ces barbares sont donc laids et mal fagotés! Nous traversons ainsi d'interminables rues, puis des ponts qui traversent les bras de la rivière Min, puis encore d'autres rues; enfin nous passons sous un mur qui peut bien avoir de trois à quatre mètres d'épaisseur; encore quelques minutes, et nous sommes au bout de la ville, chez le laqueur numéro un, le grand faiseur de l'endroit. Les moindres boîtes laquées coûtent tout de suite six dollars pièce (la laque est une des grandes spécialités de Fou-Tchéou). Nous reprenons notre course dans la ville, mais lentement cette

fois, nous arrêtant de temps à autre pour marchander un bibe-
lot. J'achète de la sorte deux sabres, une pipe chinoise, trois
pierres sculptées pouvant servir de cachets, un petit plateau,
une étagère et une espèce de classeur, ces trois derniers objets
en laque, et enfin un joli vase en bronze. A six heures nous
sommes de retour à bord du *Jean-Bart,* un peu fourbus de notre
journée.

Vendredi, 30 mars. — Nous avons encore fait aujourd'hui
une charmante et fort intéressante excursion : le but était une
fameuse bonzerie, quelque chose comme un Solesmes chinois,
perché sur une montagne aux environs de Pagoda. Nous étions
partis par un bon petit crachin, et nous avions même délibéré,
une fois en route, si nous n'allions pas abandonner la partie.
Heureusement qu'une éclaircie survint, qui rasséréna les esprits
et nous fit reprendre la marche en avant. Et quelle marche, mes
aïeux ! Traverser plusieurs infects villages chinois, où hommes,
femmes, enfants, chiens, cochons, poulets, etc., vivent dans une
commune ordure, et après cela monter deux mille marches, voilà
le bilan. L'escalier gigantesque qui mène à la bonzerie grimpe le
long d'une montagne boisée, et d'où on doit avoir une vue admirable par un beau temps. Malheureusement le temps est resté
très brumeux pendant toute notre excursion, et notre vue se
limitait aux innombrables rizières qui font de la plaine de Fou-
Tchéou un gigantesque damier. Toutes les cinq cents marches à
peu près, il y a une petite pagode, où on fait halte pour prendre
le temps de souffler, et même, si le cœur vous en dit, de siffler
une tasse de thé qu'un bonze pouilleux vous offre moyennant
rétribution.

La bonzerie est une agglomération de pagodes perdues au
milieu de la verdure. Nous sommes reçus par des bonzes rasés,
vêtus d'une robe grise. On nous conduit au réfectoire des étrangers ; nous mettons le couvert, nous dévorons tout ce que nous
avons de provisions. Je conseille aux gens qui se plaignent de

manquer d'appétit de monter avant chaque repas quelques milliers de marches. Il est à remarquer que ce remède, loin de détériorer l'estomac comme le font les prétendus apéritifs que vous connaissez, est un digestif de premier ordre ; il vous suffit, en effet de descendre les quelques milliers de marches, pour que la digestion soit achevée et au delà. Après le déjeuner, un vieux petit bonze, vient nous présenter ses compliments ; c'est le chef des bonzes, nous dit notre guide. Il s'offre à nous faire visiter l'établissement ; nous acceptons naturellement avec empressement. Nous voyons successivement trois ou quatre chapelles assez richement ornées, et toutes pourvues abondamment d'immenses bouddhas ou d'autres divinités en bois doré ou en bronze. Dans une salle, nous remarquons les portraits des « Pères abbés » les plus célèbres. Dans une autre, notre guide nous montre d'un air de triomphe un robinet ! oui, un robinet : c'est pour lui, certainement, la chose la plus curieuse de son monastère.

Nous apercevons en courant les cellules de moines, l'étable où l'on nourrit les cochons et les poules sacrés, que l'on laisse mourir de vieillesse, et à la chair desquels il est formellement interdit de toucher. Enfin, après avoir admiré de superbes carpes, l'orgueil du « Père abbé », nous prenons congé de celui-ci, en lui donnant deux dollars pour le remercier de sa complaisance. A 5 heures, après avoir péniblement descendu le gigantesque escalier et retraversé les hideux villages de la vallée, nous étions à bord du *Jean-Bart*.

D'Entrecasteaux. Rade de Yokohama, 20 *avril* 1900. — Le temps est superbe, la fête des Cerisiers va donc pouvoir avoir lieu aujourd'hui. A 8 heures, le commandant fait dire au carré que tous les officiers non de service pourraient s'y rendre. Nous sommes au moins une vingtaine, sans compter l'amiral et son état-major particulier. A terre, cela débute mal, presque une bagarre avec les Kouroumas, ces singes trouvant qu'on ne leur

donne pas assez. Rien d'assommant comme ces histoires-là,
surtout quand on est en uniforme. C'est même dangereux ; car
si l'on perdait un moment son calme, ce serait une bataille en
règle à soutenir, et, dans ce cas-là, la police macaque donne
toujours tort aux étrangers. Enfin tout s'arrange, et, une fois
dans le train, nous déversons notre bile dans une conversation
plutôt dure pour les Japonais. Il y a justement un indigène dans

Yokohama.

notre wagon ; s'il comprend le français, il a dû être édifié sur
nos sentiments à l'égard de ses compatriotes. Pendant le voyage,
le temps se gâte tout d'un coup. Une rafale de vent glacial, et
le ciel se couvre ; en cinq minutes nous repassons du printemps
en hiver. Quand nous arrivons à la gare de Tokio, le temps s'est
heureusement remis au beau. Nous allons à pied jusqu'au jardin
où doit avoir lieu la cérémonie, et cela au grand scandale des
Japonais, qui, comme tous les Orientaux, méprisent profondément les gens assez misérables pour circuler à pied. Nous traversons un pont jeté sur un des nombreux canaux de Tokio, et
nous sommes arrivés. Des « singes », en livrées galonnées d'or

et en culotte courte, font le service d'ordre : ce sont les chambellans et laquais du mikado.

Un petit tour dans le jardin, et nous revenons nous grouper auprès de l'entrée, pour attendre l'amiral. Et alors, nous voyons défiler devant nous tous les gens qui vont à la fête, c'est-à-dire tout ce que Tokio a de riche et de puissant, et ce défilé est d'un grotesque qui va jusqu'à être lamentable, quand on pense que ces singes mal fagotés sont les fils des daïmios et des samouraïs du temps passé. Non, vous n'avez pas idée de cette collection de vieux tubes et de redingotes étriquées ! Vous riez, quelquefois, de la tête ridicule de certains « nociers » endimanchés, qu'on aperçoit le samedi chez le restaurateur X... Mais ce sont des muscadins à côté de M. le marquis « Kamakuna » et du vicomte « Siko ». Un rire inextinguible nous prend, et nous en sommes presque scandaleux. Des ministres, des sénateurs, des députés, des maréchaux, des généraux, des amiraux, tous ces derniers galonnés des pieds à la tête, et quelquefois Leurs Excellences sont accompagnées de leurs « dames », jaunes, petites « mousmés » étriquées dans d'affreuses robes vert pomme ou rose vif. Elles ont une démarche de canard qui ajoute encore à leur laideur. Il faudrait le crayon de Caran d'Ache pour dessiner quelques aperçus de cette « poétique » fête des Cerisiers. Peu à peu les personnels des diverses légations arrivent et se groupent de chaque bord de l'allée principale. Voici la légation chinoise : cinq ou six mandarins, bien drapés dans de superbes robes de soie brodée, s'avancent en faisant de profonds saluts de droite et de gauche. Voici enfin l'amiral avec la légation de France; saluts, présentations, etc. L'attaché militaire français est un chef d'escadron de cuirassiers; je vous réponds qu'il a une autre mine que tous les singes rabougris qui nous entourent. Après une attente assez longue, un mouvement se produit dans la foule : le mikado arrive. Les musiques jouent l'hymne japonais (très joli, un peu triste, dans le genre Grieg); un cortège s'avance sous les cerisiers en fleurs. Derrière les chambellans, le mikado en petite tenue d'officier d'artillerie, marche d'un pas qu'il voudrait rendre majestueux, et, en guise de salut, dodeline de la tête à droite et à gauche d'un mouvement de vieillard gâteux. Le descendant direct du soleil n'est pas précisément joli. Un

La principale rue de Tokio arrangée à l'européenne.
(D'après une photographie.)

gros nez, d'énormes lèvres pendantes, de petits yeux à demi-cachés sous des paupières bouffies, qui ont peine à se soulever, de superbes oreilles, le tout encadré par des cheveux et une barbe mal plantés, mais d'un noir de jais ; voilà pour le visage. Un grand corps dégingandé, des jambes cagneuses, voilà pour compléter le monstre. Derrière le mikado, l'impératrice, une petite femme toute menue dans sa robe grise à la mode de Paris, trottine comme une petite souris. Viennent ensuite les personnages les plus considérables de la cour, princes du sang, grands offiçiers, dames d'honneur, etc. Une fois que le cortège est passé, les spectateurs se forment en rang derrière et on suit comme à un enterrement; l'illusion est d'ailleurs complétée par les accents plaintifs de l'hymne japonais. Le cortège se déroule dans les allées du jardin, jonchées de fleurs de cerisiers blanches comme la neige; on arrive ainsi à une grande tente où est aménagé un superbe buffet, riche en toute sorte de victuailles. Le mikado s'installe dans un coin, et les présentations commencent. Chaque ministre présente ses nationaux les plus marquants. On n'a pas le droit de s'approcher du buffet avant que le mikado ait commencé à manger. Nous attendons patiemment pendant une demi-heure, et puis, voyant que les présentations durent toujours, nous prenons nos cliques et nos claques, et nous filons. D'ailleurs le temps était complètement couvert, et il soufflait une de ces petites brises!...

Samedi, 21 avril. — Grand déjeuner au carré, ce matin, et ce soir dîner chez le consul. Journée bien remplie, comme vous voyez. On commence à reparler de détachement à Pékin ou Tien-Tsin; si on en envoie un, c'est moi qui marche en qualité de fusilier.

Une nouvelle : nous sommes invités à assister à une grande revue navale de la flotte japonaise, qui aura lieu le 30 courant, à Kobé. Nous n'allons donc pas tarder à quitter Yokohama.

Dimanche, 22 avril. — Encore de la pluie; depuis ce matin elle ne cesse de tomber, et ce temps-là porte un peu au spleen. Où est le beau soleil d'avril en France? Quelle effroyable distance me sépare de vous tous! Il me semble que je suis parti depuis des années et des années, et quand je réfléchis, et que je pense qu'au mois de janvier j'étais dans la chère maison de la rue Proust, je crois rêver.

Enfin le temps passe vite; quand vous recevrez ces mots, vous commencerez déjà à faire des projets pour Kergresq.

Hein! le jour où on apprendra que le jeune Paul a débarqué à Marseille!

Ce soir j'ai fait un bon petit dîner chez les midships, qui m'avaient invité avec un autre enseigne. Ce sont tous de très gentils garçons, et nous faisons très bon ménage.

Yokohama : une rue dans la concession européenne.
(D'après une photographie.)

Yokohama, lundi, 23 avril. — Bonne journée, un courrier et une lettre de vous. Comme je suis heureux de voir que vous allez très bien! J'ai l'intention d'envoyer en France, par mandat administratif, le surplus de ma solde, de cent cinquante à cent soixante-dix francs par mois : naturellement cet argent-là, vous pouvez en disposer comme vous le voulez. Si je vais à Pékin ou à Tien-Tsin, j'aurai un traitement de sénateur, environ trente francs par jour, mais aussi des frais considérables. Les économies que je pourrai faire seront aussi bien en France, où elles pourront vous servir, qu'ici où elles dormiraient au fond d'un tiroir. Thérèse a bien raison de travailler sa musique : je regretterai toujours d'avoir été trop paresseux dans ma jeunesse pour apprendre un instrument quelconque.

Je n'oserai plus vous écrire, si vous faites circuler mes lettres d'aussi belle façon : vous allez me faire une triste réputation d'écrivain!

Yokohama, mardi, 24 avril. — Voici le programme des prochaines semaines : nous partirons samedi matin pour Kobé, un port de la mer intérieure, où nous assisterons à une grande revue de la flotte japonaise. Nous y resterons quatre ou cinq jours, et nous irons ensuite à Nagasaki. Nous y passerons très peu de temps, et nous irons, avec le *Pascal* et le *Jean-Bart*, faire une tournée dans le Pé-tchili. Cette tournée consistera probablement en visites plus ou moins diplomatiques aux Russes à Port-Arthur, aux Anglais à Weï-Haï-Weï, et aux Allemands à Kiao-Tchéou. En plus de cela, les affaires de Chine allant en se compliquant de jour en jour, il est à craindre que nous ne restions immobilisés longtemps à Takou, Tché-Fou et autres ports voisins de Pékin. Si on envoie un détachement à Pékin ou à Tien-Tsin c'est moi qui le commanderai; du moins c'est ce qui est décidé maintenant. Mais je n'ose espérer une pareille chance; il n'y aurait aucun danger à courir, par conséquent vous pouvez être tout à fait tranquilles. J'aurais envié le plaisir du commandement, celui de pouvoir étudier de près la vie chinoise; mais, je le répète, j'ai bien peur d'avoir une déception, comme jadis en Crète.

Je continue à me porter admirablement, et à me trouver très heureux à bord.

Kobé, dimanche, 29 avril. — Nous avons mouillé ce matin, à 11 heures, devant Kobé. Il fait un temps splendide, c'est la Provence après les brumes de la Manche. Le paysage d'ailleurs aide à l'illusion : c'est le même ciel bleu, le même panorama de hautes montagnes, boisées, pelées par endroits. La flotte japo naise n'est pas encore au mouillage. Dans l'après-midi nous avons fait, plusieurs officiers et moi, une fort jolie promenade dans la montagne. En rentrant, nous avons trouvé le courrier : hélas! pas de lettre pour moi!

La flotte japonaise est arrivée dans l'après-midi : quarante-neuf cuirassés, croiseurs et torpilleurs, tous propres, bien vernis. C'est une force avec laquelle il faudrait compter, en temps de guerre; aussi les Russes continuent-ils à faire venir bateau sur bateau dans leur station de Chine. Du jour au lendemain, la guerre peut être déclarée entre ces deux peuples, un peu comme pour les Anglais et nous.

Kobé, lundi, 30 avril. — A 10 heures, le mikado arrive en rade, à bord d'un grand croiseur cuirassé : grand pavois, salut de vingt et un coups de canon, hourras, etc., tout l'accompagnement obligé d'une solennité maritime. Le cuirassé en question, suivi de trois autres bateaux, fait très lentement le tour de la flotte, puis vient mouiller non loin de nous, et voilà la revue terminée. Dans la soirée, je fais avec quelques camarades l'ascension de la plus haute montagne des environs de Kobé (six cent cinquante mètres).

Nous sommes dédommagés de nos peines par l'admirable panorama qui se déroule à nos pieds. Au moment où nous arrivons au sommet, tous les bâtiments des escadres japonaises saluent à coups de canon le mikado, et les roulements de la canonnade montent jusqu'à nous; le spectacle est superbe. Mais l'heure s'avance, et, à peine arrivés, il nous faut descendre. Nous descendons en chantant, et nous arrivons au canot-major, éreintés, n'en pouvant plus, mais ravis tout de même de notre promenade.

Kobé, mardi, 1er mai. — Nous partons demain pour Nagasaki. Nous appareillons le 7 pour Port-Arthur, et, après cela, mystère. Irais-je à Pékin? je n'ose l'espérer, mais cependant la question est loin d'être réglée.

En mer, mercredi, 2 mai. D'Entrecasteaux. — Nous avons
vraiment de la guigne : ces jours derniers, nous avons eu un
temps épatant, et il a suffi que nous partions pour la mer intérieure, pour que la pluie refasse son apparition. La mer intérieure est le détroit qui sépare Yeso des îles du Sud, détroit semé
d'innombrables îles. Elle a une grande réputation de beauté,
parmi les voyageurs. C'est, dit-on, la Norvège sous le ciel bleu
de l'Italie. Le ciel bleu de l'Italie, comme je vous l'ai déjà dit,
était caché par un épais manteau de nuages. Mais, malgré la pluie
qui nous masquait les lointains et éteignait les couleurs, nous
avons pu admirer l'harmonie merveilleuse de la nature dans tous
ces paysages, qui sortaient de la brume pour y rentrer presque
aussitôt, comme les images d'un gigantesque cinématographe. On
a peine à croire que tout cela soit naturel. Mais quel dommage
qu'il pleuve !

Jeudi, 3 mai. — Une jolie matinée de printemps. Nous fran-
chissons, vers 8 heures, les passes de Simonosaki, un étroit
chenal serpentant au milieu de jolies collines verdoyantes. Nous
croisons une multitude de jonques, de sampans, de vapeurs, de
voiliers de toutes sortes. Pendant un quart, de midi à quatre, nous
naviguons d'île en île, de détroit en détroit. Toujours les mêmes
petites montagnes, boisées jusqu'à la mer, où toutes les nuances
du vert se marient harmonieusement. Malheureusement, les plus
jolis endroits sont trop souvent enlaidis par les amoncellements
de cages à lapins que sont les villages japonais. A 6 heures
nous entrons en rade de Nagasaki, un long fiord qui s'enfonce
à plusieurs milles dans les terres, entre deux rangées de petites
montagnes. Un peu le genre de Villefranche, près de Nice, mais
en beaucoup moins grandiose. Le *Jean-Bart* et le *Pascal* sont
déjà au mouillage, ainsi que de nombreux navires de guerre
étrangers. Première déception : nous sommes mouillés très loin
de la ville, comme à Yokohama et à Kobé. Deuxième déception :
le courrier, que devait nous apporter un paquebot anglais,

est resté en souffrance, on ne sait où. Enfin, troisième déception, mais de moindre importance : les provisions de champagne
que nous attendions de France, et qui nous sont indispensables
pour les fêtes franco-russes de Port-Arthur, sont, elles aussi,
restées en souffrance dans un endroit également inconnu. Inutile
de vous dire que le diapason des conversations du carré a été
plutôt élevé, au début du dîner, les officiers du bord attrapant
la majorité pour le courrier, la majorité empoignant le chef de
gamelle pour le champagne. Et puis, tout d'un coup, au beau
milieu de la discussion, la lumière électrique s'est éteinte, et avec
elle la terrible discorde.

Nagasaki, vendredi, 4 mai. — La rade de Nagasaki est ravis-
sante le matin, au lever du soleil; mais on ne me laisse pas jouir
longtemps du calme très doux de cette adorable matinée. A peine
ai-je mis le pied sur le pont, qu'un timonier m'annonce l'arrivée
des chalands de charbon. Et presque aussitôt commence l'abominable corvée de l'embarquement. Toute la journée, il me faut
vivre dans la batterie basse, à demi asphyxié par la poussière,
au milieu des coolies qui se démènent comme des diables, mais
qui, pour rien au monde, ne feraient ce qu'on leur a dit de faire.
Il y a un peu de tout dans ces coolies : des vieillards, des gosses
de cinq à six ans, et même et surtout des femmes. Quoi! dites-
vous, la mousmé, la mignonne petite mousmé des poètes exotiques
embarquant du charbon! Eh! oui, ces bonnes petites femmes
font la chaîne tout comme nos matelots, et même plus adroi-
tement qu'eux. Car tout en jabotant et en riant très fort, ces
dames se passent les mannes avec une rapidité fantastique. Mais
ce sont des cris, des hurlements, des rires aigus qui tranchent
sur le gros rire de nos hommes, et sur le grondement du charbon
qui roule dans les soutes. Et, dans la poussière, hommes et
femmes, noirs comme des démons, à demi nus, font songer à
quelque sombre coin d'enfer.

En mer, lundi, 7 mai. — Un temps abominable : des rafales, des averses furieuses. Néanmoins nous appareillons à midi, et j'ai le quart de midi à quatre. A peine sortis des passes, nous trouvons de la grosse mer, et nous commençons à tanguer péniblement. L'avant du *Pascal*, qui nous suit, disparaît souvent sous la lame, et, de temps en temps, le nôtre pique lui aussi dans la plume. Un « suroît » enfoncé jusqu'aux oreilles, calfeutré aussi hermétiquement que possible dans mon grand manteau, je suis blotti sur la passerelle, arc-bouté solidement, pour éviter les mouvements désordonnés du bateau. Ce n'est pas commode de veiller sa route par un temps pareil; par moments la pluie me pique tellement la figure, que je ne puis ouvrir les yeux. D'ailleurs, même quand on peut regarder, c'est à peine si on voit à cinq cent mètres. Un vapeur nous passe tout près, par le travers; on ne le voit que quand nous sommes dessus.

Peu à peu la pluie mollit, puis le vent, et finalement, quand je quitte le quart, il fait presque beau.

Mercredi, 9 mai. — A midi et demi la terre est en vue, une terre aride, brûlée, sans un seul arbre.

Des rochers, du sable surtout et quelques baraques. Devant nous, au mouillage de Port-Arthur, une belle escadre russe de sept grands cuirassés et croiseurs. Deux canots à vapeur russes viennent au devant de nous, pour nous indiquer l'endroit où nous devons mouiller. Nous sommes naturellement très bien placés, près de terre et presque à toucher le grand croiseur *Rossia*, qui porte le pavillon du vice-amiral Hildebrand. Aussitôt que l'amiral donne la liberté de communiquer avec la terre, je descends avec quelques camarades. Il faut croire que l'enthousiasme n'a pas encore été décrété, car notre arrivée à terre passe absolument inaperçue. Port-Arthur est encore à construire en tant que ville, car en tant qu'arsenal et que fortifications, il est très bien monté. Un grand bassin naturel, permettant de loger une douzaine de bâtiments moyens, et une grande lagune que les Russes sont en train de creuser pour servir de mouillage aux

grands navires, voilà pour le côté maritime, celui qui nous inté-
resse; mais c'est d'un intérêt insuffisant pour occuper quatre
heures, et nous nous assommons si copieusement, que nous
allons nous échouer dans une guinguette tenue par des Français,
dans laquelle on nous présente la colonie française de l'endroit,
à savoir deux cuisiniers et un vague bijoutier : « Ah! qu'on est
fier, etc. » (air connu). En rentrant à bord, nous apprenons que
de nombreuses délégations de navires russes sont venues au
carré; le champagne a coulé à flots. Mon prochain journal vous
racontera par le menu les multiples incidents des quatre jours de
ribotes que nous devons passer à Port-Arthur.

Port-Arthur. D'Entrecasteaux, jeudi, 10 mai. — La journée
s'est passée à recevoir et à rendre de nombreuses visites, et à
été clôturée par un dîner à bord du *Rurik,* et quel dîner! Je vais
essayer de vous narrer cette soirée épique, mais je dois vous
avouer qu'il y a encore dans ma mémoire un petit coin brumeux
que j'aurai bien du mal à éclaircir. Nous étions partis cinq officiers, l'abbé, un lieutenant de vaisseau, un médecin à deux
galons, un midship du bord et moi, parfaitement sains de corps et
d'esprit. Hélas! nous rentrâmes tous abominablement gris, sauf
l'abbé. Heureusement il faisait nuit. Mais n'anticipons pas :
attention! je commence.

Nous arrivons à bord du *Rurik.* Sur le pont, tous les officiers
nous attendent; accueil aimable, mais froid. Nous descendons au
carré, un carré superbe, un palais à côté des petites bicoques de
la marine française.

Les « zakouskis », autrement dit les hors-d'œuvre, qui en
Russie se prennent à part, sont disposés dans le salon. On fait là
déjà presque un vrai repas : du caviar, du jambon, du foie
gras, etc., et surtout de la vodka, une terrible eau-de-vie, dont
nous ne nous méfions pas assez. Un officier russe vous en verse
un petit verre, et vous offre de trinquer avec lui; impossible de
refuser, n'est-ce pas? Et en Russie, quand on trinque, on vide

10

le verre d'une seule lampée. Comme il ne faut pas faire de jaloux, vous êtes bien obligé de recommencer la même cérémonie avec cinq ou six Russes.

Inutile de dire qu'en quelques minutes la température de la réception monte de plusieurs degrés ; les langues se délient ; la sympathie qui unit les deux races commence à se manifester. Nous nous mettons à table pour de bon ; le dîner n'est pas mauvais, mais surtout l'on boit d'une façon qui vous épouvanterait, et toujours le même système que tout à l'heure, le verre qu'il faut vider en trinquant avec ses voisins d'abord, les voisins de ses voisins ensuite, et surtout avec les vis-à-vis. Néanmoins, quand arrive le dessert, je suis encore dans un état presque normal.

Par contre, mon voisin de gauche est absolument... comme plusieurs régiments de Polonais au beau temps de l'indépendance. Toutes les minutes environ, d'une voix pâteuse, il me crie : « Moi, monsieur, sais pas parler français. Mais j'aime France ! A votre santé, monsieur, jusqu'au fond ! » Et les verres succèdent aux verres, avec une inquiétante rapidité. Au café, il a disparu. Au milieu d'un silence presque religieux, notre abbé porte un toast à la Russie, à la marine russe. La fin de son petit *speech* est saluée par une bordée de hourras frénétiques ; on dirait des hurlements de fauves. A partir de ce moment, les toasts succèdent aux toasts, et chaque fois, hélas ! une flûte de champagne disparaît dans les profondeurs de mon estomac.

On se lève de table, les uns titubent déjà, les autres sont raides comme des piquets. C'est un bavardage, un caquetage assourdissant, dans lequel dominent les cris de : « Vive la France ! Vive la Russie ! » La sympathie croît dans des proportions fantastiques. Tout à l'heure, sûrement, on va s'embrasser. Dans le salon, un chœur de matelots chante une lente mélopée, dont la douce mélancolie contraste avec notre absurde gaieté. Soudain, ils entonnent le *Boje Tsara krani*. Tout le monde est debout. Un déchaînement de hourras accueille la dernière note ; on hurle, on trépigne, c'est du délire : « Vive la Frr...ance! Vive la Russi...ii...e! » L'abbé embrasse le pope, cependant qu'un amateur cherche à graver sur la gélatine cette scène digne de passer à la postérité.

L'enthousiasme un peu calmé, les plus valides vont se promener dans le bateau; on nous montre deux marins exécutant leur danse nationale; bref, c'est une demi-heure de répit. Hélas! c'était plutôt le calme trompeur qui précède la tempête. Qu'avait-on mis dans ce punch qui servit de couronnement à cette épique soirée? Je ne le saurai sans doute jamais ; toujours est-il qu'à partir de ce moment, je n'ai plus une impression bien nette de ce qui a pu se passer, jusqu'au moment où je me suis trouvé tranquillement couché dans mon lit. Pourtant, j'ai une vision confuse d'énergumènes buvant, hurlant, s'embrassant, buvant surtout. J'entends distinctement cette phrase d'un midship, qui revient sans cesse comme un *leit-motiv :* « J'suis rond, c'est clair, j'suis rond. Et dire que j'ai ma redingue numéro un! Ben, c'est égal, mon vieux Russe, t'es un frangin, un frère! » Je me rappelle aussi que l'un de nous a failli tomber à l'eau. Et puis je me suis retrouvé dans ma chambre, bien sagement couché dans mon lit,... avec mal à la tête.

Port-Arthur, vendredi, 11 mai. — Journée assez terne, chacun paye d'un fort mal de tête les excès d'hier soir. Nous sommes un peu mécontents de l'insistance qu'on a mise à nous faire boire plus que de raison. Les officiers qui ont été à un punch sur le *Navarin* s'en plaignent également.

Port-Arthur, samedi, 12 mai. — Le bal d'hier soir s'est très bien passé; je n'y suis d'ailleurs resté qu'une heure, ayant reçu sur le pied droit le poids, voisin de cent kilos, d'un officier de cosaques.

Port-Arthur, dimanche, 13 mai. — Grand déjeuner offert par nous aux officiers de l'escadre russe. Tout s'est très bien passé, et à la française.

Cette après-midi, j'ai assisté à une charmante matinée dansante à bord du *Dmitri-Donskoi*, un cuirassé amarré dans le port. Vous devez être étonnés d'entendre parler de réceptions, de bals, de théâtre dans un trou comme Port-Arthur, perdu sur les confins de la Corée. Nous l'avons été nous aussi; nous nous attendions bien à trouver des officiers de marine, des fantassins, des artilleurs, des cosaques, tout ce que vous voudrez, mais des dames, jamais. Et pourtant il y en a, et de fort aimables. Cette après-midi, on ne se serait certes pas cru à des milliers de lieues de l'Europe.

Port-Arthur, lundi, 14 mai. — Digne couronnement des fêtes franco-russes, dernier coup de ciment donné à l'alliance. Et alors, une charmante journée qui m'a touché et presque emballé; je commence à croire que ces gens-là ont une vraie sympathie pour nous. Nous étions invités à aller visiter Talien-Wan (une ville que les Russes ont achetée ou louée récemment aux Chinois, et où ils projettent de faire un grand port de commerce). C'était le prétexte d'un grand pique-nique. Trois ou quatre heures de voyage pour aller, autant pour revenir.

Ceci posé, je commence le récit de cette mémorable journée. A 8 heures sonnantes, l'amiral en tête, nous arrivons à la gare, où nous sommes reçus par un amiral russe entouré d'un imposant état-major d'officiers de terre et de mer. Un train spécial nous attend : belle locomotive, trapue, la courte cheminée évasée en forme de cône, comme en Amérique; wagons-salons, wagons-restaurants, wagons-cuisines et même des wagons de marchandises transformés pour la circonstance. Sur le quai de la gare, présentation au directeur des chemins de fer; puis il faut se faire photographier en groupe une fois, deux fois, encore une troisième petite fois, c'est la dernière. A peine assis dans le train : « Frères, il faut mourir, » pardon, boire. Heureusement

ce ne sont encore que des boissons anodines : thé, café, lait, etc.
Cahin-caha, le train péniblement s'essouffle à monter des côtes
au milieu d'une campagne désolée, où quelques maigres bouquets
d'arbres et de rares champs de maïs font des taches criardes sur
l'immensité blonde des sables. A 10 heures on stoppe, tout le
monde descend. Nous sommes à moitié route, et nous allons
déjeuner. Une grande tente, superbement pavoisée, abritera nos
fraternelles agapes. Mais comme les derniers préparatifs ne sont
pas encore terminés, on nous invite à aller faire un petit tour
dans le village voisin, un des derniers vestiges de l'occupation
coréenne d'il y a quelque mille ans.

. . . .

En gaillard prudent que je suis maintenant, je me laisse ver-
ser tous les verres d'eau-de-vie qu'on veut bien m'offrir, mais je
n'en bois aucun. A table, j'en fais autant; à peine si j'ai bu une
vingtaine de verres de champagne, de bordeaux et de madère,
— pas mal pour un début, n'est-ce pas? insignifiant pour un
dîner franco-russe. — On sort de table d'une gaieté exubérante,
on se renferme dans le train, qui s'élance aux sons des chants
aussi variées que faux. Dans le train, rechampagne, café, liqueurs,
et il n'est encore que midi. A 2 heures, nous sommes à Talien-
Wan. Devant la gare, tous les officiers de la ville sont en rang,
les cosaques à la longue tunique et au baudrier d'argent, l'infanterie plus sévère, mais aussi élégante, avec la tunique sombre, le
pantalon tombant sur les demi-bottes.

Dans la plaine les troupes sont réunies : infanterie, vestes
blanches, pantalons sombres; cosaques dont un tout petit bout
de figure émerge à grand'peine de leurs immenses bonnets à
poil. Nous les passons en revue : « Je vous salue, mes braves? »
dit l'amiral russe en passant devant chaque compagnie. — « Merci
à votre Excellence! » hurlent tous ensemble les soldats. Et à
mesure que nous nous éloignons, chaque compagnie entonne un
chant populaire, parfois une lente mélopée, parfois un chant
magnifique et guerrier. La revue terminée, les cosaques com-

mencent la fantasia. La fantasia terminée, nous nous rendons au mess des officiers, les uns en voiture, les autres à cheval, moi entre autres.

Au cercle, encore du champagne, du champagne à flots, toast, hourras! Heureusement un officier, le chef du district, nous prend à part, un enseigne du bord et moi, et nous emmène chez lui, où nous sommes reçus d'une façon charmante par sa femme, sa belle-sœur, son beau-père, toute sa famille au grand complet. On nous présente même un marmot, lequel, effrayé de nos grandes barbes, pousse des cris de paon. Seigneur Dieu! encore du champagne! Encore un verre, c'est le dernier, et puis encore un autre pour la France, un autre pour la Russie, et celui-ci pour les familles de France, celui-là pour les familles de nos hôtes! et le tsar! et la tsarine! et Loubet! Oh! mon Dieu, que les hommes ont donc de motifs de s'aimer le verre en main!

Avec tout cela je commence à être inquiet. Ah! sans mon apprentissage des jours derniers, ce que je serais rond! Enfin, sur une dernière coupe on se quitte, et je passe dans la rue pour prendre la photographie de nos hôtes. Au même moment débouche, en un galop fantastique, avec un superbe cliquetis d'armes, de hourras et de fanfares, le cortège de l'amiral. Nous regagnons la gare; les gens sont plutôt animés; on s'embrasse beaucoup. Au mess, il y a eu une scène épique : tous les officiers français, l'abbé compris, ont enfourché des petits chevaux cosaques, et, le bonnet à poil sur la tête, le sabre hors du fourreau, se sont mis à hurler : « Vive la Russie! » Un artiste photographe a pu prendre cet épisode intéressant. Le train part, escorté de tous les officiers de cosaques ventre à terre. Arrivés devant un passage à niveau, tous s'arrêtent net, saluent du sabre et d'un formidable : « Vive la France! » une dernière fois. C'est véritablement grandiose, émouvant, ces manifestations si spontanées d'amour pour notre cher pays.

Le retour s'effectue gaiement. A 10 heures, nous sommes à bord.

Eh bien! vraiment, j'ai été ému et touché.

Baie de Shallow, vendredi, 18 mai. — Appareillage pour
Takou. Un navire de guerre en vue dans le sud, paraissant être
la *Surprise*. La *Surprise* se fait reconnaître, la *Surprise* signale
qu'il a le courrier à bord! Le courrier! quelle joie! quelle exubé-
rance! Tout le monde est sur le pont, les jumelles braquées sur
la petite tache blanche qui grossit de minute en minute, et
devient finalement un joli petit aviso. Songez donc que depuis
plus d'un mois et demi nous étions privés de toute communica-
tion!

Voilà le canot à vapeur qui aborde! quatre lettres de vous!
Je ne sais plus par où commencer! J'ouvre celle aux photographies. Comme Thérèse est gentille d'avoir pensé à son vieux
frère! me voilà maintenant en possession d'une charmante collection. Tity et Jeanne trouvent déjà une bonne place; les autres
doivent attendre d'être collés.

. . . .

Quelle bonne soirée je viens de passer avec vous tous! la rue
Proust était transportée au Pé-Tchili.

Et maintenant je repars pour la Chine. Je vous embrasse,
mon cher papa, ma chère maman; allons, embrassez toute la
bande : Thérèse, Marguerite, Lili, Lisette, et une fugue à Saint-
Brieuc pour embrasser Josy; une seconde à Laval pour notre
Père Yves, et une halte à Paris pour ma chère Jeannette. Et,
plus vite que par le câble, je me trouve à Takou, auprès de la
Chine mystérieuse qu'on ne voit pas!

Takou, samedi, 19 mai. — Fête de saint Yves. De tout mon
cœur je m'unis à vos prières pour notre cher petit jésuite.

Depuis ce matin, nous naviguons à travers une brume
épaisse, au milieu d'innombrables jonques qui apparaissent et
disparaissent comme des fantômes. Les équipages chinois halent
leurs filets à bord, en chantant d'interminables mélopées. On
entend de ces chants un peu partout : de l'avant, de l'arrière.

Brusquement, une jonque s'avance à quelques mètres de nous ; un coup de sifflet strident retentit. Les Chinois épouvantés cessent de chanter, mais déjà ils ont disparu dans le grand linceul blanc.

De demi-heure en demi-heure, nous stoppons pour sonder, marchant ainsi clopin-clopant. Enfin, vers 2 heures nous mouillons, toujours sans rien y voir.

A 5 heures, tout d'un coup la brume se dissipe, en quelques minutes l'horizon est merveilleusement clair : nous nous apercevons que nous sommes mouillés trop loin du bateau-feu, seul indice de mouillage, car on ne voit pas la terre. Nous appareillons pour nous en approcher, nous laissons tomber l'ancre non loin de deux beaux croiseurs chinois que nous avons rencontrés à Hong-Kong.

Takou, dimanche, 20 mai. — Les amateurs pour Pékin, — l'amiral et dix-sept officiers, — sont partis ce matin ; nous ne restons plus que quelques officiers et le commandant à bord. Pendant mon quart, j'ai eu une petite émotion. Une baleinière était partie, avec un midship, rendre visite à bord d'un croiseur chinois. A peine avait-elle fait cent mètres, que le vent commence à fraîchir, la mer grossit, la baleinière est rejetée loin du bord. Voyant cela, je la rappelle ; mais la mer avait beaucoup grossi, et quand elle accoste, les lames déferlent avec fureur. L'aspirant saute à bord. Maintenant, il s'agit de hisser la baleinière. La mer redouble de violence ; elle déferle le long du bord, enlevant la baleinière comme une plume. A un moment, elle se soulève presque jusqu'à la coupée, et retombe de tout son poids sur le bord. J'avoue qu'à ce moment j'ai eu peur, j'ai cru la baleinière brisée et les hommes à la mer. Heureusement pas d'avaries graves, on croche, hissez ! Avec un gros soupir de soulagement, je vois la baleinière monter tranquillement pendant que la mer, comme furieuse d'avoir manqué sa proie, se brise impuissante contre le bord.

Tous saluent du sabre et d'un formidable : « Vive la France ! »

Nous avons appareillé ce soir pour Tché-Fou, point situé à l'entrée du sud du Pé-Tchili, à l'ouest de Weï-Haï-Weï.

Tché-Fou, lundi, 21 mai. — Arrivés à Tché-Fou. Des missionnaires ont annoncé à l'abbé le massacre d'une cinquantaine de chrétiens, aux environs de Pékin. Les troubles continuent, et cependant on ne parle plus de débarquer un détachement de marins.

Je suis allé à terre cette après-midi. La ville chinoise est une des plus sales que j'aie vues, et ce n'est pas peu dire ; il est difficile de s'imaginer l'odeur qui se dégage de ce ramassis de bouges.

Tché-Fou, jeudi, 24 mai. — Ascension. Voilà les fêtes qui arrivent : Pentecôte, Fête-Dieu, etc. L'an dernier, j'étais avec vous, si heureux de mes fréquentes apparitions à Angers. Cette année au fin fond de la Chine ! L'année prochaine ?...

Tché-Fou, vendredi, 25 mai. — C'est un véritable volume que je vous envoie. Le courrier va venir, et Louis bâclera ses devoirs, et Louisette ne saura pas ses leçons. Marguerite elle-même se reposera de ses nombreux travaux.

Est-ce que Thérèse n'est pas à Plougrescant ? Et Michel, que devient-il ? Et mes chers saints : la bonne Jeannette, le brave Joseph, le joyeux Tity ?

Il est nécessaire d'expliquer l'expression que vient d'employer Paul Henry. Déjà, d'ailleurs, quelques allusions ont pu faire deviner que d'importants événements s'étaient produits dans la famille du jeune officier. Et, en effet, après la sienne, d'autres vocations s'étaient affirmées. A l'époque où nous sommes arrivés dans notre récit, Jeanne, la sœur aînée, est devenue Fille de la Charité de Saint-Vincent-de-Paul ; Joseph est élève au grand séminaire de Saint-Brieuc; Yves, — celui qu'on surnomme Tity, — est novice de la Compagnie de Jésus. Voilà ceux que Paul appelle gentiment « nos chers saints ».

Takou, 27 mai. — Les Pékinois sont revenus ce soir de leur voyage, enchantés de la façon dont ils ont été reçus. Les événements sont très graves, et, d'un moment à l'autre, on s'attend à débarquer les troupes. Hélas! je crains fort que ce ne soit du *Descartes,* qui va nous rejoindre d'ici deux jours, et comme notre commandant ne veut pas larguer ses hommes!... Je me trompe peut-être. En seriez-vous très heureux? Pourtant quel honneur que de pouvoir protéger, de quelque infime façon que ce soit, les missionnaires et les bonnes sœurs qui peuvent être massacrés du jour au lendemain!

Le *D'Entrecasteaux,* qui était revenu à Takou pour prendre l'amiral et les officiers de retour de Pékin, quitte, le 28 mai au soir, ce mauvais mouillage, pour aller s'abriter en rade de Tché-Fou. Le lendemain matin, à l'entrée de la rade, le navire trouve le *Descartes,* qui signale : « Une dépêche très urgente pour l'amiral. » Les deux bâtiments stoppent, la dépêche est remise, les croiseurs entrent en rade.

Cette dépêche, c'était celle du ministre de France à Pékin, réclamant l'envoi en toute hâte d'un détachement de marins.

Aussitôt, sur l'ordre de l'amiral Courrejolles, cinquante hommes du *Descartes* et autant du *D'Entrecasteaux* sont désignés pour former la petite colonne de secours. Quant aux officiers, ce sont un lieutement de vaisseau et un aspirant du *D'Entrecasteaux*, un enseigne et un aspirant du

Descartes. A cette nouvelle, Paul Henry est « bouleversé »,
selon l'expression d'un de ses camarades. Il ne peut supporter la pensée que les fusiliers qu'il a instruits seront
conduits au feu par un autre, qu'il faut renoncer à ce rêve
de dévouement, de danger et d'honneur qu'il a fait. Il
estime qu'il a, par son brevet de l'école de Lorient, une
sorte de droit à marcher avec la compagnie de débarquement. Et, confiant sa cause à M. le lieutenant de vaisseau
Darcy, il le supplie d'aller demander au commandant du
D'Entrecasteaux, M. de Marolles, qu'un enseigne soit
choisi pour débarquer au lieu et place de l'aspirant déjà
désigné[1]. M. Darcy accepte la mission. Il insiste auprès du
commandant, qui finit par céder. L'enseigne Paul Henry
partira pour Takou, le soir même, par le *Descartes,* qui
emmène le détachement. Il l'apprend avec ravissement.

« Il était littéralement fou de joie, » écrit un de ses
amis.

« Je le vois encore rayonnant de joie, écrit un autre,
nous annonçant la bonne nouvelle, tandis que notre camarade Darcy, chef du détachement, s'applaudissait d'avoir
pour le seconder un officier de cette valeur. »

Au milieu des préparatifs de toutes sortes, Paul a tout
juste le temps d'envoyer quelques lignes à sa famille
d'Angers :

Je pars pour Pékin. Je suis dans toute la fièvre du départ, et
je n'ai pas le temps de réunir et de copier les quelques notes
touffues que je prends tous les soirs. Je suis ravi de partir, sous

---

[1] Cet aspirant était M. de Pontevès.

tous les rapports. Ne vous inquiétez pas. Nous ne courons aucun danger. C'est un appui purement moral que nous allons prêter là-bas. Quel magnifique rôle, pour un bon chrétien, que de protéger les missionnaires! Soyez donc heureux comme je le suis. Encore une fois, ne vous inquiétez pas. Continuez à m'écrire au *D'Entrecasteaux*. Je vous embrasse bien fort tous, comme je vous aime. Encore une fois, je vous embrasse.

Et après la signature, ce post-scriptum à l'adresse des « chers saints » :

Annoncez la bonne nouvelle à Tity, à Jeanne et à notre abbé : ils vont être presque jaloux.

Paul Henry ne se trompe pas. L'abbé, le religieux, la Fille de la Charité, seraient capables de jalouser leur frère l'officier, qui s'expose au martyre. Il connaît bien l'âme des siens. Désormais il peut partir : les adieux sont faits, il a répété sa tendresse à toute la chère maison lointaine et à ceux qui l'ont quittée comme lui; il a rassuré toutes ces affections, qui s'effareront bientôt, en apprenant que l'enseigne a pris la route de Pékin; il a essayé du moins de leur faire croire qu'il ne courait aucun danger.

Pour lui, il est très persuadé que la mort est peut-être là. Son enthousiasme n'est point irréfléchi. C'est celui de la jeunesse sans doute, mais agrandi par l'idée du sacrifice qu'il juge possible, et qu'il accepte. En serrant la main de ses camarades, le 29 mai au soir, Paul leur disait :

De deux choses l'une, ou il n'y aura rien, et ce sera un voyage d'agrément; ou il y aura quelque chose, et ce sera terrible : nous n'en reviendrons pas.

VIII

Nous arrivons à la partie héroïque et dernière de cette vie si courte. Tout ce qu'il y avait, chez ce jeune homme de vingt-trois ans, de force morale, de don de commandement, d'oubli de soi, de bravoure, va paraître en quelques jours. Tout l'intime de cette âme, jusque-là caché ou à peine soupçonné, va se révéler en actions d'éclat. Deux mois de péril, l'exercice d'une autorité pour laquelle sa jeunesse ne semblait point préparée, la mort enfin, vont juger Paul Henry.

Il faut les laisser parler. Fidèle à la méthode que je me suis tracée, je me bornerai à résumer ou à relier entre eux les documents que nous possédons sur cet épisode de l'histoire de France. Ils sont déjà nombreux. Je citerai notamment le journal de Mgr Favier et les conférences où il raconte le siège de son évêché; les deux journaux de Paul Henry, l'un militaire, destiné à grouper les éléments d'un rapport officiel, l'autre qui est la continuation de la correspondance avec la famille, et qui s'interrompt le 21 juin, tandis que le premier est continué régulièrement, comme un devoir professionnel, jusqu'au dernier jour; les lettres adressées par Paul Henry à M. Darcy; la relation du siège du Pé-T'ang par l'aspirant, depuis enseigne de vaisseau, Olivieri, qui commandait le détachement de marins italiens; le rapport de M. Pichon, ministre de France à Pékin; le livre de M. Darcy sur le siège des légations; les lettres des religieuses françaises du Jen-tsé-T'ang; le journal du frère Jules-André, l'une des victimes du siège; les réponses très intéressantes que M. Léon Henry a eu la bonne idée de provoquer et la bonne chance de recevoir de la plupart des marins français ayant pris part à la défense du Pé-T'ang.

Avant de commencer le récit des événements qui se sont passés en juin et juillet 1900, il n'est pas inutile de rappeler les origines du mouvement insurrectionnel qui obligeait en ce moment les puissances à protéger leurs légations, et qui devait les obliger bientôt à une expédition militaire.

Ici, les explications ont d'autant plus varié que l'événement est plus proche de nous, et que presque personne ne connaît bien la Chine et les Chinois. Un des rares hommes auxquels on ne peut adresser ce reproche, l'évêque de Pékin, Mgr Favier, a parlé lui aussi. Et voici comment il s'est exprimé, dans une conférence faite à l'Université catholique d'Angers, le 14 janvier 1901. Je cite ses paroles d'après la sténographie, sans retouche, leur laissant la bonhomie qu'avait l'improvisation.

« Il y a deux ans, l'impératrice, voyant que l'empereur ne pouvait pas avoir d'enfant, que l'empire restait ainsi sans prince héritier, nomma un jeune enfant de treize à quatorze ans héritier présomptif de la couronne. Ce jeune enfant, évidemment, ne pouvait pas régner : il fallait attendre sa majorité. Alors l'impératrice continua la régence avec le père de cet enfant, qui s'appelait Tuan. Le prince Tuan avait été jadis exilé de la cour pendant trente-cinq ans. Le prince Tuan s'était retiré en Mandchourie, emportant avec lui la haine du gouvernement établi, la haine de l'impératrice, la haine de l'empereur. Aussi vous comprenez que plus tard ce prince, revenant au pouvoir, avait rapporté dans son cœur cette haine atroce, on pourrait presque dire diabolique, contre tout ce qui s'était fait depuis 1860. De plus, il avait rapporté une ignorance absolue de tout ce qui s'était fait. Il était, pour ainsi dire, en retard de trente-cinq ans. Or c'est pendant ce temps que les progrès, que les réformes se sont faits en Chine, qu'on a fait les chemins de fer, qu'il y a eu des concessions décrétées par l'impératrice en faveur de la religion.

« On répand chaque jour cette opinion que le gouvernement, que l'impératrice ont fait cette révolution. Il suffit d'un instant de réflexion pour voir que l'impératrice, — que je ne voudrais pas trop blanchir, — n'est pas certainement la personne qui agit le plus dans cette révolution; qu'elle n'aurait pas pu détruire dans une semaine tout ce qu'elle avait fait pendant trente-cinq ans. C'est elle qui avait fait construire les premiers chemins de fer, les bateaux à vapeur; notre cathédrale avait été payée par elle; les

11

décrets en faveur de la religion avaient été signés par elle. Comment voulez-vous qu'en quelques semaines toute une vie soit effacée, surtout en Chine, où on veut conserver la renommée de ce qu'on a fait? Par conséquent, elle n'a pas été, pour moi, — je ne force personne à partager mon opinion, — la partie agissante dans cette affaire. Au contraire, le prince Tuan, qui avait juré de tout détruire, qui aurait été certainement satisfait de la mort de l'empereur et de l'impératrice, puisque son fils était héritier présomptif, le prince Tuan a tout fait. Il était servi par d'excellentes circonstances. Il avait tout d'abord les mécontents qui se joignirent à lui. Le prince régent avait les sceaux, faisait lui-même les décrets impériaux, se nommait lui-même président du Tsong-li-Yamen, remplaçant dans cette charge un prince qui l'occupait depuis longtemps, et qui était ami des Européens.

« Au Tsong-li-Yamen, lorsqu'il s'est nommé président, il a amené trois ou quatre membres qui n'étaient autres que des mandarins boxeurs; ensuite, comme il y en avait encore cinq ou six qui le gênaient, il leur a fait couper la tête... Alors il organisa la marche sur Pékin; il avait quelques personnages qui étaient aptes à cela, membres des sociétés secrètes, que les Anglais appelèrent « Boxers ».

« Ces Boxeurs, puisqu'il faut les appeler par ce nom-là, étaient au Chan-Toung, et avaient ravagé cette province, parce qu'ils avaient été très irrités de ce que les Allemands eussent pris la baie de Kiao-Tchéou, qui était dans le Chan-Toung et appartenait à une des vraies provinces de la Chine. La Chine, à proprement parler, compte dix-huit provinces; ainsi il y a la Mandchourie, il y a Formose, il y a Haïnan, il y a la Mongolie. Tout cela ce n'est pas la Chine. Lorsqu'on a touché à la vraie Chine, c'est-à-dire pris quelque chose dans l'une des dix-huit provinces, le sentiment national s'est éveillé, la haine contre les Européens a été excitée par les Boxeurs, qui trouvèrent dans le prince Tuan un chef tout désigné. Et ils ont marché sur Pékin, ramassant tous les voleurs, les brigands, les soldats débandés, et tous les gens disposés à mal faire, qui, n'ayant rien, ne demandaient pas mieux que de s'enrichir aux dépens des autres. Il fallait monter loin pour trouver les Européens; mais il y avait là des chrétiens; or, qui dit chrétiens dit catholiques, dit Français. Les chrétiens aiment les Européens[1]; le peuple lui-même aime beaucoup les chrétiens et les Européens; mais ce n'est pas le peuple qui faisait la révolution, c'étaient quelques sociétés secrètes avec un ramassis de vauriens, qui les suivaient en très grand nombre du reste.

« J'ai donné déjà plusieurs fois la comparaison de notre Commune de Paris. Figurez-vous la Commune de Paris, avec tous les vauriens qui la composaient, et ayant à sa tête un prince mécontent : vous aurez à peu près ce qui nous est arrivé.

« Ce n'est donc pas le gouvernement, ce n'est donc pas le peuple : c'est une espèce de commune dirigée par les anarchistes et les sociétés secrètes. Étant donné cette définition, vous allez voir que pour ces gens-là, le catho-

---

[1] Les Chinois disent : « Les chrétiens ont le cœur européen. »

licisme n'était pas du tout la vraie raison de la persécution : la vraie raison, c'était de chasser l'Européen.

« Il y avait pour eux deux espèces d'Européens : les premiers qu'ils appelaient diables d'Europe, et les chrétiens qu'ils appelaient Européens de la seconde catégorie. Seulement, ceux de la seconde catégorie n'avaient pas d'armes, pas de canons; ils étaient répandus dans quantité de villages. Il y a cinq cent soixante-dix-sept villages où l'on fait mission chaque année, quarante-sept mille chrétiens en tout. Les Boxeurs ont commencé pour aller au plus pressé, au plus facile, par piller quelques villages chrétiens parce qu'ils étaient sûrs de n'être pas repoussés.

« Voilà nos pauvres chrétiens qui continuaient à être massacrés, brûlés, incendiés; trois, quatre, cinq, six villages, jusqu'à sept villages m'ont été annoncés comme brûlés. Lorsque j'ai vu cette foule, qui pouvait se monter peut-être à cinquante mille Boxeurs ou environ, j'ai cru de mon devoir d'en avertir le ministre de France. Je lui écrivis une lettre très sérieuse, pour lui montrer que le mouvement n'était pas seulement dirigé contre les chrétiens, mais contre les Européens, et que certainement ces gens-là viendraient jusqu'à Pékin, commenceraient par piller les églises et les légations. Tout cela du 19 mai.

« M. Pichon, qui a eu la plus grande complaisance et à qui je dois beaucoup de reconnaissance, a fait circuler la lettre dans les autres légations. « Le Père Favier veut « sauver ses chrétiens, » disait-on. M. Pichon me croyait, lui; mais il ne pouvait pas, seul, faire venir des troupes. Ce n'est que dix jours après qu'il a pu décider les ministres à les faire venir, et nous aurions été, sans lui, certainement brûlés et coupés en morceaux. Il avait accompli là son devoir de ministre parfaitement. Ces troupes n'étaient pas faciles à faire venir. Il y avait quelques navires sur la rade de Takou, un peu de toutes les nations. Il fallait se presser, car le prince Tuan commençait à lever le masque ; la ville était déjà remplie de soldats, et surtout remplie de Boxeurs, qui étaient déjà plus de quarante mille dans Pékin, et qui avaient déjà même fait des razzias et brûlé beaucoup de maisons. Les amiraux furent priés d'envoyer un 'détachement, et le Tsong-li-Yamen avait autorisé de faire venir soixante-quinze hommes par légation. »

C'était le contingent français de soixante-quinze marins que M. le lieutenant de vaisseau Darcy, ayant comme seconds l'enseigne de vaisseau Paul Henry et l'aspirant Herber, était chargé de conduire à Pékin[1].

Les hommes emportaient leurs sacs, leurs hamacs, et chacun trois cent seize cartouches. Ils s'embarquèrent, avec un détachement russe et un autre italien, le 30 mai, sur un chaland remorqué qu'escortait la canonnière russe *Koreetz*. Les forts de Takou ayant tiré à blanc, le remorqueur fit demi-tour, et revint au mouillage en attendant la nuit. L'un des matelots, Marrec, après avoir consigné sur

---

[1] Le détachement, au départ de Takou, se composait de cent hommes. Mais vingt-cinq d'entre eux, sous le commandement de M. l'enseigne de vaisseau Douguet, restèrent à Tien-Tsin pour garder le consul général. Voir *La Défense de la Légation de France à Pékin*, par M. le lieutenant de vaisseau Darcy (in-12, Paris, Challamel, 1901), livre où apparaissent, malgré la modestie de l'auteur qui s'efface et s'oublie, la bravoure simple, la décision, l'endurance, l'esprit tout militaire et français du chef qui a défendu, au nom de la France, les légations.

son carnet cet incident, par où commence le voyage, note ce détail, que le lieutenant de vaisseau et l'enseigne ont, l'un et l'autre, omis dans le journal :

« Nous avons couché dans le chaland, parmi la poussière, et M. Paul Henry et M. Darcy étaient avec nous. Les Russes ont voulu les faire coucher à leur bord, mais ils ont répondu que là où couchaient leurs marins, c'était bon pour eux aussi. »

Le 31 mai, au petit jour, tous les hommes ayant l'ordre de se tenir dans la cale, le chaland est de nouveau remorqué vers l'embouchure du Peï-Ho. Il n'est pas reconnu ; il passe, par surprise, la ligne des forts de Takou, et s'engage entre les rives du fleuve.

Parvenus à Tien-Tsin, les troupes repartent presque aussitôt par train spécial pour Pékin. Les sacs, les hamacs, les munitions, sont laissés dans le chaland, car les dépêches de la légation de France sont pressantes et insistent pour qu'on parte sans retard. Le train emmène, outre les Français, les Italiens et les Russes, soixante-quinze Anglais, soixante Américains et trente Japonais, qui entrent à Pékin dans la soirée, au milieu d'une foule accourue aux portes de la ville et évaluée à cinquante mille personnes.

Le détachement français tout entier passe la nuit à la légation de France.

Le vendredi 1er juin, M. Pichon, ministre de France en Chine, arrive à cheval au Pé-T'ang. Il consent noblement à se séparer, pour la protection des missionnaires et des chrétiens, d'une partie notable de la garde qui lui a été envoyée, et annonce l'arrivée imminente de trente marins français.

Une demi-heure plus tard, les trente marins entrent au Pé-T'ang, conduits par un jeune enseigne de vingt-trois ans : plusieurs d'entre eux et leur chef n'en devaient jamais sortir.

Le premier soin de Paul Henry fut de visiter, avec

Ville fortifiée entre Tien-Tsin et Pékin.

Mgr Favier et Mgr Jarlin, les établissements qu'il devait défendre. Il jugea vite la position au point de vue militaire : elle était à peu près intenable. Il comprit du même coup la responsabilité qu'il assumait : elle était effrayante.

Le Pé-T'ang, situé presque au centre de Pékin, dans la ville impériale, formait un parallélogramme entouré de tous côtés par des rues. Une porte monumentale, ouvrant sur une rue d'une dizaine de mètres de largeur, et protégée par un grand toit relevé à la mode chinoise, donnait accès dans l'établissement. Celui-ci était séparé de la voie publique par un mur de clôture de trois à quatre mètres de hauteur, et renfermait un grand nombre de constructions récentes : la cathédrale au milieu, puis la résidence de l'évêque, celle des missionnaires, une résidence pour les missionnaires de passage, un grand et un petit séminaire, des écoles, une imprimerie chinoise et européenne, et de nombreux magasins.

Au nord, et de l'autre côté d'une rue, un second parallélogramme, moins vaste, dénommé Jen-tsé-T'ang, ou maison de charité, renfermait une grande chapelle, la résidence des sœurs de la Charité de Saint-Vincent-de-Paul, un dispensaire, un orphelinat de la Sainte-Enfance, un catéchuménat, des écoles, des bâtiments de service.

Ces deux domaines n'offrent naturellement aucun point fortifié. Leur étendue est considérable. Ils sont dominés sur toute leur longueur, à l'ouest, par le mur jaune de la cité impériale, haut de huit mètres; un immense terrain vague ne renfermant qu'un magasin impérial de soufre et de salpêtre, au nord du Jen-tsé-T'ang, peut permettre à dés masses ennemies de se développer ou d'établir des batteries; à l'est et au sud, les maisons chinoises, pressées de l'autre côté des rues, offriront un abri aux Boxeurs, quand ils viendront.

La défense est donc bien difficile. Mais comment ne pas l'entreprendre? La mission française et l'établissement des sœurs sont devenus des lieux de refuge d'une foule de chrétiens, chassés des villages voisins de la grande ville et de la ville même par les massacres, les incendies ou la

Trente marins, conduits par un jeune enseigne, entrent au Pé-Tang.

panique. Dix-huit cents femmes et enfants ont reçu asile au
Jen-tsé-T'ang; neuf cents hommes habitent au Pé-T'ang. Il
y a en outre, au Pé-T'ang, Mᵍʳ Favier; Mᵍʳ Jarlin, son coad-
juteur; M. Ducoulombier, procureur général du vicariat;
M. Giron, directeur des séminaires; MM. Chavanne, Bar-
tenie, Tison, Bascof, lazaristes, et plusieurs prêtres catho-
liques chinois; M. Gartner, étudiant autrichien; le frère
Maës, directeur de l'imprimerie de l'évêché, et le frère
Denis, infirmier, tous deux lazaristes; les frères maristes
Jules-André, visiteur, Joseph-Félicité, directeur de l'orphelinat du Cha-la, Cléophas, Joseph-Julien, Marie-Nizier,
Marie-Floribert, Marie-Bazilius, le frère indigène Marie-
Théophane; cent onze séminaristes des grand et petit
séminaires; au Jen-tsé-T'ang, vingt-deux sœurs de la
Charité, dont huit indigènes, quatre cent cinquante jeunes
filles des écoles ou des orphelinats, cinquante et un enfants
de la crèche; soit, en comprenant les marins français, un
total de plus de trois mille quatre cents personnes, dont
soixante Européens.

Pour défendre tant de choses et tant de gens, Paul
Henry disposait des trente fusils de ses marins et de sept
ou huit fusils de systèmes variés, apportés par les chrétiens réfugiés.

Cependant, dès le 2 juin, il place des postes aux
endroits les plus menacés de l'enceinte, qui n'a pas moins
de quatorze cents mètres de développement; commence à
faire fortifier la cathédrale[1], où on tàchera de tenir en

---

[1] Des tranchées-abris sont construites tout autour de ce vaste édifice.

cas d'attaque trop violente, et on organise une sorte de milice chinoise, pour laquelle il fait fabriquer des fers de lance.

Deux secours précieux lui arrivent le 3 et le 5 juin.

Le 3, ce sont les munitions et les bagages, qui étaient restés à Tien-Tsin (trois cents cartouches par homme), et que M. du Chaylard est parvenu à faire charger dans le dernier train qui soit entré à Pékin. Sans l'esprit de décision et d'énergie de notre consul, il est absolument certain que pas un Européen n'eût été sauvé. Le 5 au soir, onze marins italiens, commandés par un aspirant, M. Olivieri, entrent au Pé-T'ang. Ils avaient l'ordre, du ministre d'Italie, de veiller plus spécialement à la sécurité du Jen-tsé-T'ang, où se trouvaient, avec les sœurs de Charité françaises et chinoises, plusieurs sœurs italiennes.

Paul Henry, plus élevé en grade que M. Olivieri, gardait le commandement en chef. Il disposait de quelques hommes de plus ; il avait près de lui un second qui assurerait la défense d'une partie de l'enceinte : dès lors il ne doute plus du succès. Sa décision est prise : il défendra les deux établissements sans céder un mètre de terrain, et il écrit à son supérieur, M. le lieutenant de vaisseau Darcy :

Je n'ai pas grande expérience des choses de la guerre, mais je crois que contre les Boxeurs nous pourrons tenir très longtemps.

D'ailleurs, voici les lettres quotidiennement adressées par Paul Henry à M. Darcy, pendant les quinze jours où les communications demeurèrent possibles, bien que de plus en plus difficiles. J'y ajouterai quelques extraits du journal intime se rapportant aux mêmes dates. Ces lettres témoignent de l'esprit d'organisation, de la décision calme, du coup d'œil militaire de ce jeune enseigne, que les circonstances viennent de porter inopinément au commandement d'un poste militaire. Elles disent autre chose encore. Le ton de la correspondance, aussi bien d'ailleurs dans les lettres de M. Darcy que dans celles de Paul Henry, diffère de celui qu'emploient, d'ordinaire, un capitaine et un lieutenant échangeant des notes de service. Il suffirait à révéler l'amitié cordiale et déférente qui unissait le jeune enseigne à son chef.

Pé-T'ang, samedi, 3 juin 1900.

Capitaine,

Les hommes sont maintenant complètement reposés, et nous n'attendons plus que les bagages pour achever notre installation.

Mgr Favier se charge de nous fournir tout ce qui nous sera nécessaire pour la nourriture; il a mis à ma disposition une cuisine et des cuisiniers chinois. Seulement il lui serait très difficile de faire du pain pour trente hommes tous les jours. Votre fournisseur peut-il s'en charger?

Voici les mesures que j'ai prises, de concert avec Mgr Favier, et que je soumets à votre approbation.

Pendant le jour, un factionnaire armé se tient à l'entrée principale sud. Pendant la nuit, deux postes de quatre hommes, commandés par des gradés ou des fusiliers brevetés, sont placés l'un à la porterie du sud, l'autre dans le parloir des sœurs, du côté nord. Les hommes se couchent tout équipés, leurs armes à portée de la main. A la première alerte, ils seraient réveillés par les veilleurs chinois, et organiseraient la défense en attendant mon arrivée avec le gros du détachement. J'ai donné aux chefs de postes l'ordre formel, à moins d'impossibilité absolue, *de ne pas tirer* avant que je n'aie pris le commandement. Les cartouches restent empaquetées. J'espère donc ne pas avoir de fausses alertes; il est d'ailleurs plus que probable que MM. les Boxeurs vont se tenir tranquilles.

Hier et cette nuit, absolument rien de particulier.

Veuillez agréer, mon cher capitaine, l'expression de mon affectueux respect.

P. Henry.

Pé-T'ang, dimanche, 4 juin 1900.

Capitaine,

Rien de particulier depuis hier matin. Jouannic est arrivé vers 11 heures avec les bagages; les hommes ont trouvé leurs effets au complet, et j'ai fait mettre les munitions dans ma chambre.

Voici le service que j'ai installé provisoirement, en attendant vos ordres. J'ai divisé ma section en six groupes de quatre hommes.

I. Jouannic[1], un gabier, un fusilier auxiliaire, deux hommes sans spécialité;

II. Élias, quartier-maître de mousqueterie, deux fusiliers auxiliaires, deux hommes sans spécialité;

III. Mingam, quartier-maître de timonerie, un fusilier breveté, un fusilier auxiliaire, deux hommes sans spécialité;

IV. Marec, fusilier breveté, un timonier, un fusilier auxiliaire, deux hommes sans spécialité;

---

[1] Jouannic avait le grade de second maître.

V. Prigent, fusilier breveté, un fusilier breveté, un fusilier auxiliaire, deux hommes sans spécialité;

VI. Queffurus, fusilier breveté, deux canonniers auxiliaires, deux hommes sans spécialité.

J'ai de la sorte, dans chaque escouade, au moins un gradé

Jouannic, second maître, tué au Pé-T'ang.

ou un breveté de mousqueterie. Les groupes un, trois, cinq sont de service les jours impairs; deux, quatre, six, les jours pairs.

Des groupes de service assurent pendant la journée les diverses corvées, lavage des chambrées, travaux d'aménagements, etc., plus une faction à l'entrée. Pendant la nuit, deux postes sont employés comme je vous l'ai dit hier. Le troisième fournit un factionnaire à l'entrée du cantonnement.

Ce sera, pour chaque homme, une moyenne de deux heures et demie de quart de nuit tous les six jours ; je crois que ce n'est pas trop demander.

Voici le tableau de service provisoire :

6 h. — Lever ;

6 h. 15. — Déjeuner ;

6 h. 30. — Lavage corporel, lavage du linge, propreté des chambrées par les escouades de service ;

7 h. 30. — Changement de tenue ;

8 h. 15.— Inspection, exercice du fusil ;

8 h. 30. — Repos ;

9 h. 10. — Théorie ;

10 h. à 11 h. — Nettoyage du fusil, sacs ;

11 h. — Dîner ;

Midi à 2 h. 15. — Repos ;

2 h. 15. — Thé ;

2 h. 30. — École élémentaire ;

3 h. 30. — Repos ;

4 h. — Exercice du fusil ;

4 h. 30. — Repos.

5 h. à 5 h. 45. — Gymnastique, boxe, etc. ;

6 h. — Souper.

Ce matin, la moitié de la section formera le piquet de messe. A la fin de la cérémonie, je présenterai la section à Mgr Favier. Comment dois-je m'arranger pour le payement des commandes que je fais à M. Chamot ?

Désirez-vous que je vous renvoie les piastres que vous aviez mises dans ma valise, ou dois-je les garder comme fonds de prévoyance ?

Veuillez agréer, mon cher capitaine, l'expression de mon affectueux dévouement.

P. HENRY.

Pé-T'ang, 5 juin 1900.

Capitaine,

Je n'ai encore rien à vous signaler pour la nuit dernière. Pas la moindre alerte; aux environs tout est calme.

J'ai soumis à Mgr Favier un plan de défense, qu'il a approuvé. Je vais vous le faire copier, et vous l'envoyer ce soir ou demain matin. En plus de trente marins, je puis compter sur une centaine de Chinois armés de lances. Tout l'après-midi d'hier, j'ai fait avec le détachement des exercices de combat. Ce soir, à partir d'une heure, les hommes seront à leur poste, les faisceaux formés, les cartouchières et musettes approvisionnées à cent vingt cartouches. Pendant les nuits où on aura le plus à redouter une attaque, ils coucheront à proximité de leurs postes.

Je n'ai pas grande expérience des choses de la guerre, mais je crois pouvoir affirmer que contre les Boxeurs nous pourrons tenir très longtemps.

J'aurai besoin d'une vingtaine de rubans de chapeau. Lohézic en a, je crois, apporté une centaine.

Veuillez agréer, mon cher capitaine, l'assurance de mon affectueux respect.

P. HENRY.

Pé-T'ang, 6 juin 1900.

Capitaine,

Je vous envoie les dispositions que j'ai prises de concert avec Mgr Favier. Je crois qu'avec trente hommes j'ai très suffisamment de monde, surtout n'ayant plus à m'occuper des sœurs.

J'ai reçu hier le détachement italien, et me suis mis aussitôt en rapport avec son commandant.

Cette nuit, j'ai attendu l'attaque, rien n'est venu; les hommes dormaient tout équipés au poste, à l'entrée.

12

Les Chinois, armés d'instruments divers, ont veillé par « bordée », mais restant à leur poste de combat.

Vous ne pouvez pas vous imaginer le spectacle digne de *Salammbô* qu'offrait, au clair de lune, cette horde de Chinois enturbannés de blanc et armés d'immenses pieux, veufs, hélas! pour la plus grande partie, de fers de lance.

Veuillez agréer, mon cher capitaine, l'assurance de mon affectueux respect.   P. HENRY.

Pé-T'ang, 8 *juin* 1900. — Rien de particulier à vous annoncer, mon cher capitaine. Les hommes sont pleins d'entrain, connaissent bien leurs divers postes de combat, et ne désirent qu'une chose, c'est de voir arriver les Boxeurs, qui nous font poser depuis trois nuits. Je crois qu'ils attendront longtemps.

Votre tout dévoué.   P. HENRY.

Journal intime, même date. — Pas encore d'alerte. Il paraît maintenant que c'est pour le 15 de la lune, c'est-à-dire après-demain. Le chemin de fer de Tien-Tsin est-il rétabli? Mystère. L'impératrice va, dit-on, rentrer : c'est la paix. Deux heures après, c'est démenti : c'est la guerre. Nous sommes maintenant tout à fait parés, et, avec l'aide de Dieu, les Boxeurs seront repoussés avec pertes. Les lebels ne plaisantent pas. Sur ce, je ceins ma vaillante épée, je m'arme de mon revolver, et vais m'étendre sur mon dodo, en attendant minuit et demi, pour faire une ronde; après quoi, sauf alerte, je pourrai dormir jusqu'à 5 heures et demie.

Pé-T'ang, 9 juin 1900.

Capitaine,

Nous avons eu cette nuit plusieurs alertes. A minuit et demi, on est venu me prévenir qu'un grand incendie venait d'être allumé dans l'ouest, à quelques centaines de mètres de nous, et un autre dans le sud-ouest, mais [plus loin; ces incendies ont duré toute la nuit. A 2 heures et à 3 heures, j'ai été réveillé par plusieurs coups de fusil tirés tout près, du côté du nord-est, mais rien ne s'en est suivi; il n'y avait pas d'ailleurs autour de nous de rassemblements inquiétants.

Veuillez agréer, mon cher capitaine, l'assurance de ma respectueuse affection. P. HENRY.

Journal intime, même date. — Nuit agitée. A minuit et demi,

La rue des Légations, à Pékin.
(D'après une photographie.)

on vient me prévenir qu'un grand incendie vient d'éclater à cinq cents mètres à peine du mur de l'ouest. Est-ce un signal? Je me lève et fais une ronde, tout est tranquille; mais, dans l'ouest, le ciel est embrasé, et je me recouche tranquillement. A 2 heures, pif, paf, des coups de fusil. Je me dresse en sursaut. Dans la cour, les marins sont déjà rassemblés,... rien ne bouge. Je fais recoucher mon monde, et j'attends cinq minutes : rien. A trois heures, même répétition. Dans la journée, j'apprends plusieurs nouvelles importantes. D'abord l'impératrice est rentrée avec le jeune empereur. Mgr Favier, revenant de la légation, a dû attendre que la rue soit ouverte pour continuer son chemin. Car vous savez qu'en Chine, quand le souverain se promène, les rues où il doit passer sont interdites. Les portes et les fenêtres sont fermées. Quelle est au juste l'importance de l'arrivée de l'impératrice? Là-dessus, les avis sont différents. Suivant les uns, le calme va renaître, toute émeute devenant ainsi un crime de lèse-majesté. Suivant d'autres, l'impératrice ne serait plus maîtresse de la révolution et se serait réfugiée ici, ne se sentant plus en sûreté dans le palais d'Été. Le chemin de fer de Tien-Tsin n'est toujours pas rétabli. Mais les ministres ont pris une résolution énergique. Mgr Favier me l'a confiée sous le sceau du secret; je puis donc le confier à mon journal, qui ne vous arrivera que dans des mois! Ils doivent voir l'impératrice demain, et lui poser un ultimatum. La paix sera faite tout de suite, sinon plusieurs milliers d'Européens seront débarqués, et une véritable expédition commencera. C'est évidemment très joli, les ministres sont tous d'accord parce que leur peau est en danger. Mais quand les Russes et les Anglais auront débarqué les troupes qu'ils avaient à Port-Arthur et à Weï-Haï-Weï, ils ne les rembarqueront pas facilement. Ce serait le partage de la Chine, et sans doute au profit des deux puissances. Pour moi, les Chinois sont trop retors pour nous offrir une situation aussi nette. Ils feront traîner en longueur, promettant la paix. Et les massacres continueront de plus belle, mais il n'y aura probablement rien à Pékin.

Journal intime, dimanche, 10 juin, 3 heures. — Mgr Jarlin sort de chez moi, il vient de m'annoncer une grosse nouvelle. La nuit dernière, très calme ici, a été, paraît-il, très mouvementée au quartier des légations. Hier soir, les ministres avaient appris que l'impératrice avait licencié tous les soldats de Toun-fou-Siang, en leur laissant leurs armes. C'était leur dire clairement : Joignez-vous aux Boxeurs. Les ministres, très inquiets, se rendirent aussitôt au Tsong-li-Yamen, et demandèrent au

prince T'sing s'il répondait de leur sûreté. Le prince répondit
d'une manière embarrassée, mais plutôt négativement. Aussitôt
rentrés, les ministres affolés télégraphient à Tien-Tsin d'envoyer
tout le monde disponible, mille hommes en toute hâte. Nouvelle
difficulté : le vice-roi s'oppose au mouvement des troupes. Le
corps consulaire lui déclare que, s'il ne laisse pas passer les
troupes, ils ont l'ordre de faire immédiatement débarquer quatre

Entrée de la légation de France à Pékin.
(D'après une photographie.)

mille hommes. Enfin ce matin, à 9 heures, les mille hommes
sont partis de Tien-Tsin, réparant la voie de fer à mesure ; on
n'en a pas encore de nouvelles. D'autre part, on apprend que
les Boxeurs ont quitté Pékin en masse. Où allaient-ils? Comme
vous voyez, la situation est grave, mais loin d'être désespérée,
pour moi, si les renforts peuvent arriver. Je tremble que les
journaux ne vous donnent de trop fortes inquiétudes sur mon
compte. Un courrier de la légation vient d'annoncer que le télégraphe de Pékin à Tien-Tsin est coupé. C'est, à mon humble
avis, assez inquiétant, et voici pourquoi : bien que le chemin de

fer fût coupé en plusieurs endroits, le télégraphe avait été respecté, ce qui semblait indiquer une vague complicité du gouvernement avec les Boxeurs. Mais voilà qu'au moment où les troupes
européennes partent de Tien-Tsin, c'est-à-dire à un moment très
grave, le télégraphe est coupé, et alors : ou le gouvernement est
avec les Boxeurs, et il adopte une ligne de conduite franchement
hostile, ou il est débordé par les Boxeurs.

Journal intime, lundi, 11 *juin.* — A 10 heures, comme
l'exercice du fusil finissait, les Chinois arrivent en faisant de
grands gestes affolés. « Vite, vite, les Boxeurs arrivent : aux
postes de combat ! »

En un clin d'œil, les hommes sont à leurs postes, les paquets
de cartouches défaits.

Les Boxeurs arrivent, ils doivent être à cinq cents mètres.
Je vais en avant de l'entrée voir quand on pourra ouvrir le feu ;
je ne vois rien ; j'attends, rien, toujours rien. A la fin, les vigies
qui sont placées en haut de l'église me font prévenir que les
Boxeurs, au lieu de se diriger sur le Pé-T'ang, ont tourné à
gauche, et ont filé sans tambour ni trompette. Fausse alerte.
Nous rompons et rejoignons notre casernement.

A midi, un chrétien vient nous annoncer qu'on nous attaquera
à 2 heures, le jour ou la nuit, on n'en sait rien. L'après-midi
se passe sans encombre. Le soir, Mgr Favier rapporte de la
légation de meilleures nouvelles. Il paraîtrait que tout danger
est conjuré pour nous. Et les renforts vont arriver certainement,
disent les ministres. Comment sont-ils si sûrs que cela ? Mystère.
Le chemin de fer et le télégraphe ne sont pas rétablis. Les
Boxeurs occupent la ligne. En attendant, le chancelier de la
légation du Japon vient d'être assassiné en pleine ville, comme
il se rendait à la gare pour avoir des nouvelles du détachement.
Il était en voiture fermée, un soldat lui a tiré un coup de fusil ;
aussitôt la foule s'est ruée sur lui et l'a achevé.

Journal intime, mardi, 12 *juin.* — Nouvelle assurance de paix.

Le Tsong-li-Yamen a formellement permis de laisser entrer les renforts. L'impératrice a même envoyé ses amitiés à Mme Pichon. Tout ça paraît un peu rapide comme réconciliation. N'y a-t-il pas quelque chose là-dessous? Pas de nouvelles des détachements. C'est bizarre, ils devraient être à une vingtaine de kilomètres.

Encore une alerte ce soir. Au moment où nous prenons le thé, on est venu me prévenir que les Boxeurs étaient à peu de distance. J'ai fait rallier tout mon détachement à l'entrée, paré à envoyer aux postes de combat; mais, comme hier, il n'y a rien eu, les Boxeurs ont filé.

Pé-T'ang, 16 juin 1900.

Capitaine,

Je n'ai rien de particulier à vous signaler, à part une alerte insignifiante hier soir, à 7 heures et demie; une centaine de Boxeurs s'étaient arrêtés tout près du Pé-T'ang, mais ils ont continué leur marche après quelques minutes de halte.

Veuillez agréer, mon cher capitaine, l'assurance de mon affectueux respect.

P. HENRY.

Journal intime, même date. — Nous voilà revenus à la guerre. Les nouvelles d'aujourd'hui sont très sombres. D'abord, on ne sait pas quand pourront arriver les renforts. Ce soir, le ministre de France a fait dire que le détachement français, commandé par notre « pacha », a couché à Lang-Fan, le 12, c'est-à-dire hier. Et Lang-Fan n'est qu'à moitié route. On a tué des chrétiens en pleine ville, et, ce soir, les Boxeurs se sont massés autour des légations. Je viens de monter sur l'église, un chrétien ayant annoncé que le quartier des légations brûlait; mais nous n'avons rien vu. La grosse inquiétude pour nous, c'est l'entrée du détachement à Pékin. Pour arriver aux légations, il faut traverser deux portes solidement fortifiées et occupées par des soldats chinois. Des Boxeurs se tiennent en grand nombre auprès de ces portes. Si par malheur les réguliers font cause commune avec eux, je crois que nous sommes frits.

Journal intime, jeudi, 14 juin. — Hier soir à 11 heures, on m'a fait prévenir qu'un immense incendie venait d'éclater du côté de Toung-T'ang, une grande et belle église catholique. Successivement six incendies s'allument dans l'ouest. On voit la flamme s'échapper de l'église du Toung-T'ang; un crépitement de fusillade déchire l'air, puis tout retombe dans le silence. Je passe la nuit à la porte. Dans la journée, on brûle partout, Nan-T'ang, etc. Le soir, en prévision d'une attaque, tout le monde est à son poste de combat. La nuit est splendide; la lune éclaire heureusement, calme. Pendant une heure, on attend une attaque; à la fin quelques alertes, rien[1].

Le Pé-T'ang n'a pas encore été attaqué, mais il est évident que son heure est proche. Les portes de la ville jaune, où se trouve le Pé-T'ang, sont encore gardées par les réguliers; mais ceux-ci, menacés et débordés, vont laisser librement se ruer contre la mission la multitude de Boxeurs et de pillards, qui n'a encore pu jeter que des bandes d'avant-garde dans la ville impériale.

---

[1] Un des marins du Pé-T'ang, Lehoux, qui a écrit un récit particulièrement détaillé du siège, et qui était l'ordonnance de Paul Henry, a vu massacrer des chrétiens à la porte Si-Hoa-Men, voisine du Pé-T'ang.

« Le 14 juin, dit-il, toutes les portes de la ville sont consignées par les soldats chinois, nous ne savons pas pourquoi, car nous sommes assiégés au Pé-T'ang et ne pouvons plus communiquer avec les légations. Le 15 juin, la situation devient de plus en plus grave; tout le monde peut entrer en ville; mais, lorsqu'il s'agit d'en sortir, les soldats posent cette question : « Es-tu chrétien? » Si le Chinois l'est, il répond : « Oui, » et il est aussitôt massacré; on voit aux portes les corps des victimes que les soldats chinois ne se donnent pas la peine d'enterrer. Je vois en passant un fait qui a son importance. Lorsqu'un Chinois chrétien passe aux portes et que les soldats lui posent cette question : « Es-tu chrétien? » il pourrait répondre : « Non, » et passerait sans danger; mais non, ils savent qu'une réponse affirmative est leur sentence de mort : plutôt que de renier leur foi, ils préfèrent se faire massacrer.

La journée du 15 juin voit se succéder les nouvelles les
plus émouvantes. Dans la matinée, c'est une nouvelle

Vue de Pékin.

église qui brûle au loin; c'est un courrier envoyé à la
légation de France et qui peut réussir à grand'peine à rapporter une lettre de M. Pichon; c'est un chrétien échappé
aux massacres qui ont lieu de toute part, et qui apprend

qu'un détachement de volontaires est parti des légations la veille, 14 juin, pour aller sauver les missionnaires, les frères, les sœurs et les filles de Saint-Joseph du Nan-T'ang, demeurés sans protection au milieu de la ville soulevée, et que cette courageuse initiative a réussi; c'est, vers le soir, la nouvelle que M. Doré, un des curés de Pékin, a été massacré.

Le *Journal intime* dépeint ainsi la nuit du 14 au 15 :

Vendredi, 15 juin. — Nous avons dû coucher au poste de combat. Toute la soirée d'hier, des incendies dans toutes les directions. Vers 10 heures, clameurs effrayantes partant d'une pagode à l'ouest. Alerte. Les armes sont approvisionnées. On s'attend d'un moment à l'autre à voir arriver l'ennemi. Les cris, véritables hurlements de fauves, continuent avec des accalmies, et tout d'un coup une furie de rugissements; mais les Boxeurs sont toujours à la même place. Il est probable que la porte de la ville jaune est fermée, et que les Boxeurs sont impuissants à la faire ouvrir. Les cris se calment vers 2 heures du matin, et nous permettent de prendre un peu de repos. La nuit finit sans incidents. La journée assez calme; nous serons attaqués ce soir.

En effet, à 7 h. 20 du soir, le 15, les portes de la ville impériale, notamment celle de Si-hoa-Men, sont forcées par les Boxeurs. Le Pé-T'ang est presque aussitôt enveloppé, de trois côtés, par une multitude qui pousse des cris de mort.

Effrayées, les femmes et les enfants des Chinois chrétiens se précipitent dans la cathédrale. Il y a là plus de deux mille personnes.

Paul Henry, avec ses marins, est au poste de la grande

porte. Il attend que l'ennemi se montre dans l'avenue qui s'ouvre en face. Il rassure les hommes.

N'ayez pas peur, leur dit-il, et ne tirez pas avant mon commandement.

Écoutons-le raconter lui-même ce premier combat :

Journal intime, 15 juin. — A 7 heures 20 du soir, on me prévient qu'une forte bande de Boxeurs se dirige vers nous. A 7 heures 25 les premiers arrivent devant la porte du sud, vêtus de grands turbans rouges et de ceintures rouges. Ils s'avancent lentement, la torche d'une main, le sabre de l'autre. Ils sont à trois cents mètres. Là, ils s'arrêtent, font des génuflexions; ils prient Bouddha de les rendre invulnérables. Les voilà qui se lèvent; ils s'avancent au pas gymnastique; les voilà à deux cent mètres : « Joue! A cent cinquante mètres, feu! » Dix-sept balles fauchent les premiers rangs, qui s'abattent comme des capucins de cartes. « Joue, feu! » Seconde salve, seconde fauchée. Quand la fumée est dissipée, la place est nette, à part quelques blessés, quelques égarés qui essayent de se sauver; on les salue à coups de fusil. Un bonze, le chef de l'expédition sans doute, reçoit un coup de fusil; il peut en chancelant gagner un abri. Sur le terrain gisent une douzaine de cadavres. Nous sortons pour nous emparer de leurs armes, et nous rentrons aussitôt munis de sabres et de lances. On a pu compter au moins seize morts, ce qui fera certainement une cinquantaine d'hommes hors de combat, en admettant la proportion de deux hommes blessés pour un homme tué.

Le premier ahurissement passé, les Boxeurs (ils se croient invulnérables) se sont rassemblés, et nous ont donné des alertes un peu dans toutes les directions. Mêmes rugissements que la nuit dernière; ils ont mis le feu à tout un pâté de maisons voisin du Pé-T'ang. Un moment, j'avais peur des flammèches qui commençaient à devenir dangereuses. Heureusement a

brise est tombée, et les maisons païennes ont continué à
brûler jusqu'à ce que, faute d'aliment, le feu se soit éteint tout
seul.

A 1 heure, les rugissements cessent tout d'un coup, et le
grand silence est encore plus effrayant. Nous les savons groupés
tout près, n'attendant qu'un signal pour se précipiter à l'assaut.
A 2 heures et demie, voyant que le calme continue, je m'étends
près de la porte. A 5 heures je m'éveille, tout est tranquille ;
mais nous aurons sans doute une nouvelle attaque à subir
aujourd'hui.

Un mandarin, qui est venu demander de ramasser les
cadavres, nous donne le chiffre exact des morts : ce n'est pas
seize, mais quarante-sept ; ce qui implique naturellement une
centaine d'hommes hors de combat. Pour cinquante-cinq balles
tirées, c'est un joli résultat. Sur les cinquante hommes qui for-
maient l'avant-garde, trois seulement sont partis sans blessures.
Un chef a été tué, un bonze grièvement blessé ; sur les quarante-
sept tués il y a vingt curieux, qui étaient venus nous voir brûler,
et aussi, naturellement, aider au pillage.

A midi une alerte. Je mets au poste de combat ; mais, aucun
Boxeur ne se montrant, je fais rompre. Un homme qui a réussi
à s'échapper du Nan-T'ang donne quelques détails sur les
incendies du Nan-T'ang et du Toung-T'ang. De nombreux chrétiens ont été massacrés, et ils sont morts avec un courage
sublime.

« Dis que tu n'es pas chrétien, ou tu es mort, crie un brigand à un pauvre gosse de huit ans.

— Je suis chrétien depuis trois générations, tue-moi, » répond
fermement l'enfant.

Un coup de sabre l'étend raide mort. Mais je n'en finirais pas
si je voulais vous dire les magnifiques épisodes de cette terrible
persécution. Le Père Garrigues, un pieux et saint missionnaire,
ayant trente-cinq ans d'apostolat en Chine, a attendu les assassins
au pied de son crucifix. Ses chrétiens l'engageaient à fuir : il

Dix-sept balles fauchent les premiers rangs.

ne voulut pas quitter son poste. On l'a retrouvé complètement
nu, le corps lardé de coups de sabre.

Dans la ville, des affiches invitent les « purs » à se réunir
de bonne heure, pour venir brûler le Pé-T'ang. Les chefs du
mouvement mettent l'hécatombe sur le compte du mauvais œil.
Un courrier venu des légations annonce qu'on se bat toujours
furieusement, avec succès. Pas encore de nouvelles des détachements.

En même temps, Paul Henry rendait compte de l'attaque à M. Darcy, auquel la lettre put encore être remise.
Parlant à son supérieur, il raconte l'épisode dans les termes
les plus brefs, les plus simples, les plus modestes, sans
qu'il y ait trace d'émotion, ni la moindre velléité de dis-
tinguer son propre rôle de celui de ses marins.

Pé-T'ang, 16 juin 1900.

Capitaine,

Hier soir, à 7 heures et demie, nous avons été attaqués par
les Boxeurs.

Deux feux de salve et un feu à volonté les ont mis en fuite.
Ils ont laissé sur le terrain au moins seize morts, et doivent
avoir un assez grand nombre de blessés, dont le bonze qui dirigeait l'attaque. Nous avons pris les armes des hommes tombés
auprès de la porte ; c'étaient des lances et surtout des sabres,
pas de fusils.

Nous avons attendu une nouvelle attaque toute la nuit, mais
rien n'est venu. Les hommes couchent au poste de combat
depuis trois jours, et dorment à peine deux ou trois heures par
nuit. J'ai cessé tout exercice.

Deux jours plus tard, le jeune commandant écrit à

M. Darcy le dernier billet qui ait pu franchir les murailles de la ville jaune, et il termine par un post-scriptum d'une bien jolie allure française.

Pé-T'ang, lundi, 18 juin 1900.

Capitaine,

Les pertes des Boxeurs, dans l'attaque du 15, ont été plus considérables que je ne le pensais. Le mandarin qui a fait ramasser les morts dit en avoir compté quarante-sept; vingt-sept Boxeurs en titre, dont un chef, et vingt curieux, venus sans doute pour aider au pillage; nous avions tiré cinquante-huit balles.

Depuis, les Boxeurs n'osent plus nous attaquer. Néanmoins, toutes les nuits nous avons plusieurs alertes, et nous continuons à coucher aux postes de combat. Hier soir, on avait annoncé que les soldats viendraient avec du canon. Bien que n'y croyant pas beaucoup, j'ai fait installer un fort remblai de terre et de gabions devant l'entrée, et creuser une tranchée un peu plus loin, en avant, pour les hommes

Les hommes ne sont nullement fatigués, et gardent tout leur entrain.

Veuillez agréer, mon cher capitaine, l'assurance de mon affectueux respect.   PAUL HENRY.

P.-S. — M'autorisez-vous, si l'occasion s'en présente, à prendre l'offensive pour aller surprendre les Boxeurs avant qu'ils n'attaquent?

Oui, mon vaillant petit officier, l'occasion se présentera. Vous êtes seul à présent; vous prendrez la permission que vous demandiez, et vous montrerez ce que vous êtes : un brave de la race des grands audacieux.

Le danger, en effet, va devenir terrible. Ce n'est plus avec des lances et des sabres que le Pé-T'ang va être attaqué, mais avec des fusils Mauser du modèle 1898 et avec des canons Krupp, et les réguliers chinois se mêleront aux Boxeurs, pour essayer de l'emporter d'assaut ou par surprise.

Heureusement, comme je l'ai indiqué déjà, des ouvrages de fortifications avaient été commencés dès le premier jour, et continués avec méthode et avec grande hâte. Paul Henry, Mgr Favier et Mgr Jarlin faisaient les plans, qu'exécutaient aussitôt les Chinois assiégés. Les religieux servaient de contremaîtres et de surveillants. Les femmes, les petits enfants eux-mêmes, apportaient les briques et les pierres dont on avait besoin. Et ainsi s'explique la transformation merveilleusement rapide du Pé-T'ang en une véritable forteresse. Sans doute, les travaux furent continués et augmentés jusqu'aux derniers jours du siège. Mais on peut dire que, trois semaines après l'entrée de nos marins, le système de défense est déjà complet.

Voici comment Paul Henry l'a compris.

Tout d'abord, la rue qui séparait le Pé-T'ang du Jentsé-T'ang a été supprimée par des barricades élevées aux deux extrémités, et les deux établissements n'en font plus qu'un. Toutes les parties faibles du mur d'enceinte ont été réparées et renforcées; le sommet en a été crénelé en beaucoup d'endroits; toutes les portes sont fermées et épaulées par des terrassements. Des tonneaux, des planches, des poutres, des terre-pleins, disposés sur toute la circonférence, permettent aux soldats d'observer l'ennemi

13

et de tirer. En outre, quatre postes de tir, mieux abrités, ont été construits sur la frontière du nord que gardent les Italiens, et trois sur la frontière de l'est, dont un fortin en briques dépassant le mur d'enceinte, et qui commande toute la rue.

Mais le principal effort s'est tout de suite porté du côté de l'entrée monumentale du Pé-T'ang. On prévoyait, et l'événement montra la justesse de ces prévisions, que les combats les plus acharnés se livreraient autour de cette porte, qu'abritait un vaste toit soutenu par des colonnes, et qui donnait accès sur l'esplanade de la cathédrale. Le premier ouvrage de fortifications, c'est une tranchée-abri, construite en avant de la porte, comme l'indique la lettre du 18 juin. Puis, aux premières menaces de bombardement, une seconde ligne de défense est établie : les deux loges placées sous le toit de la porte sont protégées avec de la terre et des fascines; elles sont percées de meurtrières et deviennent le poste principal du Pé-T'ang. Un terre-plein facilite l'accès du toit et en fait un lieu d'observation. Une casemate, un peu en arrière, permettrait aux marins de continuer la défense, en cas d'incendie de la porte. Enfin, à l'entrée de l'esplanade de la cathédrale, s'élève une troisième ligne de défense : un talus de terre de plus de cinq mètres de haut, assez épais pour que les obus ne le puisse pas traverser, et où flotte le drapeau français, ce drapeau très glorieux du Pé-T'ang, fabriqué sur l'ordre de Paul Henry, et qui a été abattu, relevé, troué, déchiré par les boulets et les balles un nombre incalculable de fois, mais que la main d'un ennemi n'a jamais touché.

Pour faire communiquer ces différents ouvrages, une tranchée partait d'une des cours voisines de la cathédrale, et permettait de marcher à l'abri des projectiles.

Voilà pour la partie matérielle. L'organisation, la division des rôles n'étaient pas faites avec un moindre soin.

On a vu qu'au début de l'occupation du Pé-T'ang, les trente marins français avaient été répartis en six groupes. Ils n'en formèrent plus que cinq, dès que les Italiens eurent assuré la surveillance du mur du nord. Les chefs de postes ne quittaient jamais le poste, sous aucun prétexte. Ils devaient seulement détacher deux hommes, en cas de demande de secours. Un lazariste, le P. Giron, et quatre séminaristes chinois étaient chargés d'observer les mouvements de l'ennemi, du haut du toit de la cathédrale, et d'avertir en cas de danger. Ils avaient un clairon, avec lequel ils signalaient les points menacés. Un coup de langue voulait dire : « au nord; » on sonnait deux coups pour le sud, trois pour l'est, quatre pour l'ouest. En outre, le P. Giron faisait parvenir au commandant des billets qui précisaient les nouvelles. Mgr Jarlin en faisait autant, et c'étaient encore des séminaristes chinois qui portaient ces messages.

J'ai sous les yeux une liasse de ces petits carrés de papier, où les lignes sont tracées à la hâte, au crayon bleu. Ce sont des lignes évocatrices de ces moments d'effroi. Elles débutent toujours par « M. Henry ». En voici quelques-unes. « M. Henry, ils semblent vouloir revenir sur la grande porte. En garde! » — « M. Henry, ils sont tous groupés dans la grande rue, en face de l'église, de chaque côté de la ruelle dans laquelle ils hésitent sans doute à entrer. » — « M. Henry, les deux bandes de l'est et de l'ouest se sont réunies. La porte Si-hoa-Men doit être ouverte. Attention! » — « M. Henry, au nord-est, danger. » — « M. Henry, en plein est, lumières nombreuses. » — « M. Henry, à l'est, près de la grande pagode, il y a foule. »

Ces détails, et beaucoup d'autres, ont été donnés par les marins qui ont traversé les horreurs de ce siège, et qui ont écrit leurs souvenirs à quelque parent de leur cher commandant, surtout à l'oncle de Paul Henry. Rien n'est plus émouvant que cette distribution de la justice due à chacun; rien n'est plus naïf quelquefois, mais la vérité s'y reconnaît. Dans la liasse de lettres signées de noms très divers, il y a des contradictions sur des points de minime importance; il y a unanimité quand il s'agit d'apprécier les courages, les services, et de les doser.

« Tous les chrétiens se conduisaient bien, dit un de ces témoins; ils ont été tranquilles pendant le siège; ils priaient Dieu du matin au soir, avec leurs petits enfants. » Un autre écrit : « Il fallait voir tous ces chrétiens courir et grimper chacun à son poste, avec un extrême courage. » « Je vous assure, dit un troisième, que Mgr Jarlin, les Pères, les Frères, les séminaristes et une grande partie des chrétiens ont été braves pendant le siège, principalement Mgr Jarlin, qui ne quittait jamais le commandant, nuit et jour, que pour aller faire quelques rondes dans les établissements, pour voir si les chrétiens étaient bien à leurs postes. » Ils l'appelaient entre eux « le commandant en second, » parce qu'il faisait exécuter les fortifications sur les plans de Paul Henry; parce qu'il était présent à toutes les affaires, se souvenant qu'il avait été soldat avant d'être prêtre, et parce qu'ils le voyaient coucher avec eux dans la tranchée.

Parmi les Frères, il y eut, proportionnellement, autant de morts et de blessés que parmi nos soldats. Ils surveillaient les travaux de terrassement; ils maintenaient la discipline parmi les Chinois chrétiens; ils faisaient le coup de feu à l'occasion. Leur connaissance de la langue chinoise les rendait merveilleusement utiles, au milieu de cette foule que la panique pouvait rendre folle et dangereuse pour ses défenseurs L'étudiant lazariste, M. Gartner, apparaît, dans les rangs de ces auxiliaires de nos marins, comme un véritable héros. Ce tout jeune homme, au témoignage d'un des Frères, fut si admirable, notamment pendant les sorties exécutées autour du Pé-T'ang et les expéditions sur le mur jaune, que Paul Henry l'appelait le « général de l'armée auxiliaire », et qu'il lui avait attaché au bras un galon d'or pour symboliser ainsi son droit de commandement[1].

On aimait aussi et on admirait plusieurs des jeunes chrétiens chinois, qui se montrèrent d'une intrépidité rare, un séminariste, par exemple, qui s'appelait Joseph, et qui se tenait nuit et jour au poste de la grande porte, constamment attaqué, pour porter les dépêches; un autre Chinois que les marins surnommaient *Jean le Brigand,* et surtout *Barbiche.*

« Ce jeune Chinois, que nous appelions « Barbiche », était un jeune homme très intelligent; il ne savait pas du

---

[1] Lettre du frère Marie-Basilius, témoin du siège.

tout le français, mais il devinait tout de suite ce qu'on lui disait. Il était particulièrement attaché à M. Henry, et le suivait partout. Il était doué d'un courage inébranlable; il sortait seul, et trouvait le moyen de passer entre les postes occupés par les Boxeurs. Au début de la campagne, il était armé d'un vieux fusil qui ne tarda pas à se détériorer. On lui en donna un autre, un fusil américain à sept coups. Il montait seul sur le mur jaune, et déchargeait son fusil sur les Boxeurs; ensuite, ne prenant pas le temps de le recharger, il enlevait les cailloux du sommet du mur, et les lançait sur les Chinois. De plus, il était très adroit. C'est rare qu'il manquât son homme. Vers la fin du siège, on lui donna un fusil Lebel, ce qui mit le comble à sa joie : il s'en servait admirablement bien. »

Mais l'éloge devient vraiment ému, lorsque les marins parlent de leur chef. C'est à la fois de l'admiration et de l'affection que Paul Henry avait su leur inspirer, comme aux missionnaires, comme aux religieuses, comme aux Chinois eux-mêmes. Il obtint d'eux tous les dévouements, et le système employé apparaît bien clairement lorsqu'on lit, comme je l'ai fait, tous les documents du siège. Ç'a été le système de tous les entraîneurs d'hommes, et on peut le résumer ainsi : être moralement au-dessus de la crainte de la mort, encourager les soldats, vivre au milieu d'eux, comme eux, mais s'exposer plus qu'eux. Dans les lettres des marins du Pé-T'ang, je trouve à chaque instant des notes comme celle-ci :

« Grâce à votre neveu Paul Henry, nous avons tenu tête, trente hommes, à une armée ennemie. Pendant deux mois et demi de guerre, et grâce à lui, nous avons échappé à une mort épouvantable; si nous avions eu un autre que lui, je pense que nous n'aurions pas échappé. »

Tous répètent : « Il était si aimable! » ou bien : « Il savait consoler tout le monde. » Louarn dit même joliment : « Il trouvait pour nous des mots très affables au plus grand des combats. » Peuziat ajoute : « Il voulait jamais que nous aurions montré notre tête aux Chinois,... et lui, il ne se cachait jamais... On craignait toujours pour notre commandant, parce qu'il n'avait peur de rien. » « Dans tous les postes périlleux, écrit de son côté le gabier Stéphany, il était toujours le premier. Il était presque toujours en observation sur les toits, où il était très exposé au feu des Chinois; c'est par miracle qu'il n'a pas été touché plus tôt. » D'autres rapportent qu'il ne mangeait jamais sans s'être assuré que les hommes avaient leur ration, qu'il mangeait souvent avec eux; que plus souvent il couchait près d'eux, soit qu'il dormît tout habillé dans le réduit du poste, pour être le premier levé en cas d'alerte, soit qu'il abandonnât son lit par charité pour les malades. C'est ainsi que le matelot Lalès ayant été pris de fièvre, l'officier le coucha dans son propre lit, et s'étendit lui-même par terre, dans sa chambre, pour veiller le malade. Il aimait ceux qui luttaient et souffraient avec lui; il les estimait; il avait secrètement recommandé aux gradés de ne pas punir les matelots, de les traiter bonnement, et, après tous les combats, de les féliciter[1].

Tels étaient les défenseurs principaux du Pé-T'ang,

---

[1] Un des témoins du siège m'a rapporté que les matelots du Pé-T'ang disaient de leur jeune chef : « C'est un futur Courbet. »

et les acteurs du drame militaire qui allait s'accomplir. Mgr Favier, assez souffrant et plus âgé que Mgr Jarlin, avait la lourde mission de maintenir l'ordre parmi les chrétiens réfugiés, d'empêcher les paniques, de consoler, de plaindre et de présider le conseil où se décidaient les mesures générales de défense ou de distribution des vivres. Dans l'intervalle, il priait. « On ne peut cependant pas dire, remarquait-il, que c'est ne rien faire[1]. » Les religieuses de Saint-Vincent-de-Paul lui servent de lieutenants dans le ministère des foules à calmer et à secourir. Elles ont une sorte de toute-puissance d'exemple. Ces pauvres femmes chinoises, ces enfants, ces jeunes filles ne se sentent un peu à l'abri qu'à l'ombre des cornettes blanches. Quand une sœur se lève, c'est une population qui la suit : « Quand nous devons, écrivait sœur Jaurias, nous transporter d'un endroit à l'autre pour éviter les boulets et les couteaux, c'est douze cents personnes qu'il faut maintenir ou entraîner et une quantité de bébés à transporter. »

Paul Henry, ne pouvant plus communiquer avec les légations, recommence à écrire son journal, ou plutôt des notes qui devaient servir à la rédaction du journal, lorsqu'il aurait le temps d'y songer. Tracées au crayon, à demi effacées par le séjour dans les poches de l'officier, ou dans les malles qui les rapportaient de Chine en France, elles ont pu être déchiffrées à grand'peine, et c'est elles que je publie, en y ajoutant quelques détails nécessaires, qu'il n'a pas pu ou qu'il n'a pas voulu écrire lui-même. La pre-

---

[1] Conférence à l'Université catholique d'Angers.

mière feuille porte en tête : « Journal du siège, commencé le 22 juin 1900, terminé le... »

Intérieur de la demi-lune. — Porte de Pékin.
(D'après une photographie.)

22 *juin* 1900. — A 6 heures 30, on me fait prévenir que deux canons viennent d'être postés en arrière de la porte 1. Je me porte aussitôt, avec le poste de garde, derrière le remblai A, et je

fais prévenir le reste du détachement de se rendre immédiatement aux postes de combat. Au même instant, une troupe de soldats chinois se présente à la porte 1, et ouvre sur nous un feu assez violent de mousqueterie[1]. Nous ripostons et les mettons en fuite. Ils reviennent une seconde fois, puis disparaissent au bout de quelques minutes. A 7 heures, des canons établis dans la rue, à l'abri d'un repli de terrain, ouvrent le feu sur nous. Leur tir est très bon. La plupart des coups viennent frapper les remblais de la porte, et nous ne pouvons que difficilement leur répondre, le feu étant relativement rapide, environ un coup et demi par minute, et, dans l'intervalle, la fumée nous masquant toute l'entrée du chemin. Plusieurs obus labourent la partie supérieure du remblai A ; l'un enlève une baïonnette, mais personne n'est blessé. Vers 8 heures et demie, les canons 1 commencent à viser plus particulièrement l'église. Un canon situé au sud-ouest prend le même objectif. Le tir du sud devenant plus lent, nos coups de fusil commencent à produire bon effet, plusieurs servants sont démolis : à 9 heures et demie, les pièces sont enlevées tant au sud qu'au sud-ouest.

Nous avons déjà reçu cent quatre-vingt-six coups de canon. A 10 heures, le bombardement reprend. Cette fois, les canons sont postés sur la place sud, qui nous est masquée par plusieurs rangées de maisons ; leur objectif est l'église, qu'ils canonnent dès lors presque sans interruption. Les femmes et les enfants, qui étaient encore dans l'église, l'ont évacuée au commencement du bombardement ; pendant le mouvement, une femme est tuée d'un éclat d'obus dans le ventre. A 2 heures 45, un canon vient prendre position au sud, en face de la porte 1, et nous envoie aussitôt un premier coup, au même endroit que ce matin. C'est un canon-bouche, les servants sont cette fois bien obligés de se montrer. Je désigne quelques bons tireurs, qui tirent toutes les fois qu'un Chinois s'approche du canon, et rare-

---

[1] Les numéros d'ordre qu'on rencontre ici devaient se rapporter à un plan du Pé-T'ang. L'attaque du 22 juin était dirigée contre la grande porte, au sud.

ment ils manquent leur coup. Au bout de 5 minutes, le canon est abandonné.

L'idée de l'enlever me paraissant praticable, je fais demander à Mgr Jarlin de m'envoyer une trentaine de Chinois de bonne volonté, avec des cordes et des madriers, pour nous prêter main forte. Mgr Jarlin arrive presque aussitôt avec une vingtaine de Chinois, mais sans instruments ; on perdrait un temps précieux à les chercher. Nous sortons, et rapidement nous nous avançons vers la porte, huit hommes en tirailleurs ouvrant la marche. Arrivés à la porte, nous sommes accueillis par une fusillade très nourrie : les Chinois se précipitent bravement sur le canon, en même temps que les marins prennent position pour les soutenir. Les soldats chinois, dissimulés dans les maisons, ouvrent un feu violent. Un chrétien chinois est tué raide, un autre est traversé de trois balles ; les autres hésitent, il faut les relancer trois fois. Enfin, après des difficultés de toute sorte et grâce aux chrétiennes exhortations de Mgr Jarlin, le canon, après avoir versé deux fois, est rapidement entraîné vers le Pé-T'ang ; les marins en tirailleurs protègent la retraite, qui se fait tranquillement, sans accident. Nos pertes sont relativement très faibles : un chrétien tué, trois blessés, dont deux très grièvement. Je fais mettre le canon en batterie derrière le remblai A, et fais envoyer aussitôt un boulet sur le poste d'où on nous a fusillés tout à l'heure.

Cinq minutes après notre expédition, le feu des canons de l'ouest cesse brusquement, et la soirée s'achève très tranquillement.

En somme, la journée s'est bien passée, nous avons reçu cinq cent trente et un coups de canon, obus pleins, obus à mitraille et boulets.

Nous n'avons eu en tout que quatre tués et quatre blessés, dont un frère mariste.

Les marins ont fait preuve de beaucoup de sang-froid et de bravoure ; ceux du poste de la grande porte spécialement ont eu

une très belle tenue au feu. Nous avons été parfaitement secondés
par les missionnaires et les chrétiens; Mgr Jarlin spécialement a
fait preuve d'un magnifique courage à la prise du canon, et c'est
surtout à son empire sur les chrétiens chinois que nous sommes
redevables de nos succès.

Paul Henry n'a pas tout raconté. D'abord le matin,
tandis que les premiers coups de canon étaient tirés contre
la porte du Pé-T'ang, les hommes étaient à l'abri dans la
tranchée, mais l'officier se tenait debout sur le remblai.
C'est à ses pieds que la baïonnette d'un des marins a été
enlevée par un obus. Mgr Jarlin le supplie de se baisser;
mais, comme l'écrit un des témoins, Mingam, avec un vrai
bonheur d'expression :

« Lui, poussé par son sang, ne bronche pas, et ne
veut pas perdre de vue un seul mouvement de l'ennemi. »

Dans l'après-midi, quand le canon enlevé aux Chinois
était déjà derrière les murs du Pé-T'ang, un des combattants demeurait en arrière, dans l'avenue, malgré les balles
que faisaient pleuvoir les Chinois postés dans les maisons
voisines. C'était encore le jeune commandant, qui, ravi de
sa victoire, le revolver dans la main droite, agitant son
casque de la main gauche, criait de toutes ses forces :
« Vive la France! »

Il entra bientôt dans le poste de la grande porte, et,
s'adressant à ses hommes, il leur dit :

« Si j'avais cinquante marins français au lieu de trente,
je marcherais sur le palais impérial! »

Puis il fait le tour du Pé-T'ang, annonçant à chacun

des postes qu'il y a eu une sortie, qu'on a pris un canon et que pas un marin n'est blessé.

Samedi, 23. — Dans la nuit, nous essuyons sans répondre de nombreuses décharges de mousqueterie, d'ailleurs tout à fait inoffensives.

A 9 heures 40 du matin, les canons postés dans l'est, en 5, commencent le bombardement de l'église, et le poursuivent jusque vers 4 heures, sans nous causer aucune perte. Les maisons qui nous séparent de la place 5 forcent les Chinois à tirer en l'air, et, nous masquant la vue des canons, nous empêchent de démonter les servants.

Comme hier, nous ne pouvons riposter. Dans la matinée, des obusiers placés au nord-est nous envoient quelques bombes.

Les pièces tirant de l'est envoient l'une l'obus à mitraille (calibre 80 à 90 mm.), l'autre des obus ordinaires (calibre 40 à 50 mm.).

Reçu cent quatre-vingt-seize coups de canon.

Dimanche, 24 juin. — A 8 heures, la canonnade recommence de l'est, mais cesse presque aussitôt. A 8 heures et demie une forte troupe de Chinois s'est avancée jusqu'à une brèche située au sud-ouest, en face d'un poste, et ouvre un feu violent. Mais battus de front par le poste, et sur le flanc droit par quelques hommes que j'ai envoyés au coin sud-ouest de la place de l'église, les Chinois se résignent à ne pas se montrer, et se contentent de tirer en l'air.

Un éclat de brique blesse légèrement le Père Chavanne.

Vers 10 heures, après avoir gaspillé une quantité énorme de munitions, les Chinois se retirent. Un canon, placé au sud-ouest, ouvre alors le feu sur l'église, sans nous faire aucun mal. Dans la journée, nombreux coups de fusil (fusils ordinaires, fusils de rempart). A 4 heures et demie, M. Olivieri, le commandant du détachement italien du Jen-tsé-T'ang, me fait prévenir

que les Chinois essayent de mettre en batterie des canons dans
le nord. A peine, en effet, le billet m'était-il arrivé que la canonnade commence. Je cours au Jen-tsé-T'ang avec six hommes,
tout ce que j'ai de disponible, pour prêter main forte aux Italiens. Comme nous arrivons au mur nord, un obus éclate au
milieu des hommes; par miracle nul n'est atteint. Les canons
chinois sont disposés deux au 6 et deux au 7; mais, séparés
par les bâtiments 8, ils ne peuvent prendre le même objectif.
Après en avoir délibéré avec M. Olivieri, les Italiens et mes six
hommes sont postés au coin nord-est, et je fais exécuter des
salves sur les canons 6.

Le tir est réglé du premier coup, et plusieurs servants restent
à terre. Au bout d'une dizaine de salves, leurs pièces sont abandonnées.

Nous laissons quelques hommes en observation, et nous
nous portons au nord-ouest. Là nous opérons de la même façon,
les canons sont abandonnés, et les fantassins qui soutenaient
l'artillerie par un feu désordonné se replient à leur tour; je
fais tirer dans le tas, et nous en démolissons ainsi un grand
nombre.

Si nous avions eu une ouverture au nord, nous aurions pu,
je crois, enclouer les canons, qui sont restés abandonnés pendant près de 5 minutes.

La soirée est très calme.

Un Chinois tué dans la matinée.

Vers minuit, des soldats postés au nord de K'ou[1] font un feu
d'enfer qui dure un quart d'heure.

Lundi, 25 juin. — Quelques coups de fusil partant du mur
jaune, au nord-ouest. Ce matin, les Chinois sont venus sur le
K'ou chercher les armes abandonnées hier au soir. Partout

---

[1] Ce mot est l'abrégé de Si-Chen-K'ou, nom du terrain impérial situé au nord de l'établissement des sœurs, et où les canons avait été mis en batterie. Les Chinois y avaient creusé
des tranchées.

silence le plus complet. Nous continuons nos travaux de protection. Entendu canonnade et fusillade vers les légations.

Cartouches tirées : néant.

Mardi, 26 juin. — Pendant la nuit, fusillade intermittente un peu de tous les côtés assez nourrie par moments. Dans la journée, quelques coup de fusils de rempart et de fusils ordinaires. Vers 3 heures, incendies allumés à l'est, en face du séminaire, au sud-est et au sud-ouest.

Brûlé deux cartouches. Restent 8276.

Mercredi, 27 juin. — A 6 heures, plusieurs centaines de Boxeurs et soldats attaquent par la porte du sud; quelques salves en couchent un bon nombre sur le terrain, et mettent les autres en fuite. Je fais battre par quelques feux de salves les maisons des environs, et, sous la protection de quelques marins, j'envoie des Chinois ramasser les armes à cent cinquante mètres. Malheureusement on leur tire quelques coups de fusil, et une balle vient atteindre Jouannic et le blesse assez gravement. La balle est entrée derrière l'omoplate droite, a glissé sur la cage thoracique, et, sortant sous l'aisselle, a traversé le bras. Le pauvre garçon souffre beaucoup, mais j'espère que cela ne sera pas grave. La journée s'achève sans autre incidents. De nombreux coups de fusil nous sont tirés du sud et de l'ouest, mais n'atteignent personne

Cartouches consommées pour l'attaque. 55
Diverses. 23
De 6 heures à 6 heures. . . . . , ... 78
Restent 8191.

Entendu dans l'après-midi le canon au sud-est, paraissant venir de très loin.

L'espoir exprimé ici par Paul Henry ne devait malheureusement pas se réaliser. Une des religieuses de Saint-

Vincent-de-Paul, interrogée au sujet de Jouannic, a répondu en racontant la blessure et la mort de ce vaillant. La lettre est adressée à une autre religieuse, parente de Jouannic.

« Ce sera une consolation pour vous et pour les siens, dit-elle, d'avoir l'assurance que le vaillant marin était aussi un bon et fidèle chrétien. Son lieutenant, M. Paul Henry, avait recueilli pour la famille les souvenirs laissés par son second; ces souvenirs n'ont sans doute pas été conservés, au milieu de tant de désastres. Jouannic avait été désigné, après le refoulement d'une bande d'agresseurs, à la porte principale du Pé-T'ang, pour conduire les hommes chargés de ramasser les blessés et les armes. Revenant de cette hardie et charitable expédition, il reçut un coup de feu, et la balle traversa le poumon droit; elle sortit un peu au-dessous de la région du cœur. Cette blessure était mortelle; mais l'hémorragie arrêtée à l'extérieur, on pouvait prolonger de quelques heures, de quelques jours, l'existence du blessé; les soins prodigués eurent ce résultat.

« Transporté sans délai à l'infirmerie, Jouannic vit arriver auprès de lui un dévoué frère de la Mission, frère Denis, qui se constitua son premier infirmier, tandis que les jeunes élèves du séminaire procuraient de l'eau fraîche, de l'air et tout ce dont le malade avait besoin.

« Une sœur de Saint-Vincent, à défaut de major, fit le pansement. Le lieutenant survint entre deux fusillades.

« — Mon ami, ce n'est pas la médaille militaire, c'est la croix que vous aurez! »

« Hélas! un miracle seul aurait pu lui conserver la vie. Le missionnaire, faisant fonction d'aumônier, s'entretint avec le malade, l'encouragea, le consola ; mais, étant certain de ses bonnes dispositions, et, comptant, l'hémorragie extérieure ayant cessé, que le blessé pourrait se rétablir, il différa jusqu'au surlendemain de lui administrer les derniers sacrements.

« Durant la nuit, la fièvre se déclara avec un peu de délire : marin et Breton, Joseph parlait de son bateau et de sa famille. Vers 9 heures et demie du matin, il parut s'affaiblir ; M. l'aumônier, rappelé, l'assista jusqu'au dernier soupir, et, ayant prié pour lui et béni sa dépouille mortelle, il s'éloigna, consolant le lieutenant Henry. C'était le samedi 30 juin. »

Jeudi, 28 juin. — Vers minuit et demi, des Boxeurs essayent d'incendier la porte d'entrée en nous lançant, avec des arcs, des paquets d'étoupes imbibées de pétrole. Plusieurs tombent sur le toit. Nous sommes assez heureux pour éteindre le commencement d'incendie, cependant que quelques hommes mettent en fuite à coups de fusil les incendiaires.

Un Chinois est blessé par une flèche qui lui perce la joue. Jusqu'à 3 heures, calme complet. A 3 heures, la fusillade commence, mais très peu dense. A 5 heures, attaque à la grande porte. Fusillade nourrie, essai de feu, pétrole, torches, etc. Cela dure jusqu'à minuit et demi. Les derniers Boxeurs ayant été mis en fuite par une salve, je fais mettre le feu aux maisons qui les abritaient. Auparavant, des Chinois sont allés prendre tout ce qui était de bonne prise. Trouvé deux grandes pompes pleines de pétrole, une caisse de balles, une caisse de poudre, des habits, un sextant en très bon état, etc., mais peu d'armes. Ils ont pu apercevoir dix cadavres.

Cartouches dépensées, 180 (de 6 heures à 6 heures).
Restent 8018.

14

Paul Henry a oublié, comme de coutume, de noter la part qu'il a prise lui-même à cette action du siège. Ses hommes ont été une fois de plus, ce jour-là, vivement impressionnés par son courage. Le récit de l'un d'eux, Stéphany, renferme ce passage :

« Le 28 juin, vers les 7 heures du soir, les Boxeurs, accompagnés d'un grand nombre de réguliers, tentent de mettre le feu à notre grande porte, au moyen de deux pompes qu'ils alimentaient avec du pétrole, et de bouchons imbibés de pétrole, qui prennent feu à différentes reprises, enflammant le toit du poste. M. Henry est debout sur le toit du côté opposé aux Boxeurs, ayant à ses côtés Mingam, Stéphany, Cambiaggi, Rebour et David, qui tirent sans discontinuer. A un moment donné, une grande partie du toit s'enflamme. M. Henry, voyant le danger, enjambe le toit, et là, sous le feu de l'ennemi qui tirait sur lui à une distance de vingt ou trente mètres, à coups de pied et de poing il jette à terre les bouchons enflammés. Les Chinois redoublent leur feu, les balles pleuvent comme de la grêle autour de lui. En revenant de notre côté, il s'écrie :

« — Les maladroits, ils n'ont pas seulement pu me toucher ! »

Il faut noter également que Mgr Jarlin était ce jour-là, comme le 22 juin, à la tête des chrétiens chinois qui firent la sortie. Les deux pompes rapportées par les assiégés servirent beaucoup, par la suite, à éteindre les incendies.

Vendredi, 29 juin. — Le journal est sobre de détails sur cette journée. Il ne relate, d'ailleurs, que les faits

militaires. Henry a un tempérament de soldat. Il fait la
guerre; il est chef; il n'a ni le temps ni l'humeur de faire

Cathédrale du Pé-T'ang avec les deux pavillons impériaux.

du reportage. Il écrit simplement, sous la date du 29, qui
est celle de la fête de saint Pierre et de saint Paul :

Commencé les travaux de fortifications de la deuxième grille,

au cas où on serait obligé d'évacuer la grande porte. Dans la
matinée fusillade assez nourric, cesse brusquement à un signal de
trompe, peu de temps après que nous avons entendu combat dans
le sud-sud-ouest. Journée très calme.

Cartouches dépensées, 207.

Restent 7811.

Mais la fête du commandant n'a pas pu passer inaperçue au Pé-T'ang. Ce souvenir intime a été conservé par
Mgr Favier. Le journal de l'évêque porte, en effet :

« Nous offrons nos vœux au brave commandant Henry;
nous parlons d'Angers, de son pays, et du bonheur que
ses parents auront à le revoir. Il nous dit :

« — Vous verrez que nous sauverons le Pé-T'ang;
peut-être quelques-uns de nous n'y seront plus; je serais
heureux de mourir pour une si belle cause; j'espère que le
bon Dieu m'ouvrirait le paradis. Si je dois disparaître, je ne
disparaîtrai que lorsque vous n'aurez plus besoin de moi. »

« Je le supplie, comme tous les jours, de ne point
s'exposer; j'ai si peur pour lui! Il est si vaillant, si brave,
si dévoué!

Mgr Favier enregistre plus loin de mauvaises nouvelles.
La mortalité augmente parmi les enfants; la variole fait
jusqu'à quinze victimes par jour; la chaleur monte à
38 degrés! il n'y a plus de légumes frais! Les Chinois
réfugiés commencent à souffrir de la faim, et, comme
tout le monde fume en Chine, ne possédant plus de tabac,
essayent de fabriquer quelque chose d'approchant, avec
des feuilles de poirier séchées. Le fusilier Lehoux note sur
son carnet de siège :

« Nous n'avons ni moutons ni bœufs ; nous mangeons les mulets, ânes et chevaux ; lorsque les chevaux seront tous mangés, nous mangerons peut-être les voitures ; mais elles ne seront pas faciles à digérer. Nous avons trouvé le moyen de recharger nos douilles avec de la poudre noire, et nous fondons des balles en plomb. Nous apprenons aux Chinois, qui, très intelligents, continuent la fabrication. »

Samedi, 30 juin. — Dans la nuit, quelques coups de fusil ; entendu combat au sud-est-sud et sud-ouest. Dans la matinée, calme absolu. Midi quinze, mort du second maître Jouannic. Vers 2 heures, des obusiers, postés dans le nord-est et très loin, envoient quelques bombes qui éclatent en l'air au-dessus de nous ; elles ne causent que des dégâts matériels. Au même moment, une forte fusillade éclate à l'est. Des soldats invisibles tirent droit devant eux, et, comme devant eux il y a un mur (!), nous ne recevons aucune balle.

A 3 heures et demie, nous recevons encore quelques bombes ; pas de dégâts.

A 5 heurs 30, ensevelissement de Jouannic (la décomposition commençait).

Soirée tranquille.

Cartouches dépensées, 13.

Restent 7780.

Dimanche, 1er *juillet.* — Journée absolument calme. A peine quelques coups de fusil dans la journée.

Cartouches dépensées, 4.

Restent 7776.

---

[1] La lettre de la sœur de charité que nous avons citée plus haut contenait encore ce passage : « C'est à droite du kiosque de Notre-Dame de Lourdes, dans le parc du Pé-T'ang, au milieu des autres marins tués, et tout auprès de son dévoué chef, que repose le vaillant Joseph Jouannic.

Lundi, 2 juillet. — Quelques coups de fusil.
Cartouches dépensées, 4.

Mardi, 3 juillet. — Quelques coups de fusil.
Cartouches dépensées, 4.
Restent 7768.

Mercredi, 4 juillet. — Entendu pendant la nuit une fusillade très nourrie dans le sud-est. Matinée calme. A midi et demi, quelques salves pour gêner les travaux que font les Chinois au coin nord-ouest du mur jaune. Je laisse un homme (Delmas) à la disposition du lieutenant italien, avec ordre de tirer sur les hommes qui se présenteraient. Dans l'après-midi, il en tue une grande quantité. Fausse attaque à l'est. Attaque au sud. Coup de canon prématuré. Continué la mise en état de défense de la grande porte. Commencé un remblai le long du mur nord.
Cartouches dépensées, 77.
Restent 7691.

Jeudi, 5 juillet. — Quelques coups de fusil.
Munitions tirées, 13.
Restent 7678.

Le frère Jules-André écrit, sous cette date, dans son journal :

« Un soldat français, vrai type de bravoure, d'audace et de sang-froid, nommé Delmas, se signale par les tours qu'il joue aux Boxeurs. Ici, il démonte un cavalier à queue de paon, qui accompagne une voiture de grand mandarin, — il craignait que ce ne fût une dame qui était dans la voiture, sans quoi il aurait tiré dessus ; — là il abat un brave qui le vise, mais qui n'a pas le temps de lâcher la détente ; maintenant il fabrique des cartouches ; l'instant d'après il est en embuscade sur un toit, avec un scolastique lazariste, ancien polytechnicien de Vienne, en Autriche. Ils se servent d'un mannequin coiffé à la française, pour leurrer l'ennemi. Les coups de fusil pleuvent sur le soldat improvisé ; il chancelle, tombe pour se relever aussitôt. Pendant ce temps, les deux chasseurs d'hommes, placés sur un autre point du toit, enseignent un peu de prudence à ceux qui montrent leur buste. »

Vendredi, 6 juillet. — Quelques coups de fusil. Entendu assez fréquemment des coups de canon dans le sud. Les Chinois ont fortement avancé leurs travaux du mur jaune du nord. Nous n'y pouvons rien. Reçu une fusée.

Cartouches, 17. Restent 7661.

Samedi, 7 juillet. — Vers 5 heures, des gens postés derrière le mur jaune, au sud-ouest, envoient une quantité de bombettes, grenades, pots à feu, etc. ; mais les commencements d'incendie sont vite éteints, et nous n'avons aucun blessé. A 7 heures, des canons postés au nord ouvrent le feu ; je me porte au Jen-tsé-T'ang avec cinq hommes, et je fais établir notre canon sur un épaulement préparé derrière le mur nord ; jusqu'à 8 heures et demie, le tir, étant mal réglé, ne nous cause aucun mal. Je fais envoyer quelques salves ; mais vu la distance et la protection, pas d'effet. Quelques coups de canon au nord et à l'est. De 8 heures 50 à 9 heures, trêve. A 9 heures canonnade recommence avec des canons européens, calibres 80 à 90 mm. Obus ordinaire et obus à mitraille. Le tir est rapidement réglé ; malgré nos salves, les obus viennent tomber auprès de nous. L'un éclate devant notre canon, et blesse très légèrement deux hommes. Un second éclate un peu en arrière, et tue le canonnier. Nos salves, bien que justes, ne causent aucune gêne aux Chinois. Après avoir attendu quelque temps, nous nous décidons à cesser une con-sommation de cartouches aussi inutile. Les hommes sont à l'abri, un factionnaire restant pour prévenir d'un assaut peu probable. La canonnade continue toute la journée, se ralentissant vers la fin de l'après-midi pour cesser vers 7 heures. Le projectile le plus constamment lancé est l'obus ordinaire de 80 à 90 mm., des quantités considérables de fusées, des bombes qui nous viennent du nord-est[1].

Bref, on nous tire environ trois cent trente coups de canon, qui nous tuent un homme et une femme, et blessent légèrement quelques hommes.

Plusieurs (une vingtaine environ) sont allés tomber très au delà du sud du Pé-T'ang.

Cartouches dépensées, 156.

Restent 7505.

Dimanche, 8 juillet. — Les Chinois recommencent le bombardement vers 10 heures, mais cette fois ils visent le Pé-T'ang. Tour démolie. Tire assez lent. De 10 heures à 9 heures seize, soixante et onze coups. Obus éclatent bien, causent beaucoup de dégâts, mais pas de pertes. Plusieurs obus vont démolir au sud des maisons qui sont les repaires habituels des Boxeurs. Le tir continue à de longs intervalles jusqu'à la nuit. En tout cent coups. A 5 heures, M. Olivieri me fait prévenir que les Chinois essayent de mettre un canon en batterie dans l'est du K'ou. J'expédie tous mes hommes disponibles, douze, pour empêcher à tout prix les Chinois de s'installer. Une salve suffit pour mettre la panique chez les soldats chinois. Nuit assez calme. Entendu une forte fusillade au sud-est.

Cartouches dépensées, 94.

Restent 7411.

Lundi, 9 juillet. — Le bombardement recommence vers 10 heures. Des Italiens envoient quelques salves. Cent sept coups de canon (boulets pleins et bombes). Travaux entrepris à la porte du sud pour placer un canon.

---

[1] Le journal du frère Jules-André inscrit, ce jour-là, cent cinquante fusées incendiaires.

Fusillade très forte au sud-est pendant la nuit.
Cartouches tirées, 54.
Restent 7357.

Mardi, 10 juillet. — A 10 heures 40, commencement du
bombardement par le nord. A 2 heures 40, coup de canon du
sud, puis de l'ouest et de l'est. Installation au sud. Forte fusillade. Vers 3 heures et demie, David est tué d'une balle à la tête[1].
Porte à demi démolie. Énormes boulets. Envoyons quelques
salves. Mis un petit poste dans la partie de droite, les autres en
réserve en arrière. Fin de soirée tranquille. Trois blessés. Coups
de canon tirés, 114.
Cartouches, 124.
Restent 7322.

Mercredi, 11 juillet. — A 9 heures, Mgr Jarlin blessé à la
tête. Vers 1 heure le bombardement recommence; à 1 heure 5,
une forte explosion de mine près de chez les sœurs. Un homme
tué, quelques blessés légèrement. Bombardement de l'est cesse
aussitôt, continue au sud-ouest (cesse à l'est) et au sud. Au sud,
boulets de 15 cm., forte fusillade. Impossibilité de s'opposer au
tir. Toit de la porte éventré. Les hommes à l'abri. Le soir, des
chrétiens vont brûler des maisons à l'est, à l'ouest et au sud.
J'envoie voir si on travaille à des mines. Surveillance a l'air moins
complète. Coups de canon, 95.
Cartouches tirées, 11.
Restent 7222.
Continué les travaux de deuxième ligne. Déménagé le matériel.

Jeudi, 12 juillet — Bombardement de la porte commence
vers 10 heures et demie, et se continue sans incident jusque

---

[1] « Nous avons eu hier un matelot de tué, qui est David Joseph, en venant d'exécuter un
feu de salve. Lorsque le lieutenant commandait de s'asseoir, il fut atteint d'une balle qui lui
traversa la tête. La mort a été instantanée. C'était un excellent garçon, d'un courage inouï,
sans peur de rien. » (Extrait du carnet Lehoux.)

vers 5 heures. Les boulets traversent le toit ou vont frapper l'église. De temps en temps, nous faisons des salves à l'endroit où doit être le canon. Les Chinois établissent une batterie analogue dans le sud-ouest. On entend des bruits suspects vers l'ouest, un travail de mine. Des chrétiens sont immédiatement envoyés dans le chemin, et creusent une profonde tranchée transversale, mais ne découvrent rien. Les bruits cessent.

Trouvé dans les maisons brûlées hier deux bouts de conducteurs à sept fils armés. Trente-six coups de canon tirés.

Consommation : 52 cartouches. Restent 7170. ·

Vendredi, 13 *juillet.* — Fusillade, très nourrie de 10 heures à 10 heures et demie, cesse brusquement sur un signal de trompe. A midi le bombardement recommence de deux côtés, sud et sud-ouest.

Vers 1 heure, un boulet, après avoir heurté l'église, rebondit et vient tomber au milieu des hommes. Un grièvement blessé au front, Le Goff. Fay fortement contusionné, trois fusils cassés, Salves meurtrières. Bombardement cesse vers 4 heures et demie. Grande difficulté, presque impossibilité de s'y opposer. Mousquetade continuelle. Vers 7 heures et demie, entendu un fort combat paraissant être au sud et se rapprocher au sud-est. Nous avons quelques moments d'espoir. Mais il faut se résigner à penser que c'est une forte attaque des légations.

Dans la nuit, fusillade presque ininterrompue sur la grande porte[1]. Deux chrétiens de bonne volonté vont mettr: e feu dans les maisons qui avoisinent la porte à l'est.

Coups de canon, 59. Cartouches, 82. Restent 7098.

Samedi, 14 *juillet.* — Journée relativement tranquille, pas de

---

[1] « Pendant trois heures consécutives, de 9 heures à minuit, une fusillade sans précédente... Je ne sais où passer pour mes rondes de nuit. Je m'en remets alors à Dieu, et je passe à travers les balles sans être touché. Mais quel vacarme ! Je ne crois pas exagérer en avançant que le nombre des coups, pour ces trois heures, a dépassé cinquante mille. » (Journal du frère Jules-André.)

bombardement, forte fusillade au sud et incendie. A 11 heures, un marin italien est tué raide d'une balle à la tête. Peu de temps après, au même poste, un chrétien chinois est tué de la même façon.

A midi, feu d'artifice.

Munitions dépensées, 74. Restent 7 024.

Dimanche, 15 juillet. — Bombardement reprend à 9 heures, cesse au sud et sud-ouest à midi cinquante; reprend au nord une demi-heure après; recommence au sud vers 4 heures, et continue toute la nuit (plus lentement), jusqu'à 4 heures du matin. 147 coups tirés. Je fais envoyer de temps à autre quelques salves, soit sur le canon du sud, soit sur le canon du sud-ouest. Dans la soirée, des chrétiens vont, sous la direction du Père Giron, examiner les fils qu'on avait trouvés, combler l'emplacement présumé de la torpille.

Cartouches tirées, 52. Restent 6 972.

Lehoux, qui a quelque loisir ce jour-là, en explique la raison et l'emploi. Il consigne sur son carnet cette petite note :

« A midi, le canon tonne de nouveau; mais nous ne pouvons pas tirer dessus, car il n'est pas vu du poste occupé par mon escouade. La vieille gaieté gauloise se fait sentir. Les Chinois nous envoient des biscaïens que nous ramassons, et avec lesquels nous jouons aux boules. Malgré le bombardement du siège, on ne s'ennuie pas au Pé-T'ang. »

Lundi, 16 juillet. — Bombardement du sud, du sud-ouest et du nord cesse à 9 heures 25. Une femme est tuée. Le dernier coup de canon blesse le factionnaire de la grande porte; blessure à la figure (œil). Coups de canon, 105 [1].

Munitions, 37. Restent 6935.

Mardi, 17 juillet. — Journée très calme, continué travaux de fortifications et de contre-mines. Nombreux coups de fusil pendant la nuit.

Cartouches, 8. Restent 6927.

En même temps que les attaques vont se multiplier contre le Pé-T'ang, ainsi qu'on va le voir, elles cessent à peu près contre les légations. Une sorte d'armistice a été conclu entre les ministres et la cour, M. le lieutenant de vaisseau Darcy note, à la date du 17 juillet :

« *L'ordre de cesser le feu est donné aux troupes chinoises!* Immédiatement nous donnons le même ordre aux marins et aux volontaires. Calme. »

Malgré d'assez nombreux manques de paroles, qui se traduisirent par autant de fusillades et d'alertes, on peut dire que la période la plus aigüe et la plus dangereuse du siège est terminée, à la date du 17 juillet, pour les légations. Comment expliquer que la trêve n'ait pas été étendue au Pé-T'ang? Le Tsong-Li-Yamen, interrogé à ce sujet par sir Claude Macdonald, ministre d'Angleterre, faisait répondre, à la date du 31 juillet, que les chrétiens du Pé-T'ang étaient sortis pour chercher des vivres, et avaient provoqué les soldats. Cette mauvaise excuse des coupables ne saurait, en tout cas, expliquer les attaques des 18, 19, 20 juillet, puisque l'essai infructueux de ravitaillement a

---

[1] « A 10 heures du soir, lorsque partit le dernier coup de canon, un de nos camarades ut encore blessé ; il eut les yeux remplis de choux, et il resta vingt jours sans voir. Il se nomme Costanza, et il perdit l'œil gauche. » (Carnet de Lehoux.)

eu lieu le 12, la vraie et odieuse raison de cette différence de traitement paraît indiquée par M. Darcy, dans un autre passage de son livre :

« La cour, en donnant l'ordre de ne plus tirer sur les légations, aurait-elle laissé cette proie (le Pé-T'ang) en pâture aux Boxeurs? » Évidemment oui.

Mercredi, 18 juillet. Ce jour-là est un jour de deuil parmi tant d'autres. La mine, contre laquelle les chrétiens chinois faisaient une tranchée, a sauté à 5 heures du soir.

« J'étais endormi, raconte Lehoux, lorsque la mine sauta; je n'avais absolument rien entendu. Le chef d'escouade me réveille, et nous partons tous deux sur les lieux de la catastrophe, où un spectacle hideux s'offre à notre vue. Les chrétiens qui creusaient la tranchée furent projetés, ainsi que le frère Joseph, qui fut lancé à vingt mètres de l'explosion. Les Boxeurs grimpent sur le mur jaune, appelé mur impérial; ils tirent des coups de fusil sur ceux d'entre nous qui opèrent le sauvetage. Les marins français et les marins italiens tirent sans cesse, pour protéger les Chinois chrétiens qui sont sous les décombres; quelques Chinois opèrent le sauvetage avec nous autres. C'est effrayant à voir : partout des lambeaux de chair humaine, dans le trou où est partie l'explosion: j'ai vu un bras manquant à un corps, l'autre bras ne tenant plus, la tête ainsi que les jambes broyées. On se croirait dans une boucherie, où on traîne des morceaux de viande de rebut. A l'endroit où j'étais, il y avait la moitié d'une poitrine écrasée contre la muraille. Le personnel religieux se signale par son dévouement et son sang-froid ; entre tous autres le frère lazariste Gartner, qui disparaît sous les décombres, d'où il revient un instant après avec un enfant dans les bras, tout couvert de boue et de sang. La place est très dangereuse ; les Boxeurs nous lancent des fusées incendiaires ; nous ne parvenons à faire cesser le feu qu'après 7 heures du soir. Je ne connais pas le nombre des victimes, mais jusqu'à présent l'on a retiré dix-neuf morts et il y a environ vingt blessés ? Dieu sait combien il y en a encore sous les décombres ! Il n'y a parmi les morts qu'un Français, le frère Joseph, trouvé au pied du mur impérial complètement enseveli. Pendant la nuit, nous faisons des rondes très fréquentes, nous sommes toujours entourés de coups de fusil. »

Le journal de l'officier porte simplement ces lignes :

Mercredi, 18 *juillet* — A 5 heures explosion formidable. La mine contre laquelle on travaillait vient de sauter. Déjà 16 morts et 25 blessés. L'état de la défense n'est pas modifié... En tout 21 morts. Rondes de nuit et incendies.

Munitions dépensées, 6. Restent 6866.

La belle expression trouvée ici par Paul Henry et jetée sur la page du journal est vrai : l'état de la défense n'est pas modifié. Tant qu'il y aura des apparences de murailles et des marins en nombre suffisant pour lutter un contre cent, le Pé-T'ang tiendra.

Cependant le jeune officier, qui n'a pas un moment de repos, et qui passe entre les balles et les éclats d'obus depuis des semaines, ne peut s'empêcher de penser qu'il a de grandes chances de succomber. Ce n'est pas une crainte, c'est une prévision ; c'est peut-être la mystérieuse persuasion du sacrifice accepté ; car, la veille, Paul Henry a suggéré à Mgr Favier l'idée d'une neuvaine et d'un vœu à sainte Anne pour la délivrance du Pé-T'ang. Les marins français, dont vingt-quatre sont Bretons comme leur chef, ont promis leur offrande, et le commandant ira porter lui-même une plaque de marbre, comme ex-voto, à la basilique de Sainte-Anne d'Auray. Ils invoquent la patronne de la Bretagne, comme tant d'autres l'ont fait sur les navires en détresse. Mais, de plus, il est très probable que Paul Henry a offert le sacrifice de sa vie pour le salut de la mission qu'il défend. Il n'en laisse rien paraître dans son journal. Seulement, le 18 juillet, il écrit son testament.

J'ai tenu cette relique entre mes mains. L'enveloppe porte cette adresse, écrite d'une écriture remarquablement ferme :

Pour remettre, si je suis tué, à M. Paul Henry, professeur de droit, rue Proust, à Angers.

A l'intérieur, une petite feuille de papier blanc, pliée en deux, renferme ces lignes admirables par leur caractère de force, de tendresse et de foi :

Mes bons parents bien-aimés, mes chers frères et sœurs

Si je suis tué, ces derniers mots vous porteront mes derniers adieux. Ne vous faites pas trop de chagrin. Je succombe pour la plus belle des causes, et j'ai fait, je l'espère, tout mon devoir. Je vous lègue le peu que je possède, et vous demande de prélever, sur l'argent que je vous laisse, une somme de cent francs pour les missions de Chine, si éprouvées en ce moment.

Je vous embrasse de toute la tendresse de mon cœur, comme je vous ai toujours aimés. J'envoie mon dernier adieu à tous nos chers parents et amis. Demandez à l'oncle [1], quand il apprendra ma mort, de faire le « grand pas », et d'offrir au bon Dieu sa communion pour le repos de mon âme.

Encore une fois adieu, mes chers bien-aimés, priez pour moi.

Au nom du Père, du Fils et du Saint-Esprit, ainsi soit-il.

« Pé-T'ang, 18 juillet 1900.

P. HENRY.

Jeudi, 19 juillet. — Nombreux coups de fusil sur le mur jaune. On va brûler des échafaudages le long du mur jaune. Tué plusieurs Boxeurs, deux Chinois tués. Vers 5 heures, Franck est tué raide d'une balle à la tête, victime de son imprudence [2]. Dans la soirée continué les incendies ; surpris trois Boxeurs (tués).

Munitions, 78. Restent 6788

L'expédition contre les échafaudages élevés par les Chinois le long du mur jaune n'avait pas été commandée. Paul Henry n'y fait qu'une allusion. Mais j'en trouve le récit détaillé dans le journal du frère Jules-André :

« A midi, bataille en règle sur le mur jaune, à l'endroit précis de la mine. Les soldats avaient un peu fêté saint

---

[1] Il s'agit d'un vieil ami de la famille, oncle seulement par l'affection ; qu'il nous suffise de dire que la prière de Paul Henry a été entendue.

[2] Il était monté sur le mur jaune et tirait, à découvert, sur les Boxeurs qui creusaient une tranchée. Ses camarades lui criaient : « Prends garde ! » Il répondait : « Je n'ai pas peur, » et continuait de tirer.

Vincent, patron des Lazaristes et des sœurs. Les Boxeurs les agaçaient par leurs coups de fusil répétés. Huit soldats français et plusieurs italiens escaladent le mur au moyen d'échelles. (Il fallait d'abord franchir le mur de clôture

Mgr Favier, évêque de Pékin.

du Pé-T'ang, traverser une rue, puis monter au sommet du mur jaune, haut de huit mètres.) Fuite des ennemis! Les Chinois chrétiens, à leur tour, électrisés par l'exemple des soldats, grimpent sur le mur. Ils renversent d'abord les sacs de terre derrière lesquels se cachaient les ennemis. Puis ils découronnent le mur lui-même, et jettent les

15

énormes tuiles jaunes et les briques. L'ennemi hurle des *Châ! châ!* c'est-à-dire : Tue! Tue!

« Un moment, les Français ont l'idée de descendre par les échafaudages ennemis, et d'enfermer dans le souterrain de la mine trente à quarante Boxeurs qui s'y étaient réfugiés à la hâte. Mais voici venir, avec le commandant Olivieri, le commandant français Henry : « Y a-t-il des « Français par ici?... Qu'est-ce que vous faites par là, « soldat Souve? Et la consigne? Qui vous a permis de « quitter votre poste? Je vous préviens que, si je vous y « reprends, vous passerez en conseil de guerre... Et vous, « Marrec, qu'est-ce que vous fichez par ici? — Mon lieu- « tenant, je suis venu faire une inspection. — Et moi, « je n'ai trouvé personne à votre poste. C'est joli, pour un « chef de service! »

« Les principes de discipline ayant été ainsi rappelés, Henry ne veut pas que l'expédition aventureuse de ses marins reste sans profit. Il fait apporter du pétrole, et, sous le feu des Boxeurs, qui ont été chercher du secours, incendie les échafaudages, qui ne furent pas relevés.

« La nuit suivante, nouvel incendie allumé par les assiégés, pour leur défense. Une troupe de chrétiens chinois, conduits par M. Gartner, fait une sortie et brûle trente cases chinoises, pour dégager les abords du Pé-T'ang[1]. Trois Boxeurs, trouvés endormis, sont expédiés chez leur père Lao-Toan par le moyen de leurs propres

---

[1] Mgr Favier a écrit de Pékin, à la date du 26 août 1901, une lettre publiée par les journaux, et où se trouvaient ces lignes touchantes :

« Le vice-roi m'a offert de fortes sommes pour les missionnaires massacrés, je n'ai rien voulu entendre, et j'ai tout refusé, disant que la vie des missionnaires n'était pas esti-

sabres. Mgr Jarlin a témoigné ensuite le désir d'en avoir un vivant, afin de se procurer des renseignements. »

Vendredi, 20 juillet. — Coups de fusil; continué les incendies et mesures de protection contre mines et bombardement.

Cartouches, 34. Restent 6754.

Il y eut bien aussi quelques coups de canon que l'auteur du journal n'a pas le temps de noter. C'est encore un de ses marins qui a raconté ce souvenir :

« Le 20 juillet, au matin, M. Henry et Mgr Favier étaient assis, et causaient ensemble à l'intérieur du poste de la grande porte, lorsqu'un boulet plein est venu tomber entre les deux, les couvrant de débris de toute sorte. M. Henry, s'adressant à Mgr Favier, lui dit d'un ton calme :

« — Voilà un boulet qui, un peu plus, faisait une victime. »

Samedi, 21 juillet. — Calme. Un essai de ravitaillement ne réussit pas, mais nous avons encore une quinzaine de jours de vivres.

Cartouches, 31. Restent 6723.

---

mable à prix d'argent. Une réparation *morale* pour ces massacres sera demandée par le ministre de France.

« Tout ce que nous avons été obligés de prendre, immédiatement après le siège, pour empêcher nos chrétiens de mourir de faim, de quelque nature que ce soit, a été scrupuleusement noté : j'en ai remis la liste au ministre de France, et la somme totale a été retranchée de l'indemnité, comme j'en avais contracté l'engagement. Les particuliers et fournisseurs ont été indemnisés par nous, et nous avons même payé au prix fort toutes les maisons qui avaient été brûlées autour du Pé-T'ang pendant le siège. Le peuple païen, qui ne s'y attendait pas, est venu nous remercier en masse. J'ai préféré faire cette grande dépense, pour conserver la bonne réputation qu'a toujours eue la mission et la bonne entente qui avait toujours existé entre elle et ses voisins.

« Enfin j'ai placé, dans les environs de notre résidence du Pé-T'ang, une grande affiche invitant tous les païens qui auraient subi quelques dommages à venir se faire payer ici. Plusieurs se sont présentés : ils ont été indemnisés immédiatement ; il n'en reste plus aucun qui ne soit équitablement satisfait. »

Dimanche, 22. — Dans la matinée pris du salpêtre et du soufire au K'ou[1]. A midi, fait un feu à répétition de quatre hommes, dans l'ouest du mur jaune. Les soldats chinois laissent sur le terrain environ 25 morts, dont deux mandarins. De notre côté, deux Chinois légèrement blessés. Vers 7 heures et demie, un homme (Le Sec'h), du poste du nord-est, est blessé d'une balle à la tête (imprudence et désobéissance).

Dans la nuit, une pluie torrentielle nous force à évacuer les casemates ; pas d'incidents. Fusillade continuelle des Chinois.

Cartouches, 55. Restent 6668.

Lundi, 23. — Vers 4 heures, les soldats et les Boxeurs paraissent vouloir tenter un assaut général. Ils attaquent d'abord au sud-ouest ; les soldats préparent l'attaque par une fusillade très nourrie, puis lancent les Boxeurs en avant. Mais quelques salves suffisent à les repousser. Presque en même temps, on me prévient que les Boxeurs se massent dans le K'ou, dans l'est et dans la rue en face de la grande porte. Je fais poster cinq hommes au Jen-tsé-T'ang. Avec les Italiens, nous faisons quelques salves qui nous débarrassent le terrain. Dans l'est, l'attaque est très molle, les Boxeurs n'osent guère se montrer. J'arrive à la grande porte juste au moment où les Boxeurs entrent ; je les laisse arriver à cinquante mètres, et je fais faire deux salves coup sur coup, qui déblaient immédiatement le terrain. Cette alerte a duré de 4 à 5 heures. J'évalue à cent cinquante morts environ les pertes des Boxeurs.

A 7 heures, les soldats, massés dans les maisons qui sont devant la grande porte, ouvrent un feu extrêmement violent. Je fais mettre les hommes à l'abri derrière le remblai, baïonnette au canon, parés à repousser l'assaut. Mais, au bout d'une demi-heure environ, le feu cesse.

---

[1] Au milieu du terrain vague, il y avait un magasin impérial de salpêtre et de soufre. Grâce aux pains de salpêtre qui furent pris cette nuit-là, les assiégés purent renouveler leur provision de poudre. Des horlogers chinois réparaient et rechargeaient les douilles des cartouches Lebel.

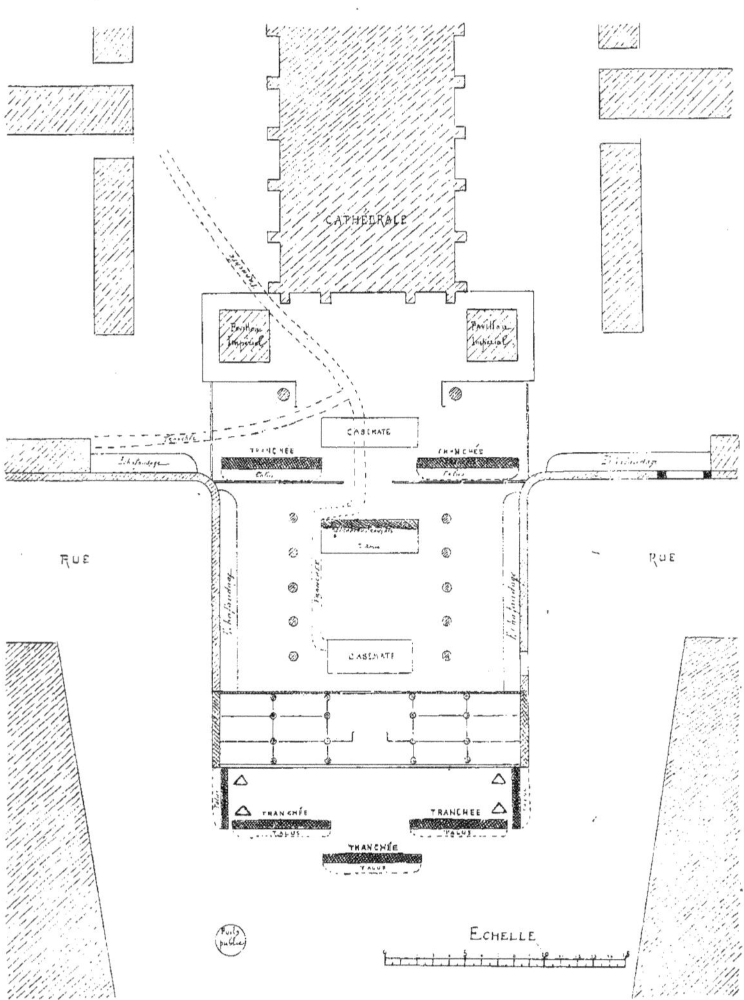

Plan du portique d'entrée du Pé-T'ang,
avec l'indication des travaux de défense exécutés sous les ordres de Paul Henry.
(D'après documents, mis au net par M. Henri Boutier.)

Nous n'avons eu aujourd'hui ni tué ni blessé par le feu de
l'ennemi ; un marin italien a été blessé à la figure par son fusil qui
a fait explosion.

Cartouches dépensées, 195. Restent 6 473.

Mardi, 24 juillet. — Coups de fusil, maladies, bandes se pro-
menant avec un drapeau français.

Cartouches, 37. Restent 6 436.

Mercredi, 25. — Pendant la nuit, nombreux coups de fusil.
Journée tranquille. Vers 7 heures, je fais monter quatre hommes
sur le mur jaune, pour exécuter un feu à répétition sur les gens
qui travaillent le long du mur jaune, sans incident.

Munitions, 16. Restent 6 419.

Jeudi, 26. — Cartouches tirées, 36. Restent 6 383.

A cette courte mention des cartouches dépensées, Paul
n'a pas ajouté une seule réflexion. Mais son cœur est triste,
parce que c'est la fête de sainte Anne, le 26 juillet, et que
la patronne de la Bretagne n'a pas délivré le Pé-T'ang.
Mgr Favier a conservé le souvenir de ce dialogue à demi
enjoué, à demi douloureux, qu'il échangeait avec le défenseur de la mission :

« — Rien, disait Paul. Sainte Anne, vous ne nous avez
pas délivrés. »

« Je lui disais : « Peut-être qu'elle attend. Elle ne voudrait pas priver sa fille de cette gloire. Nous approchons
de l'Assomption. » Enfin il était bien découragé. Il disait
à sainte Anne :

« — Je ne vous reconnais plus ; j'aurais été si heureux
de revoir ma famille, de retourner à Angers, de porter le
cadeau !...

« — Mais vous y retournerez, lui disais-je; nous vous donnerons le canon, tout ce que nous avons conquis, pris sur les Boxeurs, des sabres, des lances...

« — Je ne veux qu'une chose, disait-il, rien que le drapeau : ça c'est entendu. Je porterai le drapeau et le vœu à sainte Anne[1]. »

Vendredi, 27. — Fort combat du sud-est au sud-ouest. Mine derrière le mur jaune, passage de soldats.

Cartouches dépensées, 11. Restent 6372.

La canonnade contre le Pé-T'ang est entendue par les assiégés des légations, qui apprennent ainsi, chaque jour, que la résistance dure encore. M. Darcy écrit sur son journal :

« Le Pé-T'ang est toujours attaqué. Nous sommes cependant bien heureux d'entendre le bruit de cette canonnade, qui nous rassure sur le sort de nos pauvres camarades. Nous préférons à un doute affreux cette certitude du danger. »

Samedi, 28. — Vers 11 heures, bombardement du nord-est et de l'est. Pouvons tuer des servants, même un mandarin. Au nord-est fusillade nourrie, tir intermittent, salves au nord-ouest. Canon continue toute la soirée, ni tués ni blessés.

De M. Darcy aux légations :

« Du côté du Pé-T'ang la canonnade augmente. »

Nous n'avons pas retrouvé la feuille sur laquelle Paul Henry dut consigner ses observations du 29 juillet. Mais

---

[1] Conférence à l'Université catholique d'Angers, 10 janvier 1901.

nous savons, par d'autres témoins, que cent quinze coups de canon à boulet plein furent tirés contre le Pé-T'ang; que trois chrétiens furent blessés à mort, et que le feu fit de grands dégâts dans le mur d'enceinte.

La nuit est très mauvaise. La canonnade et la fusillade ne cessent pas. Le feu est particulièrement vif contre le Jen-tsé-T'ang. Il semble qu'un assaut se prépare de ce côté, et le danger est d'autant plus grave que les Italiens n'ont presque plus de munitions.

Vers 6 heures du matin, le 30 juillet, Paul Henry se porte, avec douze marins, à la défense de la muraille de l est, au Jen-tsé-T'ang. Il est grand temps. La canonnade fait un mal énorme; la position va devenir intenable. Le dessein de l'ennemi paraît être de détruire la porte, fortifiée à présent, du Jen-tsé-T'ang, afin de prendre d'enfilade les postes de tir des Européens; il faut s'y opposer à tout prix. Le jeune officier commence par faire exécuter des feux de salve, qui mettent hors de combat plus de cent cinquante réguliers et Boxeurs. Il a réussi à faire tuer ou blesser les pointeurs d'un canon mis en batterie à moins de cent mètres de la muraille, parmi des maisons ruinées. Voyant que les Chinois ont alors traîné leur canon à deux cents mètres en arrière, et recommencent à tirer, il rassemble ses hommes à l'abri, et leur annonce qu'il va faire une sortie avec eux par la brèche, et prendre le canon comme on a pris celui de la porte sud. Il a autour de lui douze Français et cinq Italiens, qui composeront la petite colonne. « Mes amis, dit-il, je vous ai choisis parce que je vous sais courageux et adroits. J'irai avec vous

Paul Henry blessé mortellement.

pour prendre ce canon. Nous pénétrerons par le K'ou, et
nous courrons sur le canon, sans tirer un coup de fusil.
Arrivés là, nous ferons des feux de salve, pendant que
nos Chinois hurleront des *châ! châ!* Si nous sommes
obligés de nous replier, nous le ferons lentement, en
tirant, et nous emporterons nos blessés[1]. » A ce moment,
un des frères qui servaient de messagers vient avertir que
les Boxeurs se précipitent contre la muraille du nord, et
jettent sur les toits des fascines enduites de pétrole et
enflammées. Paul Henry demande deux hommes de bonne
volonté, et court à la muraille attaquée. Delmas et Callac
l'ont suivi. Tous trois montent sur un échafaudage établi
contre le mur. Delmas commence le feu rapidement. Il
ne perd pas ses balles. En quelques minutes, vingt-huit
Chinois sont mis hors de combat. « Bravo, Delmas!
crie l'officier, vingt-huit sur vingt-neuf! » A peine a-t-il
parlé, que Delmas reçoit une balle dans le bras droit. Le
second matelot prend la place de son camarade blessé. Il
se découvre nécessairement un peu. Paul Henry est pen-
ché derrière lui, dans l'ouverture du même créneau, et lui
commande de tirer sur une troupe d'assaillants qui font
irruption par une porte située en avant. Mais Callac n'a pas
le temps de faire feu. Une balle lui traverse l'épaule et
pénètre en arrière, dans le cou de l'officier. Paul Henry
se sent blessé mortellement. Il va pour descendre de
l'échafaudage. Une seconde balle l'atteint en plein corps,
du côté gauche, et le perce de part en part. Il a encore la

---

[1] Journal du frère Jules-André.

force de se laisser glisser à terre et de faire une cinquantaine de pas. Les marins qui l'attendent le voient s'avancer
tout pâle; il défaille; il tombe entre les bras de Lehoux et
de Callac, qui, malgré sa propre blessure, veut secourir
son chef. L'aspirant italien, M. Olivieri, est là, et les
Français et les Italiens prêts à faire la sortie, et les Chinois en grand nombre. Tout le monde se précipite. Lehoux,
qui le soutient, aperçoit une goutte de sang sur le col du
vêtement de l'officier. Il détache l'agrafe. Le sang jaillit,
et le pauvre matelot essaye de l'arrêter en mettant ses deux
doigts sur la blessure; mais en vain. La vérité leur apparaît. Plusieurs ensemble ils portent leur officier et leur ami
sous une véranda voisine, où un prêtre chinois, M. Tso,
lui donne les derniers sacrements. Le combat est abandonné; plus personne ne défend les murailles. Et l'ennemi
continue de tirer sur le Pé-T'ang, qui pour la première fois
ne répond pas : Paul Henry va mourir.

On court chercher Mgr Favier. « J'étais à prier le bon
Dieu, raconte l'évêque, quand mon domestique me dit :
« L'officier est blessé. — Qui? Paul? » Je cours immédiatement. Je n'avais pas fait trois pas, quand il me dit :
« Il est mort. » Écoutez, je n'ai pas pu m'en empêcher,
j'ai pleuré. Je m'étais retenu jusque-là, mais ce jour-là je
n'ai pas pu. Non seulement j'ai pleuré, mais tout le monde
pleurait. Les Chinois disaient : « Pourquoi le bon Dieu
n'a-t-il pas laissé la vie à ce saint homme! » Ils l'appelaient ainsi. J'avais laissé des prêtres partout, dans tous
les endroits dangereux, afin que, si quelqu'un était touché,
il pût recevoir les derniers sacrements. Il n'a pas souffert

une minute, je ne le pense pas. Sa blessure lui avait enlevé la parole. Il était souriant, et il n'a pas eu une petite ride ni un changement sur son visage, jusqu'à la fin. On me l'a apporté : il était étendu sur un petit lit ; déjà sa figure était toute blanche. Il était là comme une figure de cire qu'on met sur les autels, blanc et deux fois plus beau qu'il n'était pendant sa vie. Et c'était un bel homme[1]. »

Ce sourire du mourant, tous les hommes accourus autour de Paul Henry l'ont remarqué, et s'en sont étonnés.

L'un d'eux, Peuziat, qui l'a vu descendre de la muraille et s'avancer vers ses marins, dit : « Il nous regardait en souriant ; il voulait nous parler ; mais il n'avait pas pu. » Louarn dit de même : « Quand notre chef a été tué, il est venu tomber dans les bras d'un marin, et nous regardait en souriant, voulant encore nous encourager, et ne paraissant nullement souffrir, quoique percé par ces deux balles qui devaient le faire souffrir horriblement. »

Tous se souviennent également de l'affirmation réitérée de leur chef, que le Pé-T'ang serait sauvé, mais que lui, il allait mourir.

La veille de sa mort, écrivent deux camarades sur la même lettre, le commandant avait dit ceci : « Quand le bon Dieu n'aura plus besoin de moi pour défendre le Pé-T'ang, il viendra me chercher. » Un autre atteste : « Je l'ai souvent entendu dire ces paroles : que quand on aurait plus besoin de lui, il aurait une balle qui viendrait le chercher. Et nous autres on disait : « Ce n'est pas possible, comman-

---

[1] Conférence à l'Université catholique d'Angers, 19 janvier 1901.

dant ! » Il fallait que le bon Dieu lui ait fait croire ça. »
Même note sur le cahier du fusilier Lehoux. Mêmes paroles
rapportées par Mgr Favier.

Le 30 juillet fut le jour le plus triste du siège, au dire
de ceux qui ont vécu parmi tant de tristesses. La douleur
était générale : les missionnaires et les sœurs, les marins
français et leurs camarades italiens; l'aspirant M. Olivieri,
que le péril commun et la plus cordiale confraternité
d'armes avaient attaché au jeune officier français; les chrétiens chinois eux-mêmes n'avaient point d'autre pensée.
Beaucoup crurent que tout était perdu désormais, et, malgré la famine qui commençait à se faire sentir cruelle—
ment, presque personne ne mangea. Le pauvre Barbiche
faisait peine à voir. Un des matelots écrit : « Je croyais
qu'il serait devenu fou; il ne faisait que tourner d'un côté
et de l'autre. »

Le chef qui avait organisé la défense, celui qui avait
confiance et qui donnait confiance, celui qu'on voyait
accourir dès que le danger devenait menaçant, celui que
tout le monde aimait n'était donc plus[1]. Après sa mort, le
commandement se partagea. L'aspirant de première classe
italien, M. Olivieri, eut le commandement militaire; mais
les grandes décisions, soit d'ordre intérieur, soit pour la
défense, furent toutes prises désormais par Mgr Favier et
par Mgr Jarlin, qui eurent, en réalité, la direction supérieure de toutes choses. Du côté français, et par suite de
la perte de l'officier et du second maître Jouannic, il res—

---

[1] Le corps de Paul Henry fut enseveli le 31 juillet, avec les honneurs militaires, au pied
d'une statue de Notre-Dame de Lourdes, dans le jardin du Pé-T'ang.

tait un simple quartier-maître, Élias, qui se trouva chargé de la conduite du détachement, et se tira fort bien d'affaire. D'un commun accord, les consignes établies furent maintenues, comme si Paul Henry était encore présent.

Élias, quartier-maître,
qui a pris le commandement des Français
après la mort de Paul Henry.

Il devait y avoir encore de bien mauvais jours jusqu'au 16 août, qui fut celui de la délivrance. Mais s'il y eut de grandes souffrances pendant cette dernière quinzaine de siège, Mgr Favier a pu écrire :

« Nous n'avons pas eu d'attaque vraiment dangereuse[1]. »

____

[1] Lettre de Mgr Favier à M. Henry, citée plus loin.

Les assiégés n'avaient presque plus de vivres. Les provisions faites au début du siège, en hâte, ne l'avaient point été pour un nombre de personnes aussi considérable. Les essais de ravitaillement, comme on l'a vu, n'avaient pas réussi. Dès le 6 juillet, la ration avait été fixée à une livre de riz ou de fèves, ou de millet, par personne et par jour. Le 28 juillet, elle était réduite à trois cents grammes; le 5 août à moins encore, et enfin le 10 août, quand on a mis de côté quatre cents livres de riz et une mule pour les soldats qui défendent le Pé-T'ang, il ne reste à peu près rien pour les missionnaires, les sœurs et les Chinois. L'eau seule ne manque pas. On mange toutes les feuilles des arbres, les racines des dahlias et des balisiers, on fait des bouillies avec des oignons de lis.

« Deux ou trois cents enfants criaient la faim, dit Mgr Favier, et la chaleur intense m'empêchant de dormir, je croyais ouïr les bêlements d'une troupe d'agnelets destinés au sacrifice. Ces cris, du reste, diminuaient chaque jour, car nous avons enterré cent soixante-dix de ces innocents[1]. »

Il ajoute :

« Il fallait voir les chrétiennes se priver de leur maigre portion pour nourrir leurs bébés; depuis longtemps elles n'avaient plus de lait; avec de petits morceaux de fer-blanc, qui servaient de cuillers, elles introduisaient le brouet clair dans la bouche de leurs pauvres enfants. Une trentaine de nouveaux-nés ont, en effet, augmenté

---

[1] Journal de Mgr Favier.

encore la population de la Chine pendant ces deux mois.

« Un matin, avant la sainte messe, une de ces vail-

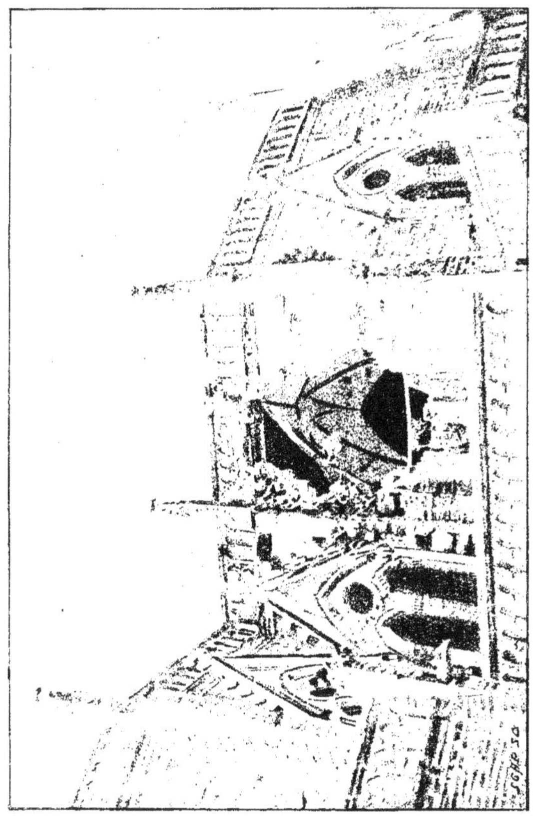

Un coin de la cathédrale du Pé-T'ang après le bombardement.

lantes chrétiennes, accouchée de la nuit, se jette à mes pieds, et me dit :

« — Évêque! évêque! faites-moi donner un bol de petit millet pour que j'aie un peu de lait! »

16

« Je dus lui refuser en pleurant : il n'y en avait point. »

Une autre mère, à qui on demande d'empêcher son enfant de crier, répond : « Il meurt. » Les Chinois que l'on veut employer à creuser des contre-mines répondent : « J'ai faim. » De longues files d'affamés se traînent le long des chemins et des massifs, en quête d'herbe, de feuilles d'arbres ou de pampre.

Quant à la fusillade et à la canonnade, elles ne cessent pas, mais elles se ralentissent. C'est un des signes qui font espérer aux assiégés que l'armée de secours approche. Mais une nouvelle mine éclate le 12 août, et fait un grand nombre de victimes. M. Olivieri raconte ainsi cet épisode, dans son rapport officiel :

« A 6 heures 30 du matin, une énorme explosion secoue toute la mission : une formidable mine vient d'exploser sous l'enclos des sœurs, détruisant à moitié leurs bâtiments, ouvrant une large brèche dans le mur d'enceinte, ensevelissant sous les débris cinq marins italiens et moi, et cent Chinois environ, dont tous les enfants de la crèche. Le moment est suprême. Si les Chinois s'élancent à l'attaque, la position est perdue, puisqu'il ne reste plus que cinq marins italiens et une quinzaine de marins français sans chef et sans direction. »

Mais la terreur que les défenseurs du Pé-T'ang inspiraient à l'ennemi était tellement forte, que celui-ci n'avance pas, bien que la brèche dans la muraille soit de plus de quatre-vingts mètres[1].

---

[1] On a calculé que la charge de poudre avait dû être au moins de six cents kilogrammes.

« Ils se contentent de pousser des cris infernaux, de lancer une grêle de projectiles pour empêcher le sauvetage, ce qui ne dérange pas les braves marins. Réunis en une poignée, Français et Italiens, après onze heures de travail, réussissent à me sortir des décombres, ainsi que trois de leurs compagnons, pendant que les autres sont sur la brèche pour défendre le passage... Des six Italiens ensevelis, je suis le seul sauvé, tous les autres sont retirés morts, horriblement mutilés. »

Le lendemain, 13 août, une nouvelle mine éclate au Jen-tsé-T'ang ; mais elle ne cause que des dégâts matériels. Enfin, la veille du 15 août, l'espoir d'une délivrance prochaine se lève pour les assiégés. Malgré l'extrême abattement causé par la faim, on retrouve le sourire ; malgré les boulets qui continuent de tomber dans l'enceinte du Pé-T'ang, on s'aborde en se félicitant, car les troupes européennes combattent certainement sous les murs de Pékin : les drapeaux chinois ont disparu de dessus la muraille de la ville impériale ; les Chinois passent dans les rues, emportant des centaines de blessés.

Le 15 août, le bruit de la bataille devient plus continu, et se rapproche. Enfin, le 16 août, comme la fusillade venait d'éclater plus vive que les jours précédents et à trois cents mètres seulement du Pé-T'ang, derrière la porte Si-Hoa-Men, le vieil évêque de Pékin, prenant un clairon, sonna par trois fois « la casquette du père Bugeaud ». Rien ne répondit, si ce n'est une bombe qui vint éclater à ses pieds, et une grêle de projectiles qui tomba sur le Pé-T'ang. Mais une demi-heure plus tard, vers 8 heures et demie du matin, on aperçut distinctement des Européens. On renouvela la sonnerie de clairon; un officier aperçut le drapeau français, escalada le mur jaune à l'aide d'une échelle qu'on lui passa. C'était un capitaine japonais; il serra la main de Mgr Jarlin, et redescendit aussitôt pour aller conduire ses troupes à l'assaut de la porte de la ville jaune. Presque en même temps, une troupe française s'avança dans la rue avec du canon. « Ils accoururent droit au drapeau, placèrent quelques échelles de leur côté et nous d'autres échelles du nôtre. En quelques minutes, les cinquante hommes de la compagnie Marty étaient chez nous avec leur chef. Pendant ce temps, les Japonais, escaladant le mur plus au sud, avaient ouvert un battant de la porte; l'artillerie française, placée vis-à-vis, acheva l'œuvre, et, malgré une fusillade de plusieurs milliers de coups de feu à la minute, on se précipita sur les barricades.

« Les soldats d'infanterie de marine, entrés chez nous, avaient eu le temps de traverser nos établissements et d'aller prendre la grande barricade à revers, après avoir escaladé, brûlé les maisons crénelées et passé à l'arme blanche leurs défenseurs.

« La bataille était finie. Plus de huit cents cadavres de Boxeurs ou de soldats réguliers chinois gisaient à terre. Nous n'avions à déplorer que la perte de deux hommes tués et de trois blessés, dont le commandant Marty.

« Il était environ 10 heures.

« Depuis un quart d'heure, le ministre de France, M. Pichon, et le général Frey étaient au Pé-T'ang. Inutile de dire qu'on s'est embrassé de bon cœur et mutuellement félicité. Nous étions délivrés, et délivrés par des soldats français[1]. »

Un de ceux qui ont pénétré les premiers dans la mission, un des soldats de la compagnie Marty, a raconté, dans une lettre à ses parents, le spectacle émouvant dont il fut le témoin[2] :

« Pékin, le 14 septembre 1900.

« Mes bien chers parents,

. . . .

« Nous sommes entrés à Pékin le 15 au soir, et le 16 nous allions sur la ville impériale, à un endroit appelé le Pé-T'ang. Nous y avons trouvé quarante matelots avec quelques civils, des sœurs, des prêtres, l'évêque et l'archevêque[3].

« Ils y étaient tous retenus depuis des mois; ils avaient construit des barricades et s'étaient défendus avec désespoir; car les Chinois, s'ils les avaient pris, les auraient fait périr dans des tortures sauvages.

« Il était temps que nous arrivions : leurs remparts étaient pris et occupés par les Chinois.

« Jamais de la vie je n'ai rien vu, jamais personne ne peut imaginer rien de plus triste! Aussitôt que ces malheureux ont entendu notre bombardement et le feu qui crépitait de tous côtés, ils ont compris que nous approchions enfin.

« Nous avons fabriqué de grandes échelles pour fran-

---

[1] Journal de Mgr Favier.
[2] Cette lettre a été publiée par le *Journal d'Indre-et-Loire*.
[3] On devine qu'ici le mot d'archevêque désigne Mgr Favier, et celui d'évêque Mgr Jarlin.

chir le mur, et nous voici en face de l'endroit où se défendaient les Européens. Ils entendent nos cris; eux aussi avaient des échelles, et ils se hissent sur le sommet du mur.

« Le premier qui se montre, c'est Mgr l'archevêque, les cheveux blancs, la barbe blanche, le crucifix en or sur la poitrine et un grand drapeau français à la main.

« Nous nous trouvions en première ligne, et à peu près à cinq cents mètres, quand nous aperçûmes cette grande figure; nous étions bien fatigués, mais à la vue du drapeau tenu par ce vieillard, un grand cri s'échappe de toutes les poitrines, et c'est à qui arrivera le premier. On est au pied du mur, on dresse les échelles, on franchit la muraille, et en un instant nous voici dans l'enceinte. Archevêque, évêque, prêtres, sœurs, matelots, tous nous sautent au cou et nous embrassent. Aussi, vois-tu, ma chère mère, je pleure encore au souvenir de cette heure vraiment inoubliable.

« Quand l'archevêque nous a parlé, presque tous nous avions le cœur si gros, qu'on se cachait la figure pour dissimuler nos larmes.

« Les sœurs nous donnaient du pain et nous remerciaient avec des mots impossibles à redire.

« Les pauvres matelots, heureux de leur délivrance, faisaient en l'air des sauts invraisemblables.

« Je renonce, du reste, ma chère mère, à te raconter cette scène par écrit. Je te la dirai de vive voix, car je vivrais cent ans que jamais je ne l'oublierai[1]. »

[1] La marche des troupes alliées, des légations sur la ville impériale, la prise de la porte Si-Hoa-Men par les Japonais, ont été racontées d'une façon intéressante et précise par M. le lieutenant de vaisseau Darcy, dans son livre : *La Défense de la Légation de France.*

Ainsi se termina le siège du Pé-T'ang. Il avait duré deux mois, et les défenseurs de l'évêché de Pékin n'en avaient pas quitté l'enceinte pendant deux mois et demi. Contre ces quarante-trois soldats, contre les chrétiens et les établissements qu'ils défendaient, les Boxeurs et bientôt les réguliers ennemis n'ont pas tiré moins de deux mille cinq cents boulets, obus et boîtes à mitraille, et plusieurs millions de coups de fusil. On a compté jusqu'à quatorze canons bombardant ensemble la mission. Des centaines de fascines, de gerbes de paille pétrolées, de fusées incendiaires, ont été jetées sur les toits. Quatre mines ont éclaté, un plus grand nombre ont été éventées et détruites par les assiégés. Parmi ceux-ci, le siège a fait quatre cents victimes, dont trente-huit chrétiens chinois, deux frères maristes, un missionnaire français, six matelots italiens, quatre matelots français, et leur officier tué au feu. Les marins italiens ont eu trois blessés, les marins français neuf, les religieux du Pé-T'ang cinq.

Si l'on tient compte du petit nombre de combattants, de la violence des attaques, de leur durée, qu'aucun armistice ne vint limiter, de l'ordre qui ne cessa de régner dans la population réfugiée et dans l'organisation de la défense, de l'esprit de prévoyance qui avait fortifié le Pé-T'ang si complètement, à l'heure où le péril semblait encore douteux à quelques-uns, on comprendra que le ministre de France ait pu dire dans son rapport :

« De toutes les défenses organisées pendant le siège, celle de l'évêché de Pékin est peut-être la plus étonnante et la plus remarquable. »

LISTE DES MARINS DU *D'ENTRECASTEAUX*

QUI ONT DÉFENDU LE PÉ-T'ANG

NOMS	GRADES	OBSERVATIONS
M. Henry.	Enseigne de vaisseau.	Tué le 30 juillet.
Jouannic	2° Mtre mousquetrie.	Tué le 30 juin.
Mingam.	Qr Mtre timonerie.	
Élias	— mousqueterie.	
Prigent	Fusilier breveté.	
Queffurus	id.	
Urcourt	Canonnier auxiliaire.	
Marrec.	Fusilier breveté.	
Delmas.	Timonier breveté.	Blessé au bras droit, le 30 juillet.
Constanza.	Chauffeur auxiliaire.	Blessé le 16 juillet, un œil perdu.
Souve	id.	
Le Goff	Fusilier breveté.	Blessé gravement à la tête.
Ruello.	id.	
Stéphany	Gabier breveté.	
Fay	Matelot sans spécialité.	Blessé gravement au côté, éclat d'obus.
Le Quéré.	id.	
Lalès	id.	Blessé gravement le 5 août, un œil perdu.
Lehoux.	Fusilier auxiliaire.	
David	Chauffeur auxiliaire.	Tué le 10 juillet.
Louarn.	id.	
Sénéchal	id.	
Frank	id.	Tué le 19 juillet.
Guézennec.	id.	
Cambiaggi.	id.	
Le Coz.	id.	
Derrien	Fusilier auxiliaire.	
Callac.	Canonnier id.	Blessé le 30 juillet, à l'épaule.
Peuziat.	Fusilier id.	
Le Ray.	id. id.	
Le Sec'h	Canonnier id.	Blessé gravement le 22 juillet, un œil perdu.
Rebour.	Fusilier id.	Tué le 14 août.

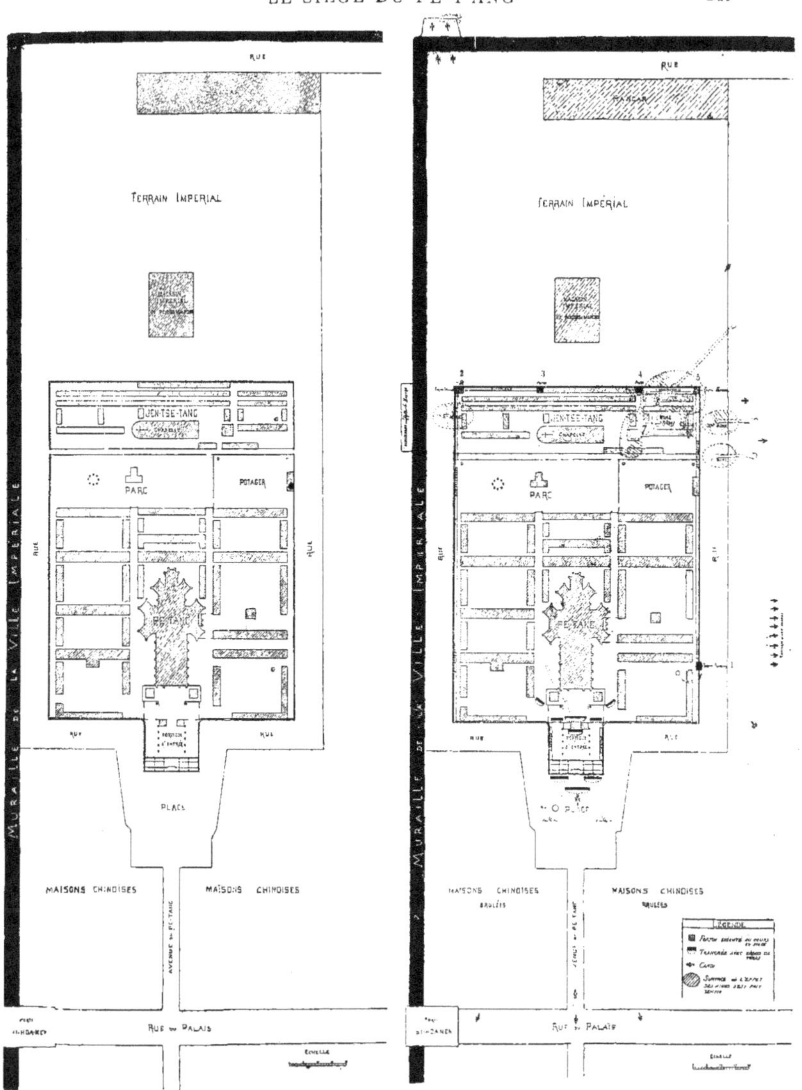

Plan du Pé-T'ang avant le siège.   Plan du Pé-T'ang après le siège.

1 fortin français. — 2 fortin italien. — 3, 4, 5, postes de tir protégés. —
6 lieu où Paul Henry fut blessé. — 7. Lieu où Paul Henry est tombé.

(D'après documents, mis au net par M. Henri Boutier.)

LISTE APPROXIMATIVE DES RELIGIEUX EUROPÉENS

ASSIÉGÉS AU PÉ-T'ANG

Mgr Favier	Lazariste, évêque de Pékin, ayant rang de vice-roi en Chine.	
Mgr Jarlin	Lazariste, coadjuteur.	Blessé d'une balle à la tête, le 11 juillet.
M. Ducolombier. . .	Lazariste, procureur général du Vicariat apostolique.	
M. Chavanne. . . .	Lazariste, docteur en théologie et en philosophie, professeur, arrivé depuis peu en Chine.	Blessé d'une balle au ventre; mort de la variole le 26 juillet.
M. Giron	Lazariste, directeur des séminaires. Chargé, pendant le siège, des travaux de défense du côté Est.	
M. Gartner	Autrichien, ancien élève de l'école polytechnique de Vienne, étudiant au grand séminaire.	Blessé par un éclat de brique.
M. Tison	Lazariste.	
M. Bartenie	Lazariste.	
Frère Maes	Lazariste, directeur de l'imprimerie de l'évêché.	
Frère Denis	Lazariste, infirmier.	
Frère Jules-André. .	Visiteur des frères maristes; chargé des travaux de défense du Jen-tsé-T'ang.	Mort d'une balle en pleine poitrine, après l'éclatement de la mine du 11 août, en secourant les blessés.
Frère Joseph-Félicité.	Mariste, directeur de l'orphelinat du Chala, surveillant des Chinois employés aux contre-mines; 25 ans.	Mort dans l'explosion du 18 juillet.
Frère Cléophas. . .	Mariste.	
Frère Joseph-Julien .	Mariste, de la défense active du Pé-T'ang pendant le siège.	Blessé d'une balle à la main.
Frère Marie-Nizier. .	Mariste, de la défense active; 21 ans.	Légèrement blessé à la main.
Frère Marie-Floribert.	Mariste.	
Frère Marie-Basilius .	Mariste, chargé de la surveillance des Chinois chrétiens, à l'Ouest.	Grièvement blessé, éclat d'obus au bras gauche, le 22 juin[1].

---

[1] Les lazaristes chinois étaient MM. Ho, Ouang, Tso et Tong.

IX

Mgr Favier voulut, quelques jours après son arrivée en
Europe, venir consoler la mère et le père du jeune officier
qui avait sauvé le Pé-T'ang, et leur apporter le drapeau
que Paul souhaitait posséder après l'avoir défendu. Il passa,
en effet, la soirée du 19, la journée du 20 et la matinée
du 21 janvier 1901, au milieu de la famille Henry, à
Angers. Sachant à quels chrétiens il parlait, il leur défendit
presque de pleurer; il leur répéta les mots qui ont été
adressés, à travers les âges, aux parents des saints : « Ne
pleurez pas, votre fils est sauvé. » Ce fut le résumé des
longs entretiens qu'il eut avec eux, et la conclusion des
récits et des confidences qu'il leur fit.

Il s'exprima de même, quand il raconta, le 20 janvier
au soir, devant un auditoire nombreux, réuni dans la
grande salle de l'Université catholique d'Angers, le siège
de la mission de Pékin et la mort de l'enseigne Henry.
Après avoir dit la journée de deuil du 30 juillet 1900, et

comment, le lendemain, le corps du jeune officier avait été descendu dans une tombe creusée dans le jardin du Pé-T'ang, au pied d'une statue de Notre-Dame de Lourdes, il ajouta : « Moi, je n'ai pas dit les prières de la sainte Église. Je ne sais pas si ce sont des visions; mais, pour moi, Paul est allé en paradis... Pour moi, je suis sûr que c'est un saint. J'invoquais souvent saint Georges, saint Maurice, et j'ajoutais Paul... Je ne comprends pas qu'on chante autre chose qu'un *Te Deum*. Je l'ai dit au pape, et il m'a dit : « Vous avez bien fait. »

Trois jours après cette conférence, qui fit sur les auditeurs une impression extrêmement vive et durable, Mgr Favier se rendait à Sainte-Anne d'Auray, pour y accomplir, à la place de Paul Henry, le vœu fait par les défenseurs du Pé-T'ang. Il apportait et confiait au trésor de la basilique un calice d'or orné d'émaux. La cérémonie avait attiré un grand concours de fidèles. Beaucoup de journaux de France en donnèrent le compte rendu ou la signalèrent, et, parmi eux, le journal *l'Univers*, auquel j'emprunte les pages que voici[1].

Mercredi, 23 janvier. — « Ce vœu a été fait dans des circonstances extraordinaires : il fallait qu'il fût solennellement accompli. Depuis mon arrivée en Europe, je me suis rendu à Rome, où j'ai eu le bonheur d'entretenir longuement le souverain pontife; j'ai été en Bourgogne, mon pays natal, où m'attendait ma chère et vénérable mère. Avant de retourner en Chine, je visiterai bien des villes

---

[1] *Univers*, numéro du lundi 4 février 1901. La lettre du correspondant n'est pas signée.

et bien des localités. Si j'avais été mis dans la cruelle
nécessité de choisir, il n'est pas un seul de ces voyages
que je n'eusse volontiers sacrifié au pèlerinage de Sainte-
Anne d'Auray. Au besoin, je les aurais sacrifiés tous. Et
pourtant je ne suis pas ici en mon propre nom ; je ne suis
que le délégué de celui qui ne peut venir. »

« Tel a été le début du récit empoignant que Mgr Favier
a fait, le mercredi 23 janvier, dans la basilique de Sainte-
Anne, aux nombreux pèlerins attirés par le désir de le voir
et surtout de l'entendre.

« L'évêque de Pékin a dû être content. L'accomplis-
sement du vœu a été aussi solennel qu'il pouvait le sou-
haiter ; la cérémonie d'action de grâces a été aussi belle,
aussi triomphante que semblaient le demander les circonstances.

« On était accouru de toutes les paroisses du littoral
breton. Il y avait des pèlerins d'Arzon, de la Trinité-sur-
Mer, de Quiberon, de Moëlan, de Saint-Renan, de Brest,
de Guipavas, de Lesneven, de Perros-Guirec, de Lannion ;
tous, ou presque tous, les parents ou les amis des marins
et des soldats qui ont pris part à l'expédition de Chine,
et principalement de ceux qui ont combattu à Pékin. Ce
n'était pas la population mêlée et quelque peu bruyante de
nos grands jours de fête, mais des fidèles déjà recueillis
et presque émus. L'âme de cette foule semblait se mettre
d'avance en harmonie avec les impressions qu'elle devait
bientôt éprouver. Çà et là, dans les rues du village, dans
la basilique ou sur l'esplanade, des femmes, des jeunes
filles, de jeunes garçons en deuil : ce sont les épouses, les

sœurs ou les enfants des marins qui ne sont pas revenus
de l'horrible pays jaune, où ils sont morts en défendant
les légations ou le Pé-T'ang. On se montrait le père,
l'oncle et les deux jeunes frères, l'un séminariste, l'autre
élève de marine, du héros Paul Henry, dont le nom était
dans toutes les bouches. Dans différents groupes on aper-
cevait les survivants de la terrible lutte. Un congé bien
mérité leur avait permis d'accepter le rendez-vous qui leur
avait été donné aux pieds de sainte Anne. Tous ils ont,
à la boutonnière, un ruban spécial, en attendant la médaille.
Quelques-uns portent les marques, plus glorieuses encore,
des blessures à peine fermées.

« Ces tout jeunes gens, quelques-uns presque des
enfants, n'ont pas l'air de se douter qu'ils ont fait de
grandes choses. Ils sont tout étonnés et cependant ravis
des chaleureuses ovations dont ils sont à chaque moment
l'objet. L'héroïsme vrai s'ignore lui-même. Leur démarche
n'a même rien de martial, et leur attitude est aussi simple
que celle des pèlerins qui les admirent. Leur chef surtout,
Élias, ce simple quartier-maître de mousqueterie, aujour-
d'hui second maître, qui, à la mort de l'enseigne Henry,
a eu l'honneur de commander devant l'ennemi pendant plus
de quinze jours, Élias a une physionomie très calme et
plutôt mélancolique, le parler doux et presque féminin.
Mais sous toutes ces vareuses noires et sous le collet bleu,
on devine des corps agiles et des membres souples, tout
prêts à bondir. Dans le visage tranquille, on trouverait
à bien le chercher, le signe des résolutions énergiques et
des entêtements tenaces. Ces humbles ont désormais leur

place dans l'histoire, et longtemps on parlera d'eux, parce qu'ils étaient à ce grand siège qui a eu lieu dans les murs de Pékin.

« A leur tête, on verra se placer tout à l'heure un autre glorieux mutilé : le drapeau français qui, pendant plus de deux mois, n'a cessé de se dresser sur les fortifications du Pé-T'ang, déchiré par près de cent balles chinoises, noirci par la mitraille, ayant perdu plus de la moitié de son étoffe, et dont une main pieuse a essayé de cicatriser les innombrables blessures. Il a été à la peine : il était juste qu'il fût à l'honneur!

« Toute la foule avait pris place dans la basilique long-temps avant l'heure marquée pour la cérémonie.

« Qu'on se rappelle ou qu'on se représente la scène que nous avons eue sous les yeux : le vaste chœur de l'église tout entier occupé par les prêtres; les trois nefs absolument remplies par les fidèles, les marins et quelques soldats de l'expédition groupés au pied de la chaire : tout autour d'eux, les parents en deuil, et plus loin, sur l'autel de sainte Anne, le drapeau qui représentait si bien les deuils et les grandeurs de la patrie; et tout à coup, après la messe solennelle chantée en présence des deux évêques de Vannes et de Pékin, surgissant dans la chaire, se dres-sant dans sa haute taille, Mgr Favier, dont on avait hâte de contempler les traits vénérables et de recueillir les paroles.

« Avant qu'il eût ouvert la bouche, un silence religieux régnait d'un bout à l'autre de l'édifice, où les orateurs les plus éloquents ne parviennent presque jamais à dominer entièrement le bruit. On l'écoutait déjà.

« Rarement orateur eut un thème aussi émouvant à développer devant un auditoire. Avec une opportunité parfaite, peut-être même avec un parti pris évident s'alliant à une habileté consommée, Mgr Favier a laissé les faits parler. Les faits, du reste, parlaient assez d'eux-mêmes ; et on ne peut l'accuser d'avoir voulu y ajouter les prestiges de l'éloquence ou de l'action oratoire. Nulle recherche de l'effet : l'émotion, qui naturellement accompagne un récit tragique, refoulée au fond du cœur ; un verbe qui, comme celui de saint Paul, dédaigne les procédés de l'art, et néglige au besoin la grammaire ; les événements exposés avec une rhétorique nue, rapide, presque froide ; l'homme faisant effort pour s'effacer et ne laisser voir que les choses. Mais ces choses étaient en elles-mêmes si belles et si émouvantes, que tous les auditeurs en étaient attendris...

« Aussitôt le magnifique récit terminé, une procession émouvante s'organise à l'intérieur de la basilique. Les pèlerins restent tous à leur place. Au milieu de la foule, et tout le long des nefs latérales, on réussit à frayer une voie où s'engage un défilé triomphal. En tête, le drapeau du Pé-T'ang, porté par Michel Henry, en qui son frère semble revivre en ce moment ; derrière, les marins qui se souviennent d'avoir été secourus par sainte Anne à l'heure du danger, et enfin l'évêque de Pékin portant l'ex-voto, qui donne un corps aux vives espérances qui animaient là-bas toute une population chrétienne, protégée par les armes et par la patronne des marins bretons. Avec eux semble marcher le cortège des glorieux souvenirs que l'évêque a évoqués tout à l'heure. C'est tout le Pé-T'ang, qui se rend, drapeau en tête, à l'action de grâces.

« Au passage de l'héroïque phalange et du drapeau martyr, la foule frémit d'un frisson religieux et patriotique. Pendant que le défilé s'avance lentement, à travers les rangs serrés, de tous les points de la basilique s'élève le chant d'un cantique inspiré par la circonstance, dont les paroles émues et l'air entraînant rendent si bien les sentiments qui débordent de tous les cœurs...

« L'évêque arrive enfin devant l'autel de sainte Anne.

« C'est pour la seconde fois qu'il s'y arrête. Au moment de son arrivée, il s'y était déjà fait conduire. On l'avait vu, le matin, à genoux devant la statue miraculeuse, le front dans les mains, dans une attitude de profond recueillement. Dans cette première rencontre avec sainte Anne, il lui avait exprimé sa joie et sa reconnaissance; il lui avait parlé en son nom, au nom de ses défenseurs et de ses chrétiens, et il était heureux de déposer à ses pieds les hommages de tous ceux qu'elle avait bien voulu secourir, et dont il n'était que l'interprète et le porte-parole. Il y avait ensuite célébré la sainte messe, avec quels sentiments, on pouvait le deviner à voir les larmes dont son visage était inondé. Quel spectacle et quel souvenir!

« Maintenant ce n'est plus la prière recueillie et silencieuse, c'est une vaste acclamation d'actions de grâces qui retentit, ce sont des milliers de pèlerins, c'est tout un peuple s'associant à la voix de l'évêque, pour chanter la

17

magnifique antienne dont chaque invocation trouve ici une
application si précise et si littérale :

O mater patriæ, Anna potentissima,
Tuorum Britonum salus esto,
Serva fidem, mores corrobora,
Tribue pacem sancta intercessione.

« Une scène plus émouvante encore peut-être devait
clore cette magnifique manifestation.

« Après avoir reçu la bénédiction du saint Sacrement,
les pèlerins avaient quitté la basilique et s'étaient massés
sur l'esplanade : rangés en demi-cercle devant le portail,
les trois cents élèves du petit séminaire contiennent la
foule. Tout à coup la grande porte de la basilique s'ouvre
à deux battants, et l'on voit paraître sur les marches le
drapeau du Pé-T'ang, précédé des marins et suivi des
évêques. A cette vue, tous les fronts se découvrent; les
vivats retentissent; la musique du petit séminaire fait
entendre le *Salut au drapeau;* les élèves chantent ensuite
un hymne éloquent qui achève de mettre toutes les âmes
à l'unisson.

« Il n'eût pas été Breton, Breton dans son cœur, celui
qui n'eût pas été ému, celui qui n'eût pas pleuré!

« Oui! le voilà flottant au-dessus de toutes les têtes,
s'épanouissant dans la joie du triomphe, le drapeau français mutilé en Chine, la glorieuse relique, le haillon
sublime, la superbe loque! Saluons en lui, pendant qu'il
est sous nos yeux, tout ce qu'il rappelle et tout ce qu'il
incarne : la cause de la religion et la cause de la patrie,
dont il était le vivant symbole sur les hauts murs de

Pékin; la foi inébranlable et la sublime résignation de ceux qui s'étaient réfugiés ou qui combattaient à son ombre; les héros morts en le défendant, dont les âmes, pour être dans le ciel, n'en sont pas moins présentes à la fête où on les glorifie; et les soldats survivants, encore tout illuminés de la gloire qui rayonne de ses plis décolorés; et l'illustre évêque, l'âme de l'inlassable résistance, qui, la lutte une fois terminée, a été le prendre de ses propres mains pour le remettre à ceux dont il est le précieux trésor; et la cathédrale catholique demeurée, comme lui, debout, malgré la pluie d'obus qui tombait sur elle, quand de toutes les autres églises de Pékin il n'est pas resté pierre sur pierre. Saluons même, nous en avons le droit, les mystérieuses visions dont il était le témoin, lorsque, pendant certaines nuits du siège, les assaillants grâce à un privilège dont ils furent seuls à bénéficier, et qu'ils ont ensuite raconté, sans jamais avoir entendu parler de la sainte Vierge et des anges, apercevaient, se dressant sur les créneaux de la cathédrale, une dame blanche, des guerriers vêtus de blanc et portant des ailes, qui semblaient la garde surnaturelle du Pé-T'ang. »

X.

QUELQUES LETTRES

Lettre de Mgr Favier à M. Henry.

Pékin, 29 septembre 1900.

« Mon cher monsieur,

« J'avais chargé un de nos missionnaires de vous envoyer une notice sur votre cher fils; ce missionnaire est malade et n'a encore rien fait : je me décide donc à vous écrire moi-même cette lettre, que vous devez attendre depuis si longtemps. Excusez-moi, s'il vous plaît: le siège a été terrible, et, après la délivrance, nous en avons tous ressenti le contre-coup, et de plus, pour moi surtout, les occupations ont été plus que très nombreuses. Je vous dirai bien franchement que, dans toute ma longue vie, je n'ai jamais rencontré un jeune homme aussi accompli que ce cher M. Paul. Il avait tout pour lui : une science parfaite de son métier, une vaillance de héros, une piété de séminariste; avec cela, grand, bien bâti, solide, superbe et d'une affabilité sans pareille. Ne croyez pas que je fasse ce portrait à son père seul, je le trace pour tout le monde, et chacun y reconnaît votre enfant.

« C'est le 1er juin qu'il est arrivé ici, avec ses trente marins, pour défendre nos établissements catholiques du Pé-T'ang. Il a tout examiné en connaisseur; il y avait quatorze cents mètres de murs, aussi a-t-il tout de suite pris ses dispositions pour assurer la défense du noyau central : la cathédrale. Ce n'est qu'après avoir constaté la lâcheté de nos ennemis, qu'il s'est décidé à tenter de tout sauver.

« Vous lirez le détail du siège dans les *Missions catholiques,* auxquelles je viens de l'envoyer par la dernière valise.

« Je reviens à notre bon Paul. Il vivait avec nous de notre vie de lazaristes, partageant nos repas, nos récréations et presque nos exercices spirituels. Dans sa chambre il faisait ses prières devant un crucifix, à genoux sur un prie-Dieu. Il se confessait très souvent, et faisait chaque fois la communion avec une grande ferveur, disant « qu'il « fallait se tenir prêt ». Il l'était certes autant et plus que moi, c'était un vrai saint. Chaque matin, il venait vers sept heures dans ma chambre; nous causions du siège, et il partait, emportant sans le savoir une bénédiction toute spéciale. Je lui disais :

« — Ne vous exposez pas, conservez-vous pour nous tous, pour les vôtres. »

« Il répondait invariablement :

« — Je dois le bon exemple à mes hommes; je serais

heureux de mourir pour une si belle cause, c'est, je crois, le martyre, et j'ai l'espoir d'aller tout droit au ciel. Vous verrez que nous sauverons le Pé-T'ang; nous n'y serons peut-être pas tous, mais nous le sauverons. Si je dois disparaître, je ne disparaîtrai que lorsque vous n'aurez plus besoin de moi. »

« Nous causions aussi d'Angers et de vous tous : la joie de se revoir, l'arrivée à la gare, peut-être une fiancée, le vœu à notre bonne sainte Anne d'Auray, etc. Toujours : « si le bon Dieu le veut. » Maintenant c'est moi qui, à la place de notre bon ami, irai voir ses excellents parents, et qui ferai le pèlerinage, probablement vers la fin de décembre ou en janvier 1901.

« Le 30 juillet à 6 heures et demie du matin, le bon Paul n'était pas encore venu chez moi, lorsqu'un canon a tonné contre la maison des sœurs, menaçant de tout détruire. Le brave garçon, qui venait de faire sa prière, courut au danger avec quelques hommes. Grâce à lui les sœurs furent sauvées, le canon retiré et plus de cent quarante Boxeurs tués; il allait descendre, quand une balle, ricochant sur la main et l'épaule de deux marins, pénétra dans le cou du pauvre Paul. Malgré cette grave blessure, il redescendit et reçut une seconde balle dans le côté; il fit encore quarante ou cinquante pas sous la véranda, et tomba entre les bras d'un prêtre, qui s'empressa de lui donner les derniers sacrements; vingt minutes après il n'était plus. Nous l'avons exposé, pleuré, enseveli; il était superbe et semblait dormir; un rayon du paradis illuminait sa figure; nos braves chrétiens versaient des larmes, et la douleur des marins était navrante. Personne n'a pu manger ce jour-là ; nous nous regardions comme perdus : c'était un manque de foi. Bien au contraire, la parole qu'il nous avait dite allait se réaliser :

« — Je ne disparaîtrai que lorsque vous n'aurez plus besoin de moi. »

« Depuis le 30 juillet jusqu'au 16 août, jour de la délivrance, nous n'avons plus eu aucune attaque vraiment dangereuse. Je vous dirai entre nous que j'étais tellement certain du salut de notre bon Paul, que je l'invoquais en même temps que saint Georges et saint Maurice. Je suis persuadé qu'il a obtenu de Dieu notre délivrance.

« Quand on a perdu un fils comme celui-là et qu'on est bon chrétien comme vous l'êtes, au lieu de chanter un *De profundis*, on chante un *Te Deum*. J'irai bientôt vous voir, et, après quelques larmes données à la nature, nous remercierons ensemble le bon Dieu d'avoir glorifié un nouveau saint. Priez un peu pour un vieil évêque de Chine qui vous aime, et vous envoie sa meilleure bénédiction.

« † Favier. »

ORDRĖ DU JOUR DE LA FLOTTE

Takou, 1er octobre 1900.

Escadre de l'Extrême-Orient.

2e division.

Le contre-amiral Courrejolles, commandant la 2ᵉ division de l'escadre de l'Extrême-Orient

à M. Henry,
Angers.

« Monsieur,

« J'ai l'honneur de vous communiquer l'ordre du jour ci-joint qui a paru dans la division navale.

« Je m'empresse de vous transmettre ce témoignage de notre représentant à Pékin, qui confirme pleinement ce que je vous avais écrit; puissiez-vous trouver quelque consolation dans le souvenir si honorable de celui que vous avez perdu!

« Veuillez agréer, monsieur, l'assurance de ma profonde sympathie et de ma considération la plus distinguée.

« T. COURREJOLLES. »

Le contre-amiral commandant en chef
a l'honneur de porter à l'ordre de la
division navale l'extrait suivant d'une
Ordre 1849.
—
20 septembre 1909.
lettre qui lui a été adressée par M. Pichon, ministre de
France à Pékin.

« Nos marins ont été, au cours des événements tragiques que nous avons traversés, d'une intrépidité et d'un dévouement sans égal. Sous la direction de leurs officiers, dont deux ont été tués, ils ont, on peut le dire, opéré des prodiges de valeur. Chose à peine croyable, surtout lorsqu'on voit l'état des lieux, trente des leurs, avec dix Italiens, ont sauvé d'un massacre général, pendant plus de deux mois, une population de trois mille personnes, dont de nombreux Européens, réfugiés au Pé-T'ang. A la légation de France, le reste du détachement, soit quarante-cinq hommes, a défendu pendant toute la durée du siège un des postes les plus périlleux, où les Chinois ont donné les plus rudes assauts.

« J'accomplis un devoir que me dicte la reconnaissance, en rendant ce témoignage de la bravoure de nos marins, et en vous priant de les en remercier encore une fois, au nom de tous ceux qu'ils ont sauvés.

« Je vous prie également de transmettre aux familles de l'enseigne Henry et de l'aspirant Herber, ainsi qu'à celles des sous-officiers et matelots morts ici, l'expression de nos plus vives condoléances. Leur souvenir sera pieusement conservé, et leurs tombes, à la légation de France et au Pé-T'ang, seront l'objet de tous nos soins. Pichon. »

« Le commandement du détachement de la légation était exercé par M. le lieutenant de vaisseau Darcy, assisté de M. l'assistant de première classe Herber, qui a été tué.

« Les marins qui ont défendu le Pé-T'ang étaient commandés par M. l'enseigne de vaisseau Henry, qui a également été tué.

« Le présent ordre sera affiché à bord de tous les bâtiments de la division.

Pour le chef d'état-major en mission et p. o.
L'aide de camp,

signé : FATOU.

P. C. C.
P. O. Le chef d'état-major,

P. DELARUELLE.

Lettre de l'amiral Pottier.

« Nagasaki, à bord du *Redoutable,* le 8 janvier 1901.

« Monsieur,

« Il y a quelques jours, l'amiral italien m'a envoyé une relation du siège du Pé-T'ang écrite par l'officier qui commandait le détachement italien, et j'ai pensé qu'en vous en envoyant une copie, j'apporterais un adoucissement à votre profonde douleur. Dans le même courrier, j'en envoie également une copie au ministre de la marine.

« Je n'étais pas encore à la tête de l'escadre de Chine lorsque ces tristes événements se sont passés ; mais depuis

que, petit à petit, j'ai eu connaissance des détails de la
défense du Pé-T'ang et de celle de la légation de France,
j'ai acquis la conviction que jamais plus braves faits d'armes
n'ont été accomplis; les marins ont été admirables, et leurs
chefs sont de véritables héros dont nous, leurs amis, nous
ne saurions être trop fiers.

« Mais une autre raison me rend encore plus chère
la mémoire de votre cher enfant : il était avec moi en
Crète, à bord de l'*Amiral-Charner*, et j'en ai conservé le
meilleur souvenir.

« Vous me feriez plaisir, si vous pouviez m'adresser
une photographie de mon aspirant de Crète.

« P.-S. — Le commandant du *Redoutable*, qui a visité
le Pé-T'ang, a fait faire, par le mécanicien du bord, une
croix en fer, qui a été placée sur la tombe de votre fils. »

Le rapport officiel de l'aspirant Olivieri, dont il est
question dans cette lettre, et dont quelques phrases ont
été citées plus haut, rend hommage à la valeur et au
dévouement des marins français et de leur chef, qui secou-
rurent leurs camarades italiens en toute circonstance. Voici
deux passages de ce rapport. Le premier est relatif aux
événements du 31 juillet.

« Ce jour est un jour de deuil pour tout le monde, et
encore plus pour les marins français, ils perdent leur
valeureux chef, qui les avait menés au feu avec un admirable sang-froid; qui avait, avec une rare expérience, tout
prévu et tout disposé pour un dur et très long siège. Moi,

je perds en lui un intime ami, un vaillant compagnon, avec qui j'avais partagé jusqu'alors les fatigues du siège, dont j'avais partagé l'opinion et suivi les conseils dans les moments les plus difficiles…

« Le jour suivant, un petit cortège accompagne à sa dernière demeure l'enseigne de vaisseau Henry, qui est enterré près des braves marins qui ont succombé avant lui, et puisse-t-on lui rendre un jour l'honneur qui est dû à celui qui sait ainsi héroïquement mourir pour le service de son pays !

.   .   .   .

« Ayant, après la mort de l'enseigne français, la direction des marins français, du 30 juillet au 16 août, je crois de mon devoir de faire connaître à Votre Excellence la conduite de ces marins en ces circonstances. Ne connaissant pas personnellement les marins français, je ne puis faire de mention spéciale ; je dirai seulement qu'ils furent toujours et en toute circonstance admirables et supérieurs à tout éloge. Dans la journée du 12, les marins français ont écrit, avec les miens, la plus belle page du siège : ils coururent, immédiatement après le coup de mine, en aide aux ensevelis, et travaillèrent durant une journée entière, sans se soucier d'un feu terrible, à me sortir des décombres ainsi que les cinq marins ensevelis avec moi. Je le répète, ils furent toujours admirables, particulièrement en cette journée. Louanges soient rendues à eux et aux miens. Merci à ces vaillants. »

Lettre de M. le capitaine de vaisseau de Marolles, commandant le D'Entrecasteaux.

Takou, 2 septembre 1900.

« Monsieur,

« L'amiral Courrejolles, puis M. Fournier au nom des officiers vous ont écrit après que la douloureuse nouvelle de la mort glorieuse de votre fils nous est parvenue. J'ai attendu quelques jours pour pouvoir vous donner quelques détails que vous désirerez connaître.

« Notre pauvre détachement de Pékin nous est revenu à bord avant-hier soir, diminué de dix-sept manquants. Il ne reste qu'un officier sur trois, le lieutenant de vaisseau Darcy, qui en avait le commandement.

« M. Darcy m'a expliqué que, dès le lendemain de leur arrivée à Pékin, le 1er juin, votre fils avait été envoyé avec trente matelots pour garder le Pé-T'ang, le grand établissement des missionnaires lazaristes, situé à environ une heure de marche de la légation, où il restait avec le gros de nos hommes. Les communications entre les deux postes n'étaient donc pas faciles; au bout de quelques jours, avant le 20 juin, je crois, elles ont été complètement interrompues. Depuis, M. Darcy n'a plus eu aucune nouvelle de lui, et ce n'est qu'après la prise de Pékin, le 16 août, qu'il a pu aller au Pé-T'ang, au moment où on l'a délivré, et s'informer du sort de ceux qui y étaient enfermés.

« M. Darcy ne pouvant me renseigner personnellement,

j'ai interrogé tous les hommes qui ont assisté à ses derniers moments, et voici ce qu'ils nous ont raconté.

« Le 30 juillet, vers 7 heures et demie du matin, une
attaque chinoise assez vive se produisit contre le mur extérieur. Votre fils se porta au point menacé, où plusieurs
de nos hommes étaient postés. En cet endroit, on avait
crénelé le mur et élevé une banquette en terre pour que
les tirailleurs, en montant dessus, fussent à bonne hauteur
du créneau. A un certain endroit, était le timonier Delmas, seul placé convenablement pour tirer sur les Chinois,
cachés à une trentaine de mètres en avant.

« Delmas est blessé d'une balle au bras. Il en prévient votre fils, qui donne l'ordre au canonnier Callac de le
remplacer au créneau, et vient derrière Callac, probablement pour regarder par ce créneau. A peine Callac s'est-il
présenté au créneau, avant qu'il ait eu le temps d'épauler,
il est frappé d'une balle qui lui traverse l'épaule. La même
balle atteint votre fils à la partie droite du cou, coupant
une grosse artère. Henry porte la main à son cou, semble
vouloir parler à Callac, qui lui disait qu'il était blessé lui-
même, mais ne peut pas. Il descend de la banquette, et se
met à courir seul dans la direction des logements. Dans
ce trajet, une deuxième balle vient l'atteindre au flanc droit.
Il continue à courir en chancelant pendant une centaine
de mètres, toujours la main au cou, vient s'abattre en
arrivant sous la véranda, où son ordonnance, le fusilier
Lehoux, le relève aussitôt. On accourt auprès de lui,
on le place sur une planche, un Père chinois lui donne
l'extrême-onction, et il expire environ vingt minutes après,

sans avoir pu prononcer une parole, bien loin, hélas! de ceux qu'il chérissait le plus, mais entouré de figures bien amies, celles de ses hommes, qui avaient vite appris à aimer respectueusement leur jeune officier, et celles de nos missionnaires, qui ne parlent de lui qu'avec affection et admiration.

« Le lendemain matin, 31 juillet, votre fils a été enterré avec les honneurs militaires. Le coadjuteur, Mgr Jarlin, officiait avec le Père Giron.

« La tombe, ainsi que celles des autres victimes du siège, est dans le jardin des missionnaires. Notre ministre à Pékin, M. Pichon, a, paraît-il, annoncé qu'on ferait élever un monument national à nos morts.

« Voilà les détails que m'ont racontés nos matelots. Mais je comprends que votre cœur de père serait heureux d'en avoir encore d'autres. Votre fils, dont je sais les sentiments religieux, a passé les derniers jours de sa vie au milieu de nos missionnaires, dans l'affectueuse intimité à laquelle il était naturel qu'il arrivât vite dans de pareilles circonstances. Je ne serais pas étonné qu'il leur eût fait quelques recommandations à votre égard en cas d'accident, mais je l'ignore...

« Tous les vêtements et objets appartenant à votre fils ont été réunis et inventoriés par le commissaire du bord, conformément aux règlements, y compris ceux qui viennent d'arriver de Pékin avec le détachement.

« Vous trouverez aussi un journal qu'il tenait, et où il inscrivait les événements du siège. La main pieuse d'un missionnaire l'a complété par un court sommaire du 30 juillet.

« Au Pé-T'ang, outre nos trente matelots, dont cinq ne sont pas revenus, il y avait un détachement de matelots italiens de l'*Elba*, commandé par le sous-lieutenant Olivieri. Il y avait, me dit-on, environ deux mille chrétiens chinois réfugiés de tous les environs autour de leurs missionnaires. Un nombre assez considérable a été tué ou blessé par le bombardement. Trois missionnaires ont été tués. »

« 3 septembre.

« L'inventaire est terminé. Le commissaire a trouvé dans les papiers de votre fils la lettre ci-jointe, que je vous transmets.

« Votre fils, monsieur, a été un officier sans peur et sans reproche : c'était donc certainement un bon fils, car cela va ensemble. Dans le poste d'honneur envié où Henry a été placé et que son zèle lui a fait me réclamer, il a largement contribué au salut final du Pé-T'ang.

« Nous autres, ses camarades, qui avons à être toujours prêts si nous sommes appelés, nous garderons la mémoire de ce vaillant, pour l'imiter quand l'honneur de notre vieille France et de notre marine le demandera.

« Veuillez agréer, monsieur, ainsi que madame Henry et toute votre famille, l'expression de ma profonde sympathie et l'hommage de mon respectueux dévouement.

« De Marolles. »

Une carte correspondance du même officier supérieur, datée de Nagasaki, 13 octobre 1900, porte ces mots :

« En vous transmettant la copie de la lettre de M. Pichon

au sujet de nos marins de Pékin, je pense que l'amiral vous aura annoncé que le nom d'*Enseigne-Henry* a été donné à un joli vapeur que nous avons acheté récemment, et qui fait notre service entre Takou et le Peï-Ho, avec un officier et un équipage fournis par le *D'Entrecasteaux.* »

Lettre écrite au nom du carré des officiers du D'Entrecasteaux, *par M. Fournier, lieutenant de vaisseau.*

« Takou, à bord du *D'Entrecasteaux,* 28 août 1900.

« Monsieur,

« Le carré des officiers du *D'Entrecasteaux* me charge d'être son interprète auprès. de vous, pour vous dire la part respectueuse et profonde qu'il prend à votre douleur. Nous avons perdu, en perdant votre fils, un camarade auquel nous étions tous affectueusement attachés : par la maturité et la distinction de son esprit, par le goût très vif qu'il manifestait pour le métier, par les dehors aimables qui nous faisaient tant apprécier nos relations quotidiennes avec lui, il avait conquis la sympathie générale. Il n'était d'ailleurs pas moins aimé de ses inférieurs que de ses égaux : notre chagrin a été partagé par tous, lorsque l'amiral et le commandant ont fait part de la triste nouvelle à l'équipage assemblé sur le pont.

« C'est parce qu'il l'a librement voulu et beaucoup à cause de ses sentiments religieux, qu'il est parti pour

18

Pékin. Dès le mois d'avril, pendant notre séjour à Yokohama, on parlait de troubles en Chine. Henry me disait
combien il serait heureux d'être appelé à défendre les missionnaires en danger; il ne se souciait que d'une chose :
des inquiétudes qu'une pareille désignation pourrait inspirer aux siens.

« La situation était déjà grave lorsque les ministres
se décidèrent à demander les détachements de marins.
D'après les premiers ordres de l'amiral, le détachement
français ne devait comprendre, comme officiers, qu'un
lieutenant de vaisseau et un aspirant du *D'Entrecasteaux*,
un enseigne de vaiseau et un aspirant du *Descartes*.
Henry fut littéralement bouleversé en apprenant qu'il lui
fallait renoncer à ses projets de dévouement; il pensait
d'ailleurs, avec juste raison, que l'honneur militaire lui
faisait un devoir à lui, officier fusilier, attaché à la compagnie de débarquement, de marcher à la tête des hommes
qu'il avait instruits. Après avoir pesé sa détermination,
il alla trouver le commandant, il lui parla en des termes
tels qu'il fut désigné à la place de l'aspirant. Je le vois
encore, rayonnant de joie, nous annonçant la bonne nouvelle, tandis que notre camarade Darcy, chef du détachement, s'applaudissait d'avoir pour le seconder un officier
de cette valeur.

« L'enthousiasme d'Henry n'était pas irréfléchi, car il
ne se faisait aucune illusion. « De deux choses l'une, nous
disait-il, ou il n'y aura rien, et ce sera un voyage d'agrément; ou il y aura quelque chose, et ce sera terrible, nous
n'en reviendrons pas. » Il avait envisagé de sang-froid la

pensée de ce qui l'attendait ; il trouvait séduisante la perspective d'unir sa destinée à celle des missionnaires appelés au martyre. C'était bien d'un sentiment de générosité
chrétienne qu'il était animé, en nous serrant si gaiement
la main pour la dernière fois, à Tchéfou, le 29 mai au
soir.

« Nous ne devions plus le revoir. A Pékin, son rêve
fut réalisé ; on le chargea de protéger, avec trente marins
du *D'Entrecasteaux*, le Pé-T'ang, résidence du vicaire
apostolique, Mgr Favier, qui vous donnera des détails que
nous ignorons encore.

. . . .

« Il a fait preuve d'un héroïsme bien français, dont ses
parents peuvent être fiers, comme en est fière sa famille
d'adoption, le carré du *D'Entrecasteaux*. Il nous a donné
là, ainsi qu'à tous ses camarades de la marine, un bel
exemple à imiter.

« Veuillez agréer, monsieur, de la part de mes camarades et de la mienne, l'expression de notre douloureuse
sympathie en cette triste circonstance, et l'hommage de
nos sentiments très respectueux.

« FOURNIER,
« Lieutenant de vaisseau, chef de carré. »

Lettre de M. Darcy, lieutenant de vaisseau.

« Quimperlé, villa du Parodec, 1ᵉʳ décembre 1900.

« Monsieur,

« Je vous envoie les dernières lettres qui m'ont été adressées, à la légation de France, par votre héroïque enfant. Je suis persuadé que vous attacherez un grand prix à ces précieux souvenirs; cependant j'ai hésité à vous les faire parvenir, dans la crainte de raviver votre douleur. Pardonnez-moi.

« Dans ces lettres, — que je ne laisse pas partir sans regret, — vous verrez quelles étaient mes relations avec mon pauvre Henry, avec l'ami courageux, bon et affectueux, dont j'ai malheureusement été séparé dès le début du siège.

« Je ne puis vous donner d'autres détails sur sa mort que ceux que Mᵍʳ Favier a dû vous donner; je vous répéterai, avec tous les missionnaires du Pé-T'ang : « C'est un héros que la France entière pleure et dont la marine conservera pieusement le souvenir. »

« Quant à moi, monsieur, je vous demanderai, en échange de ces lettres, une photographie, quelle qu'elle soit, de celui dont j'aurai toute ma vie devant les yeux la figure à la fois si douce et si énergique.

« Veuillez croire, monsieur, à mes sentiments de respectueuse sympathie.

« Darcy. »

Lettre de M. J. Vigy, enseigne de vaisseau.

« Boulogne-sur-Mer, le 26 décembre 1900.

« Monsieur,

« Mon nom vous est inconnu. J'étais, à l'École navale, le voisin d'étude de notre glorieux camarade, l'honneur de la promotion, votre fils, l'enseigne de vaisseau Paul Henry. Son nom est devenu pour nous un symbole, un signe de ralliement, comme un drapeau, et si chacun de nous a pris part à la cruelle douleur qui vous a frappé, chacun de nous a senti passer dans son cœur, au récit de sa mort, un frisson d'orgueil patriotique. Tout cela, monsieur, nous ne voulons pas l'oublier, et nous ne voulons pas qu'on l'oublie. Désireux d'affirmer et de resserrer, autour de la mémoire de ceux d'entre nous qui ne sont plus, les liens d'affection et de chaleureuse solidarité qui unissent à travers la vie, et par delà la tombe, les officiers d'une même promotion, nous avons résolu d'élever, avec votre assentiment, un monument en souvenir de notre camarade Henry.

« C'est cet assentiment, monsieur, que j'ai l'honneur de venir vous demander au nom de toute la promotion 1893-1895, et j'espère fermement que notre projet, inspiré par des regrets profonds et aussi par un sentiment de légitime fierté, saura trouver le chemin de votre cœur si douloureusement frappé.

« J. VIGY,

« Enseigne de vaisseau, à bord de l'*Ibis*, Boulogne-sur-Mer. »

La pensée fraternelle, donnée ici comme un projet, a été réalisée.

Le 28 septembre 1901, a eu lieu la bénédiction du monument élevé à la mémoire de Paul Henry par ses camarades de promotion et par les officiers du *D'Entrecasteaux*. A la suite du service funèbre, célébré dans l'église de Plougrescant, les assistants et le clergé se sont rendus au sommet de la côte menant à Kergresq. Là se dresse, sur un piedestal de granit, un obélisque de granit également, sur lequel l'artiste, M. Hernot, de Lannion, a sculpté une croix, une ancre et une plume. Le piédestal porte cette inscription :

A LA MÉMOIRE DE L'ENSEIGNE PAUL HENRY

DU « D'ENTRECASTEAUX »

NÉ A ANGERS LE 11 NOVEMBRE 1876

TUÉ GLORIEUSEMENT

A LA DÉFENSE DE LA CATHÉDRALE DU PE-T'ANG

LE 30 JUILLET 1900

Près de la famille Henry, dans l'assistance nombreuse et émue, se tenaient : le lieutenant de vaisseau Perdriel, représentant l'amiral de Courthille, préfet maritime ; le capitaine de vaisseau de Marolles, ancien commandant du *D'Entrecasteaux* ; M. le vicomte de Roquefeuille, maire de Plougrescant ; le lieutenant de vaisseau Darcy ; M. Lejeune, commissaire de l'inscription maritime à Tréguier ; plusieurs enseignes de la promotion d'Henry ; le premier maître de manœuvre Casimir, représentant les officiers mariniers du *D'Entrecasteaux* ; le second maître Élias, portant le drapeau du Pé-T'ang, et dix de ses compagnons du siège, tous décorés de la médaille militaire.

Après la bénédiction du monument, de touchants discours ont été prononcés par MM. de Roquefeuil, Perdriel, de Marolles, et par M. l'enseigne Boissarie, au nom de la promotion de Paul Henry. Le poète Théodore Botrel a dit une poésie à la mémoire du soldat breton.

« La cérémonie, écrit un témoin, a été ce qu'elle devait être : très belle, très touchante et très simple[1]. »

[1] A quelques mois de là, une seconde cérémonie réunissait, au même lieu, une assistance semblable : le corps de Paul Henry, ramené en France, était inhumé dans le monument dont je viens de parler. Un des assistants, parent du jeune officier, a raconté avec émotion ce dernier acte des funérailles.

« Le gouvernement, dit-il, avait décidé que le transport des restes de Paul Henry et de son jeune camarade l'aspirant Herber, tué glorieusement aussi pendant le siège des légations, serait fait aux frais de l'État. Partis de Pékin le 13 avril 1902, les corps des deux officiers ne sont arrivés à Marseille que le 19 juin. Après une imposante cérémonie militaire, le cercueil renfermant les restes de l'enseigne Henry fut dirigé sur la Bretagne. Le 25 juin, il arrivait à Pontrieux. Le 26, à la première heure, la châsse énorme était placée sur un corbillard, et, sous les plis du drapeau tricolore qu'il avait si bien défendu, Paul Henry fit la dernière étape du long voyage. Par les collines et les vallées inondées de lumière, le cortège s'achemine, traversant les bourgs et les villages de ce joli coin de Bretagne, et les cloches, à toute volée, portent au loin la nouvelle de son passage. Sonnez gaiement, cloches bretonnes ! celui qui passe a sauvé du martyre un évêque, des religieuses et des chrétiens par centaines ; sonnez gravement, cloches de Tréguier ! celui qui passe est mort en héros ; sonnez tristement, cloches de Plougrescant ! une famille désolée attend, au pied du calvaire, les restes de son enfant.

« A 10 heures, le cortège arrive. Quatre marins, Louarn, Le Sec'h, Lalès, Fay, quatre épaves glorieuses du siège, tous blessés et portant de nobles cicatrices, entourent le corps de leur chef. Louarn porte le drapeau du Pé-T'ang, qui flotte au vent, troué par plus de vingt balles.

« Après la cérémonie religieuse et le panégyrique, prononcé par M. l'abbé Provost, vicaire général de Saint-Brieuc, le corps est porté au pied du monument que ses camarades de promotion et les officiers du *D'Entrecasteaux* ont élevé, l'an passé, à la mémoire d'Henry. En une allocution vibrante, le lieutenant de vaisseau de Ferré de Péroux, délégué par l'amiral Roustan, préfet maritime de Brest, rappelle le magnifique exemple donné par Paul à ses frères d'armes, et lui adresse, au nom de la marine tout entière, un dernier adieu.

« Repose en paix sur cette terre de la catholique Bretagne que tu as tant aimée, cher petit héros, et que ton nom soit à tout jamais glorifié, comme un symbole de sacrifice volontaire et de sublime dévouement.

« L. DE F. »

Lettre du canonnier Callac.

« Nagasaki, le 16 octobre 1901.

« Monsieur,

« C'est avec regret que je vous fais parvenir ces quelques
mots, et surtout parce que je n'ai pu aller vous le dire de
vive voix, quoique tout le détachement de Pékin [devait
retourner en France.

« Monsieur je suis heureux et très fier d'avoir été
au combat sous les ordres de monsieur votre fils; ce n'est
pas seulement moi, mais tous nos amis. Monsieur, votre
fils est mort héroïquement, en défendant les trois couleurs
si chères aux bons Français. Vous me permettrez de vous
donner quelques détails sur sa mort glorieuse.

« Après avoir combattu pendant deux mois, il a eu le
malheur d'être atteint le 30 juillet. C'était un brave cœur,
et comme nous étions quatre du pays, il nous en parlait
souvent. Trois de nous ont été blessés, dont deux qui ont
perdu l'œil, et moi j'ai été blessé à l'épaule droite, et c'est
la même balle qui a atteint notre commandant. Lorsqu'il
a reçu la balle, nous étions devant une brèche qu'on avait
faite dans le mur pour aller à l'assaut sur un canon chinois,
lorsqu'il me dit de tirer quelques coups de fusil pour
effrayer l'ennemi. C'est en ce moment que j'ai été atteint
ainsi que monsieur votre fils. En se retournant, il reçoit
une deuxième balle dans le côté, qui le traverse complètement. Remarquez, monsieur, la blessure était mortelle.

C'est en courant qu'il nous a quittés, sans nous dire qu'il était blessé; ce n'est qu'à deux cents mètres de la brèche qu'il est tombé pour ne plus se relever, en nous laissant à nous-mêmes, pauvres matelots, le soin de nous défendre.

« Nous ne l'avons pas pleuré sur le moment, monsieur; mais de jour en jour on remarquait de plus en plus que notre chef bien-aimé, chéri de tout le détachement, nous manquait. C'était, encore une fois de plus, un homme estimé de ses supérieurs et respecté par tous les marins. De tout ceci, monsieur, j'aurais voulu avoir le bonheur d'aller vous le dire de vive voix; mais le sort n'a pas voulu. Vous m'excuserez, monsieur, de raviver votre douleur.

« Votre dévoué serviteur et celui de monsieur votre fils.

« FRANÇOIS CALLAC.

« A bord du *D'Entrecasteaux*, division navale Extrême-Orient. »

Lettre du R. P. Gras, S. J.

« Paris, le 6 septembre 1900, École libre de l'Immaculée-Conception.

« Madame,

« Je suis très en retard pour vous dire combien j'ai partagé vos craintes d'abord et ensuite vos douloureux regrets. Je crois être l'un des Pères de Jersey qui ont le plus connu et le plus aimé notre Paul.

« Quand il entra dans ma classe, il était précédé de son excellente réputation ; j'avais eu l'honneur de faire votre connaissance lorsque vous nous l'ameniez ; je savais la très religieuse et très familiale éducation que vous lui aviez donnée, et combien il en avait profité ; je savais la haute estime dont M. Henry et vous madame, vous étiez l'objet à Angers, la profonde sympathie qui entourait votre famille. J'aimais donc Paul par avance, et je l'ai aimé bien davantage quand j'ai pu constater que sa réputation n'était pas surfaite, que la bonne semence semée par vous avait fructifié. C'était un enfant docile, affectueux, pur et pieux ; ses sentiments avaient déjà l'élévation que l'expérience et le contact du monde ont rendue raisonnée et voulue.

« Il fut malade, vous vous le rappelez ; sa maladie fut l'occasion de relations plus fréquentes, plus intimes ; j'avais un vrai plaisir à le connaître mieux, à constater son caractère sérieux et tendre, son attachement simple et profond à ses parents, à ses maîtres. En somme, j'ai joui de lui pendant le temps qu'il fut mon élève ; il travaillait de toutes ses forces, sans prétention, désirant le succès pour qu'il vous fût une consolation et diminuât vos charges.

« Au *Borda* il resta parfait. Votre sollicitude maternelle a pu le suivre sans anxiété ; à chaque retour dans la famille, vous avez pu vous convaincre qu'il n'avait pas changé. Il y a un an, je fus désigné pour accompagner nos candidats lorientais ; Paul était au bataillon, et j'eus grande joie de le revoir ! c'était toujours votre Paul d'autrefois ; permettez-moi d'ajouter que c'était toujours mon Paul, devenu jeune homme, confiant, ouvert, fermement attaché et fidèle à ses convictions comme à ses pratiques religieuses ; l'enfant pieux était devenu un saint officier ; ses qualités de caractère et de carrière s'étaient développées, sans qu'il perdît rien de la netteté de sa belle âme.

« Je le vois encore quand il vint à Saint-Malo, avec Michel, qu'il était heureux de présenter.

« Dieu se l'est choisi pour victime.

« Nous saurons plus tard les détails de ses dernières et terribles semaines. J'affirme, sans les connaître, que Paul est tombé digne de vous, qu'il a accompli bravement et chrétiennement son devoir, tout son devoir.

« J'ai prié et je prierai pour lui ; je le ferai pour vous, pour M. Henry et pour vos enfants. Paul a sa récompense au ciel, et c'est vous qui avez la peine.

« Je suis avec un religieux respect, madame, votre très humble et désolé serviteur en Jésus-Christ.

« D. GRAS, S. J. »

Lettre adressée par sœur Jaurias à sœur Henry, et trouvée inachevée parmi ses papiers. (La sœur Jaurias, très âgée, est morte à la fin du siège du Pé-T'ang, de joie à la fois et de chagrin, comme l'a écrit un des matelots.)

« Pékin. 30 juillet 1900.

Ma très chère Sœur,

« La main étrangère qui vous trace ces lignes est encore dans l'émotion, la peine, la douleur et le brisement du cœur, le tout partagé par mon entourage.

« J'ai la triste mission de vous annoncer le grand sacrifice que le bon Dieu vous demande. Votre si bon, si dévoué frère nous a quittées ce matin à huit heures pour une vie meilleure. Vous le pleurez, ma très chère Sœur, nous l'avons pleuré avant vous. Le 24 juin, il arrivait à Pékin à la tête d'un détachement de marins, pour nous défendre contre une armée de persécuteurs de la religion.

« La Providence l'avait bien choisi : sa piété, son courage, son dévouement lui avaient gagné les sympathies de tout le monde. Nos évêques et nos missionnaires l'aimaient et l'estimaient selon son mérite; ses hommes le chérissaient. Son intelligente activité donnait confiance à tout le monde. Il conduisait si bien son bataillon, que tout allait pour le mieux. Il venait nous voir souvent, toujours pour nous rassurer et nous consoler. Lui-même nous avait suggéré de faire une neuvaine à sainte Anne et de lui promettre un ex-voto, qu'il se chargeait de lui porter lui-même. Ces quelques détails vous feront voir ses dispositions vraiment religieuses. Il assistait à la messe tous les jours quand il était libre, faisait souvent la sainte communion.

« Le 30 juillet, à 7 heures du matin, je le rencontrai. Il me dit : « Ma sœur, faites prier vos enfants : nous avons une attaque de Boxeurs et de soldats; nous allons essayer de prendre leur canon. » Une demi-heure après, il recevait une balle au côté; il eut encore le courage de rester à son poste. Un de ses hommes s'en aperçut, et lui demanda : « Commandant, vous êtes en danger? » En même temps, il reçut une seconde balle à la gorge; il eut le courage de marcher quelques pas. Monseigneur lui donna l'absolution et l'extrême-onction. Sa figure devint blanche; on y lisait la paix du Seigneur, le repos dont il jouissait au ciel...

« Sa mort fut un coup de foudre pour tous et toutes. Dès le lendemain, un grand nombre de messes furent demandées pour lui. Nos réfugiés, nos enfants se cotisaient malgré leur pauvreté pour les faire dire. Nos cœurs souffrent à la pensée de votre douleur et de celle de votre respectable famille. Mais, ma très chère Sœur, quelle consolation, quelle gloire même pour vos parents si chrétiens, d'avoir un martyr de son devoir! C'est une vraie persécution contre la religion que nous subissons. Votre frère a cueilli la palme du martyre, nous ne pouvons en douter. Le même sort paraît nous être réservé; s'il en est ainsi, nous irons rejoindre la noble victime qui nous a devancés... »

Fragment d'une lettre d'une autre sœur de Pékin.

« M. Paul Henry, qui avait communié le dimanche, a été tué sur la brèche lundi, 30 juillet, vers 7 heures et demie du matin. Il nous avait dit la veille : « Lorsque ma mission sera finie, le bon Dieu me rappellera à lui. » Il n'avait que vingt-trois ans, Mgr Jarlin lui a donné une dernière absolution, fait une onction, et ce noble cœur cessait de battre ici-bas.

« Son scapulaire taché de sang sera envoyé à ma Sœur directrice du séminaire, pour la sœur de ce digne fils de la catholique Bretagne. Sa photographie a été prise, mais je ne sais si elle aura parfaitement reproduit la sereine majesté que la mort avait imprimée sur ses traits.

« Il repose à côté de la Vierge de Lourdes à la résidence. »

FIN

TABLE

—

40146. — Tours, impr. Mame.

9 782329 553900